融媒体
创新型人才培养系列丛书

U0734630

营销方式 ➕ 营销工具 ➕ 内容运营 ➕
用户运营 ➕ 直播电商运营

新媒体

营销与运营实战

微课版

郭秀颖 马冬梅 邱琦 ◎主编

祁小波 陈争艳 曹凯峰 ◎副主编

人民邮电出版社

北　京

图书在版编目（CIP）数据

新媒体营销与运营实战 ：微课版 / 郭秀颖，马冬梅，
邱琦主编. -- 北京 ：人民邮电出版社，2024. 9.
（融媒体创新型人才培养系列丛书）. -- ISBN 978-7
-115-64570-8

Ⅰ. F713.365.2

中国国家版本馆 CIP 数据核字第 20240BB004 号

内 容 提 要

　　本书依据新媒体营销与运营岗位必备的知识与技能要求，系统地阐述了新媒体营销与运营的基本知识和核心技能。全书共有 7 个模块 39 项任务，包括新媒体营销与运营基本理论认知、新媒体营销与运营通识技能认知、新媒体营销方式应用、新媒体营销工具应用、新媒体内容运营、新媒体用户运营及新媒体直播电商运营等内容。本书不仅着力帮助读者全面系统地构建基础知识体系，而且还通过知识拓展、直通职场、素养课堂、赛场竞技、项目实战与提升等栏目，实现岗课赛证的深度融通，进而帮助读者提升新媒体营销与运营实战能力。

　　本书可作为职业本科院校、高等职业院校全媒体电商运营、网络直播与运营、电子商务、市场营销、网络营销与直播电商等专业新媒体营销与运营课程的教材，也可以作为传媒、新媒体、网络营销等行业的从业人员的参考书。

◆ 主　　编　郭秀颖　马冬梅　邱　琦
　　副 主 编　祁小波　陈争艳　曹凯峰
　　责任编辑　白　雨
　　责任印制　王　郁　彭志环

◆ 人民邮电出版社出版发行　　北京市丰台区成寿寺路 11 号
　　邮编　100164　电子邮件　315@ptpress.com.cn
　　网址　https://www.ptpress.com.cn
　　北京鑫丰华彩印有限公司印刷

◆ 开本：787×1092　1/16
　　印张：14.25　　　　　　　　　　2024 年 9 月第 1 版
　　字数：347 千字　　　　　　　　2025 年 6 月北京第 3 次印刷

定价：59.80 元

读者服务热线：(010)81055256　印装质量热线：(010)81055316
反盗版热线：(010)81055315

本书基于新媒体行业发展的新方向和新技术，从新媒体营销与运营的基本理论、通识技能、营销方式应用、营销工具应用、内容运营、用户运营及直播电商运营等关键方面，设置了 7 个模块 39 项任务，形成"岗位＋理论＋实践"的立体化学习场景。本书重在培育读者的新媒体营销与运营能力、大数据分析能力、市场拓展能力、管理优化能力、分析与决策能力、团队协作能力、创新意识和企业家精神。

本书在编写过程中，着力体现以下特色。

1. 双标准引领，以真实岗位需求确定任务点。本书以新媒体国家职业技能标准和高等职业学校专业教学标准两个标准为引领，细分新媒体岗位，形成岗位典型工作任务及岗位知识能力结构要求，并以此精准定位新媒体营销与运营课程的教学目标和教学内容。

2. 全场景贯通，构建完整的新媒体营销与运营体系。本书注重系统性，科学完整地构建了新媒体营销与运营体系框架，全方位阐述新媒体关键性营销与运营环节，确保读者对新媒体营销与运营有清晰的宏观认知。此外，本书配套丰富的课程资源，嵌入大量的数字化学习资料和教学视频，便于读者碎片化学习和教师动态化教学。

3. 新技术植入，紧密对接产业新应用和新场景。本书跟进产业先进的新媒体应用技术和应用场景，通过案例剖析、平台模拟操作等环节，将理论与实践相结合，帮助读者快速掌握实用、易学的方法与技巧，达到新媒体营销与运营高素质技能型人才培养目标。

4. 高品行护航，有机地融入素质素养教育。编者将新媒体行业诚信服务、德法兼备的职业道德，从事新媒体行业新技术探索的精益求精的工匠精神，以及助力民族产业数字化发展的家国情怀，融入本书编写的各个环节，落实党的二十大精神，实现高品行、高素质新媒体人才培养。

另外，本书在学银在线平台、智慧职教平台上建有配套的校级精品课程"新媒体营销"，本书还赠送了丰富的配套资源和教学资源，用书老师可以通过访问人邮教育社区网站（www. ryjiaoyu.com），通过搜索本书书名进行下载与学习。

本书是由国家"双高计划"建设单位广东机电职业技术学院和辽宁省交通高等专科学校，罗定职业技术学院与高新技术企业北京北测数字技术有限公司共同编写的校企"双元"教材，本书编写团队成员具有丰富的新媒体运营管理经验，其中 2 人获得 2023 年全国职业院校技能大赛"直播电商"赛项国家级一、三等奖，4 人获得省级一等奖。本书由广东机电职业技术学院物流学院院长郭秀颖、辽宁省交通高等专科学校电子商务专业主任马冬梅、广东机电职业技术学院市场营销专业主任邱琦担任主编，由广东机电职业技术学院营销专业骨干教师祁小波、罗定职业技术学院网络营销与直播电商专业负责人陈争艳、北京北测数字技术有限公司总经理曹凯峰担任副主编。本书模块一、模块二由郭秀颖编写，模块三由邱琦编写，模块四由祁小波编写，模块五、模块六由马冬梅编写，模块七由陈争艳编写。在此衷心感谢北京北测数字技术有限公司曹凯峰等工程师给予的技术和应用场景指导。

由于编者水平有限，书中难免存在不足之处，敬请广大读者批评指正。

编　者

2024 年 5 月

目录 CONTENTS

目录
CONTENTS

上篇

新媒体营销与运营技能
理论篇

模块一
新媒体营销与运营基本理论认知

学习目标

知识目标

➤ 了解新媒体的概念、主要特征和发展趋势

➤ 掌握新媒体的常见类型

➤ 了解新媒体营销与运营的基本内容

能力目标

➤ 能够辨识不同的新媒体类型

➤ 能够了解新媒体与传统媒体的区别

➤ 能够掌握新媒体运营的方式与策略

素质目标

➤ 能够运用新媒体平台开展正能量宣传，践行社会主义核心价值观

➤ 能够遵守新媒体的职业道德和规范，强化法律意识与道德约束意识

岗课赛证要点

岗	对接新媒体运营岗位（群）的市场策划、内容策划、新媒体推广与销售，以及运营需具备的"进行线上活动、营销专题的策划、组织、执行、跟踪、分析和总结能力"
课	对接新媒体内容运营需具备的"活动策划、内容推广与引流、活动发布与执行、活动监测与优化的概念、技巧和方法"
赛	对接全国职业院校技能大赛（高职组）"直播电商"赛项中的"直播策划""直播运营""直播复盘"三大模块
证	对接新媒体技术"1＋X"职业技能等级证书（中级）职业岗位（群）要求

📝 引导案例

"新媒体＋产业"助力乡村全面振兴

　　数字时代，随着以短视频和直播为主的互联网平台的迅速崛起，很多乡村用轻松娱乐的短视频或实时直播，为用户提供了个性化、社交化的消费体验，开创了独特的产业形态。在内容呈现上，创作者也各显身手，为家乡代言，让琳琅满目的农产品、优美旖旎的乡村景色和独具魅力的传统文化"被看见"。

　　据统计，在抖音平台，2023年乡村视频新增10亿余条，总播放量超过2.4万亿次，总获赞量超530亿次，43万多名用户参与抖音乡村守护人计划，激发了乡村文化新活力。

　　短视频直播平台通过内容和技术的结合，将原本分散于不同地区的文化内容和旅游资源集成，让用户更好地"看见"与乡村文旅相关的内容，从而助力乡村文旅"传播和破圈"，推动乡村文旅资源的挖掘与整合、品牌建设、产业链条延伸。2023年，抖音网友打卡全国15万余个乡村文旅景点，创作6 000多万条打卡短视频，吸引不同用户来直播间里"云旅游"，使传统古村焕发新生机。2023年抖音乡村计划"山里DOU是好风光"官方账号累计带动与乡村文旅相关的消费支付成交额超40亿元，助力乡村旅游新发展。

　　越来越多商家、农户通过短视频、直播来推荐和销售优质农产品，多位县长、达人走进直播间为农产品代言。乡村电商为农产品销售和农民增收拓宽了渠道，开辟了更广阔的空间，为乡村振兴注入新的活力，提供新的发展可能。2023年，抖音电商账号"山货上头条"共扶持全国13个省市的49个乡村产业，助力乡村特色产业市场化转型。

　　直播和短视频重塑了许多人的生活，从乡间到城市，不乏充满活力和创意的内容生产者。中国乡村发展志愿服务促进会和抖音公益联合发起了2024年"乡村发展志愿行"倡议，呼唤土生土长的乡村青年回到家乡热土，通过特色优势产业培育工程志愿服务行动、消费帮扶志愿服务行动、乡村儿童志愿服务行动等，互联网助力农产品销售，使新型乡村振兴力量得以传递和成长，让乡村经济全面振兴！

　　【启发与思考】

　　请您结合案例思考如何利用新媒体技术，更好地助力乡村振兴？

▓ 任务一　新媒体发展认知

↘ 一、新媒体的产生

　　"新媒体"的英文是"New Media"，最早是在1967年，由美国哥伦比亚广播电视网（CBS）技术研究所所长戈德马克率先提出，他在关于开发电子录像（EVR）的报告中，把电子录像称为"新媒体"。

新媒体的产生

数字技术使媒介传播的形态巨变，大量传统媒体依据数字技术转化为新媒体，实现了媒体技术的变革。新媒体正是利用互联网和数字技术产生的媒体形式，它与传统媒体（如电视、广播和报纸）相比，具有更广泛的传播途径、更快的信息传递速度和更强的互动性。2012年以来，我国新媒体以移动化和融合化作为主旋律，新媒体行业主要围绕战略传播、数字经济、元宇宙、网络治理、互联网出海等热点内容，发展成果显著、特点鲜明。

新媒体快速发展主要受4个方面因素的影响：一是互联网的出现，互联网的普及使得信息的传播变得更加便捷和快速；二是移动互联网的发展，进一步提高了用户获得信息的效率；三是用户需求的变化，用户希望获取更即时、个性化的信息体验；四是数字技术的发展，使得信息可以以数字形式存储、处理和传输，进而使媒体内容更容易在互联网上进行传播和共享，此外数字技术还催生了各种各样的互动媒体形式，如社交媒体、视频分享平台和即时通信工具，进一步丰富了新媒体的形态。新媒体快速发展的主要影响因素如图1-1所示。

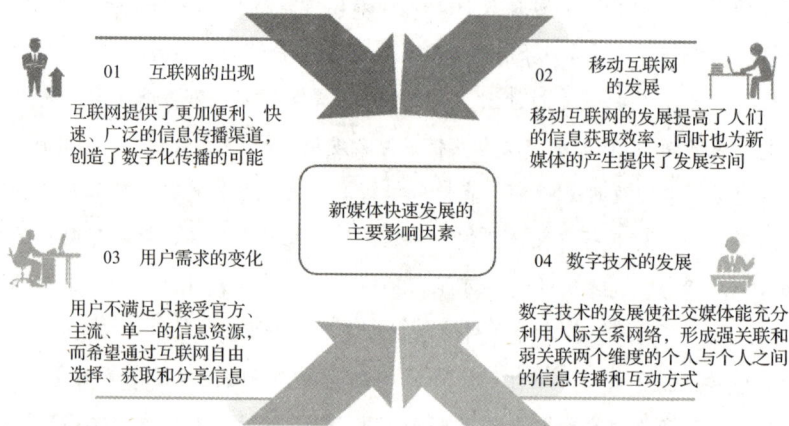

图1-1　新媒体快速发展的主要影响因素

综上所述，互联网和数字技术催生了新媒体，新媒体的"新"体现为狭义和广义两个方面。狭义的"新"是一个相对概念，是指不同于报刊、广播、电视等传统媒体的新的媒体形态，主要包括网络媒体、手机媒体、数字电视等。广义的"新"是一个拓展概念，泛指利用数字压缩和无线网络技术，通过计算机网络、无线通信网、卫星等渠道，以及电脑、手机、数字电视机等终端，跨越地理界限向用户提供信息和服务的传播形态，因此又称为数字化新媒体。随着技术的不断进步和用户需求的变化，新媒体的形态和应用也将继续发展和演变。

二、新媒体的主要特征与常见类型

（一）新媒体的主要特征

新媒体运用数字技术打破了媒介之间的壁垒，逐步消融了传播者与接收者之间的边界。新媒体的主要特征包括数字化、交互化、即时性、个性化、多样性、多平台性和全球化。这些特征使得新媒体成为一种更加灵活、开放和参与性强的媒体形式，新媒体的主要特征如图1-2所示。

（1）数字化。新媒体借助计算机技术和互联网等技术手段建立信息传播平台，包括网站、微博、微信、抖音等各种在线社交媒体平台，以及移动端应用程序等。

（2）交互化。新媒体可以充分实现利用碎片化时间进行学习交流、休闲娱乐的需求，满足随时随地进行互动性表达的需要。

（3）即时性。新媒体的传播速度更快，通过互联网，信息可以实时传播和获取，新闻事件和其他内容可以在第一时间被广泛传播和获取。

（4）个性化。人们使用新媒体的目的性与选择的主动性更强，媒体使用与内容选择更具个性化。

（5）多样性。新媒体提供了多样化的内容形式和媒体载体，除了文字和图片，新媒体还包括音频、视频、动画和交互式应用程序等形式，丰富了信息的表达方式。

（6）多平台性。新媒体可以在多种设备和平台上获取和发布信息，如电脑、智能手机、平板电脑等，使得用户可以随时随地获取和分享信息。

（7）全球化。新媒体利用通信卫星和全球互联网传输数据，有效打破了有线网络和国家行政区域及地理位置的限制。

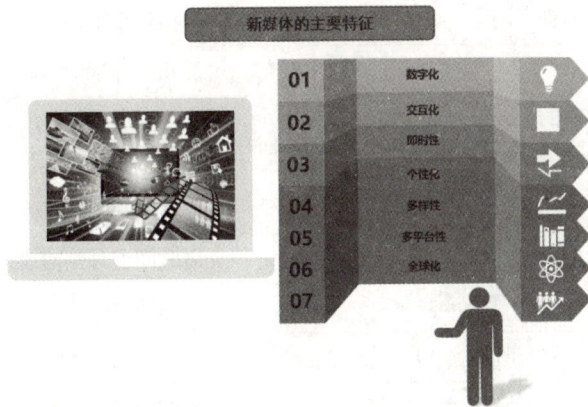

图 1-2 新媒体的主要特征

（二）新媒体的常见类型

新媒体的常见类型主要包括手机媒体、数字电视、互联网新媒体及户外新媒体，如图 1-3 所示。

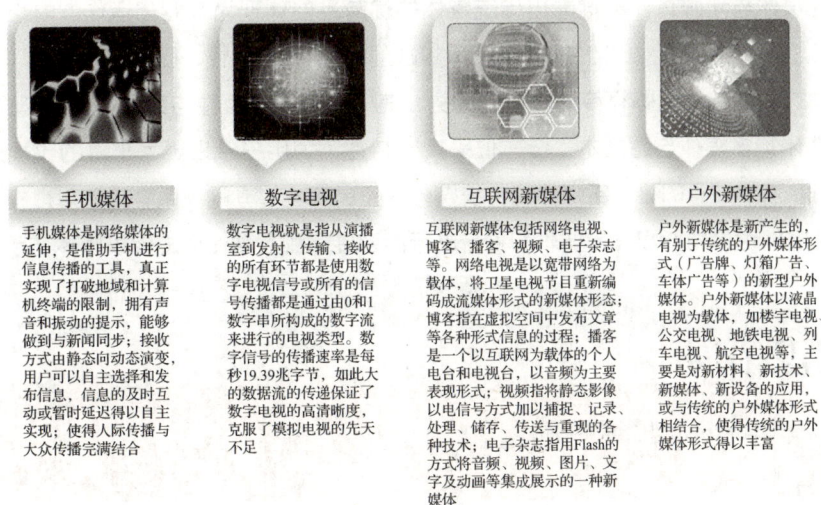

手机媒体

手机媒体是网络媒体的延伸，是借助手机进行信息传播的工具，真正实现了打破地域和计算机终端的限制，拥有声音和振动的提示，能够做到与新闻同步；接收方式由静态向动态演变，用户可以自主选择和发布信息，信息的及时互动或暂时延迟得以自主实现；使得人际传播与大众传播完满结合

数字电视

数字电视就是指从演播室到发射、传输、接收的所有环节都是使用数字电视信号或所有的信号传播都是通过由0和1数字串所构成的数字流来进行的电视类型。数字信号的传播速率是每秒19.39兆字节，如此大的数据流的传递保证了数字电视的高清晰度，克服了模拟电视的先天不足

互联网新媒体

互联网新媒体包括网络电视、博客、播客、视频、电子杂志等。网络电视是以宽带网络为载体，将卫星电视节目重新编码成流媒体形式的新媒体形态；博客指在虚拟空间中发布文章等各种形式信息的过程；播客是一个以互联网为载体的个人电台和电视台，以音频为主要表现形式；视频指将静态影像以电信号方式加以捕捉、记录、处理、储存、传送与重现的各种技术；电子杂志指用Flash的方式将音频、视频、图片、文字及动画等集成展示的一种新媒体

户外新媒体

户外新媒体是新产生的，有别于传统的户外媒体形式（广告牌、灯箱广告、车体广告等）的新型户外媒体。户外新媒体以液晶电视为载体，如楼宇电视、公交电视、地铁电视、列车电视、航空电视等，主要是对新材料、新技术、新媒体、新设备的应用，或与传统的户外媒体形式相结合，使得传统的户外媒体形式得以丰富

图 1-3 新媒体的常见类型

↘ 三、新媒体与传统媒体的区别

新媒体与传统媒体的区别主要表现在传播主体、传播途径、传播范围、市场类型、受众类型、用户定制化、内容形式、排版规则、设计制作、传播时效、互动方式、成本和门槛、管理机制等方面，如表 1-1 所示。

表 1-1　新媒体与传统媒体的区别

区别内容	传统媒体	新媒体
传播主体	官方	公众
传播途径	报纸、杂志、广播、电视电影、出版物等	以互联网为主，主要为抖音、快手、微博等多种有表达功能的App或网站
传播范围	通常局限于特定地域或特定受众	不受地域限制，可以跨越国界传播和接收信息
市场类型	国家垄断性市场	自由竞争市场
受众类型	主导受众型	受众主导型
用户定制化	面向大众的，缺乏个性化定制	提供更加个性化的媒体体验
内容形式	以文字、图片和视频为主要形式	包括文字、图片、音频、视频、动画、虚拟现实等多种媒体形式
排版规则	遵循版面排版规律	以时间流分配信息，无平面布局
设计制作	静态设计	动态视觉设计
传播时效	有明确的发布时效、时段、定时定量	不受人工、时间、地域限制
互动方式	单向的信息传递	多维的信息传递
成本和门槛	通常需要更多的资源和资金支持	创作和发布门槛相对较低，成本较传统媒体更低
管理机制	有非常清晰的管理机制和结构	管理机制相对模糊

对比传统媒体与新媒体，不难看出传统媒体的优势主要体现为专业化运作、内容的剖析力度大、便于携带、学术价值高；劣势主要体现为时效性弱、信息传递慢、受众接收被动、信息采集有限。而新媒体的优势恰恰能弥补传统媒体的劣势，充分体现出交互性与即时性、海量性与共享性、跨时空与个性化、多媒体与超文本、全方位采集等特性，为用户带来更为丰富的收视选择和多元化的信息服务。需要注意的是，新媒体和传统媒体并不是完全对立的关系，二者可以相互补充和融合。许多传统媒体也借助新媒体的技术和平台进行内容传播和互动，形成传统媒体与新媒体的混合模式。

知识拓展

新媒体的相关概念辨析如图 1-4 所示。

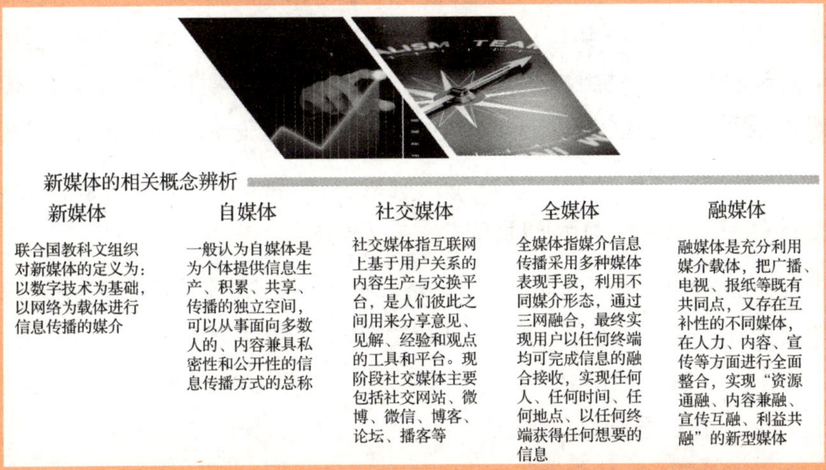

新媒体的相关概念辨析
新媒体
联合国教科文组织对新媒体的定义为：以数字技术为基础，以网络为载体进行信息传播的媒介
自媒体
一般认为自媒体是为个体提供信息生产、积累、共享、传播的独立空间，可以从事面向多数人的、内容兼具私密性和公开性的信息传播方式的总称
社交媒体
社交媒体指互联网上基于用户关系的内容生产与交换平台，是人们彼此之间用来分享意见、见解、经验和观点的工具和平台。现阶段社交媒体主要包括社交网站、微博、微信、博客、论坛、播客等
全媒体
全媒体指媒介信息传播采用多种媒体表现手段，利用不同媒介形态，通过三网融合，最终实现用户以任何终端均可完成信息的融合接收，实现任何人、任何时间、任何地点、以任何终端获得任何想要的信息
融媒体
融媒体是充分利用媒介载体，把广播、电视、报纸等既有共同点，又存在互补性的不同媒体，在人力、内容、宣传等方面进行全面整合，实现“资源通融、内容兼融、宣传互融、利益共融”的新型媒体

图 1–4　新媒体的相关概念辨析

四、新媒体的发展趋势

新媒体的未来发展将呈现以下七大趋势，包括发布主体多元化、交互关系协同化、设计体现多维化、内容设计碎片化、优质内容价值化、用户流量平台化和移动互联智能化，如图 1–5 所示。

设计体现
多维化
用户流量
平台化
发布主体
多元化
内容设计
碎片化
移动互联
智能化
交互关系
协同化
优质内容
价值化

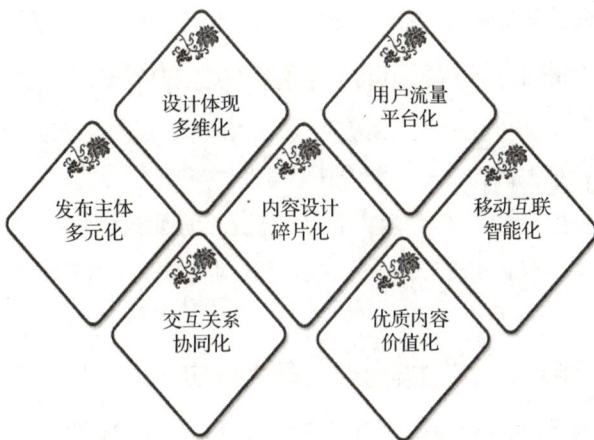

图 1–5　新媒体未来发展趋势

（一）发布主体多元化，传统媒体、政务发布、自媒体“三分天下”

信息传播正在从专业媒体主导的精英传播向社会广泛参与的大众传播转变，新媒体内容供给主体已形成传统媒体、政务发布、自媒体“三分天下”的格局。传统媒体基本完成以“两微一端”为主体的移动传播布局，政务发布基本形成覆盖中央部委、省、区、县的四级发布体系。传统媒体要在竞合中以更专业的发布、更权威的信息和思想观点的输出，发挥“关键少数”作用，同时与政务发布多方协同，以开放心态引领自媒体。

（二）交互关系协同化，媒体与用户逐渐发展形成命运共同体

互联网思维的核心是用户思维。新媒体时代，媒体与用户的关系从单向灌输向双向互动转变。

媒体与用户之间，随时都在进行信息、观点、情感的交流、交锋、交融。从简单交互到深度参与，直至出现微博、微信、抖音、快手等几乎完全由用户提供内容的产品，媒体与用户日益成为信息传播共同体、价值判断共同体、情感传递共同体。用户的数量、停留时长、参与程度，代表媒体对用户的聚拢吸附能力、社会动员能力和行为塑造能力，构成媒体视为生命的传播力、引导力、影响力、公信力。

（三）设计体现多维化，短视频将成为主要传播形态

新媒体内容设计从可读到可视、从静态到动态、从一维到多维，视频或将成为未来信息的主要传播形态。随着 5G 时代到来，拍摄、制作、上传短视频的门槛大大降低，短视频将迎来爆发式增长。由用户上传，将移动化和社交化相结合的社交短视频，将有可能创造增长神话。着眼这种趋势，国内主流传统媒体如《人民日报》等已上线视频聚合平台。

（四）内容设计碎片化，泛资讯产业快速拓展

不同的介质决定不同的传播内容，在移动互联网环境下，传播介质变了，新闻资讯的内容也被重新定义。手机天然是一种伴随性、生活化的媒介形态，承载的内容注定与传统媒体不一样。特别是近年来算法推荐的流行，助推了一些碎片化、浅阅读、消费属性的泛资讯内容快速拓展。目前，除了传统意义上的新闻资讯外，生活服务、健康知识、娱乐视频等泛资讯大规模进入新媒体内容生态。这些内容满足了人们的消费需求，但也带来过度娱乐化和伪科学等问题。

（五）优质内容价值化，付费阅读成为值得探索的模式

几乎与泛资讯内容扩张同步，付费阅读初现端倪。在海量信息的狂轰滥炸和消费信息的感官刺激中，人们开始寻找有价值的内容。一些媒体开始尝试付费阅读，问答平台也应运而生。依据中国音像与数字出版协会的数据，2023 年我国数字阅读行业市场规模为 463.52 亿元。短期看，内容付费市场还不会迎来爆发式增长，主要原因一是中国互联网免费模式由来已久，二是真正值得付费的优质内容仍十分稀缺。

（六）用户流量平台化，移动端出现"马太效应"

在资本、技术的推动下，用户、流量都在"中心化"，商业平台越做越大，少数几个产品瓜分了移动资讯的大部分市场份额。事实证明，能做出优质内容的不一定能做出平台级的产品，而缺少自主可控的平台，就很难掌握话语权和竞争优势。

（七）移动互联智能化，人工智能由概念进入实操阶段

媒体和人工智能技术的结合，已经由早期概念进入产品形态。机器人写稿、智能推荐、语音识别、视频感应器、数字人等技术的应用，正在重塑新闻生产和信息传播各个环节。例如《人民日报》新媒体推出运用人工智能技术的"创作大脑"，其具备智能推荐、智能写作、智能分发、智能语音等四大功能，致力于帮助内容创作者提升内容生产和分发效率。某种意义上，移动互联网正在进入"下半场"，智能移动互联网时代蓄势待发，行业有必要做好准备。

任务二　新媒体营销与运营基本内容

↘ 一、新媒体营销的特征与优势

新媒体营销具有互动性、多样化的内容形式，具有高度定制化、即时性等特征，同时也具备较低的成本、更广泛的传播范围、精准的目标受众定位、实时数据分析和优化、品牌形象塑造和口碑营销等优势。这些特征和优势使得新媒体营销成了现代营销领域不可或缺的一部分。

> 新媒体营销的
> 特征与优势

（一）新媒体营销的特征

（1）互动性。新媒体营销提供与目标受众互动的机会，通过社交媒体、评论区和即时通信工具等，用户可以直接参与品牌的营销活动，提供反馈，进行评论和分享。

（2）多样化。新媒体营销可以采用多种媒体形式，包括文字、图片、音频、视频、动画等。这样多样化的内容形式可以更好地吸引用户的注意力，传递品牌信息，并创造更丰富的品牌体验。

（3）定制化。新媒体平台可以根据用户的兴趣、偏好和行为数据提供个性化的内容推荐。这种高度定制化的营销策略可以提高用户参与度和忠诚度，提高营销效果。

（4）即时性。新媒体营销可以实现即时传播和实时反馈。品牌可以快速发布信息和推广活动，用户也可以即时回应和提供反馈，这种互动的实时性可以促进品牌和用户的实时互动和沟通。

（二）新媒体营销的优势

（1）更低的市场准入门槛。相对于传统媒体营销，新媒体营销的成本相对较低。新媒体营销创建和发布内容的门槛较低，中小型企业和个人创作者也可以利用新媒体平台进行品牌推广和营销活动，这降低了市场准入门槛。

（2）更广泛的传播范围。新媒体的传播范围更广泛，不受地域限制。通过互联网和社交媒体平台，品牌可以触达全球范围的用户，提升品牌影响力。

（3）精准的目标受众定位。新媒体平台可以通过用户数据分析和定位技术，实现精准的目标受众定位。品牌可以根据用户的兴趣、行为和特征进行定向投放，提高广告的效果和投资回报率。

（4）实时的数据分析与优化。新媒体营销可以实时监测和分析营销活动的数据指标，如点击率、转化率、互动效果等。品牌可以根据数据分析结果进行实时优化和调整，提高营销效果和投资回报率。

（5）品牌形象塑造和口碑营销。通过新媒体平台，品牌可以与用户进行更加直接的互动和沟通，建立品牌形象和用户信任感。用户可以通过社交媒体分享自己的使用体验，为品牌进行口碑营销和品牌推广。

↘ 二、新媒体营销的方式与策略

（一）新媒体营销方式

新媒体营销方式多种多样，主要有病毒营销、事件营销、口碑营销、饥饿营销、知识营销、互动营销、情感营销和会员营销等。

1. 病毒营销

病毒营销是指利用大众的积极性和人际网络，让营销信息像病毒一样进行传播和扩散，其特点是快速复制、广泛传播等。病毒营销是新媒体营销非常常用的网络营销手段，经常用于产品/服务的推广。对品牌而言，这种方法主要的作用就是让人们对品牌产生印象。

2. 事件营销

事件营销是利用有新闻价值、社会影响及名人效应的人物或事件，通过策划、组织等技巧来吸引媒体、消费者的兴趣和关注，从而提高消费者对企业产品/服务的认知度和美誉度，为品牌的建立树立良好的形象。

3. 口碑营销

在现在这个信息爆炸、媒体泛滥、资讯快速更替的时代，消费者对广告、新闻等资讯都具有极强的免疫力。要想吸引大众的关注与讨论就需要创造新颖的口碑传播内容。随着营销手段的不断发展完善，营销内容的五花八门，能够经营好口碑营销，成了很多企业营销的最终目的和价值标准。

4. 饥饿营销

饥饿营销可以有效提高产品销量，并为未来大量销售奠定基础，同时也能使品牌产生较高附加价值，从而为品牌树立高价值的形象。但是运用饥饿营销手段，也需要结合实际情况，并不是每一个企业都能随便使用这种营销手段。在市场竞争不充分、消费者心态不够成熟、产品综合竞争力和不可替代性较强的情况下，饥饿营销才能较好地发挥作用。

5. 知识营销

知识营销是通过有效的传播方法和合适的传播渠道，将企业所拥有的对消费者有价值的知识传递给潜在消费者。有价值的知识包括产品知识、专业研究成果、经营理念、管理思想和优秀的企业文化等。知识营销有一个基本的核心，即要让消费者在消费的同时学到新的知识。用知识来推动营销，需要企业提高营销活动策划中的知识含量。重视和强调知识作为纽带的作用，帮助消费者获取某一方面的知识。

6. 互动营销

相较于传统媒体，新媒体最大的特点就是互动。新媒体可以拉近企业和消费者之间的距离，使两者产生互动。而要想有互动的产生，就需要抓住双方的利益共同点，找到沟通时间和方法。互动营销是一种双方共同采取行动的营销方式。互动营销可以促进消费者重复购买，有效地支撑关联销售、了解消费者真正的痛点、建立消费者忠诚度、实现消费者利益最大化。在未来，相信许多企业都会把互动营销作为营销战略的重要组成部分。

7. 情感营销

如今是情感消费时代，消费者购买商品时看中的已不只是商品质量、价格这些因素。更多的时候，消费者购买商品需要情感上的满足与心理上的认同。而情感营销就是把消费者个人的情感差异和需求作为企业营销推广的战略，借助情感包装、情感促销、情感广告、情感口碑、情感设计等策略来实现企业的营销目标。其最终的目的是引起消费者的共鸣，为企业品牌建立更加立体化的形象。

8. 会员营销

会员营销在传统媒体营销中经常被应用，但是在新媒体营销中，其价值能实现最大化。利用新媒体背后的大数据，挖掘消费者、潜在客户的信息，细分客户种类，并对相应的客户采取更为合适的促销手段。会员营销，是一门精准的营销课程，它需要通过设计完整的商业环节，做好每一项工作，达成更高指标，实现企业效益，扩大企业规模。

（二）新媒体营销策略

新媒体营销策略是商业发展中的重要环节，优质的新媒体营销策略可以帮助企业更好地实现营销目标，提升品牌知名度和影响力，以下是一些常见的新媒体营销策略。

1. 社交媒体策略

社交媒体策略主要包括以下步骤：一是确定适合品牌的社交媒体平台，根据目标受众的特征和行为选择合适的平台；二是创建品牌社交媒体账号，并确保账号信息完整、专业；三是发布高质量、有趣、有用的内容，包括文字、图片、视频等形式；四是与用户进行互动，回复评论、提供帮助、参与讨论等；五是利用社交媒体广告工具进行定向投放，提高品牌曝光度和转化率。

2. 内容营销策略

内容营销策略主要包括以下步骤：一是确定目标受众的需求和兴趣，创作与他们相关的内容；二是针对不同平台和渠道适配内容，例如适应移动设备的短视频、图文并茂的博客等；三是优化内容以提高搜索引擎排名，使用关键词、内部链接等；四是利用内容分发平台、社交媒体和邮件列表等渠道推广内容，吸引更多用户关注。

3. 影响者营销策略

影响者营销策略主要包括以下步骤：一是研究并选择与品牌相关领域的影响者，了解他们的受众和影响力；二是与影响者建立合作关系，例如给影响者提供免费产品、邀请影响者参与活动等；三是要求影响者在其社交媒体账号上分享与品牌相关的内容，推广品牌或产品；四是跟踪和评估合作效果，保持与影响者的良好合作关系。

4. 数据分析和优化策略

数据分析和优化策略主要包括以下步骤：一是收集和分析新媒体营销活动的数据，包括网站流量、社交媒体互动数据、转化率等；二是根据数据结果进行优化和调整，例如优化广告定位、改进内容策略、调整投放时间等；三是追踪用户转化路径，优化用户体验和购买过程。

5. 用户生成内容策略

用户生成内容策略主要包括以下步骤：一是鼓励用户参与和分享与品牌相关的内容；二是利用品牌活动和比赛等方式激励用户参与创作内容；三是在品牌社交媒体账号和网站上展示用户生成的内容，提高用户参与度和品牌认可度。

6. 跨渠道整合策略

跨渠道整合策略主要包括以下步骤：一是综合运用多个新媒体渠道和营销方式，形成整合营销策略；二是确保不同渠道之间的一致性，例如品牌形象、语调和内容风格等；三是利用不同渠道之间的互动效应，例如通过社交媒体推广内容、引导用户访问网站等。

以上策略可以根据产品的具体情况进行调整和组合，关键是根据目标受众群体、品牌定位和营销目标选择合适的策略，并不断进行优化和调整以提高营销效果。

↘ 三、新媒体营销的发展趋势

随着数字技术与社交文化的发展，社交需求逐渐趋于个性化、多样化、开放化，以"双微"为代表的成熟社交产品已无法满足移动社交用户日益变化的新需求，在新技术、新方式、新需求不断涌现的阶段，新媒体营销面临更加迅猛的变革。相关统计数据显示，截止到 2023 年，我国网民规模达 10.67 亿人，互联网普及率达 76.4%。2023 年，我国规模以上互联网和相关服务企业完成互联网业务收入 17 483 亿元，相较于其他的推广渠道，新媒体营销是更受欢迎的渠道。此外，企业开展新媒体营销的方式不断创新，病毒营销、口碑营销、组合营销等多种营销方式不断出现。新媒体营销的发展趋势包括以下几个方面。

（一）视频内容的崛起

随着短视频平台和直播平台的兴起，视频成为新媒体营销中的重要形式，短视频和直播在新媒体营销中越来越受欢迎。视频内容在社交媒体平台上的传播速度快，吸引力强，品牌可以通过创造有趣、有用的视频内容来吸引用户关注和提升品牌认知度。企业可以通过制作有趣、有价值的视频内容来吸引潜在用户，提高品牌曝光率和购买转化率。视频营销运行模式如图 1-6 所示。

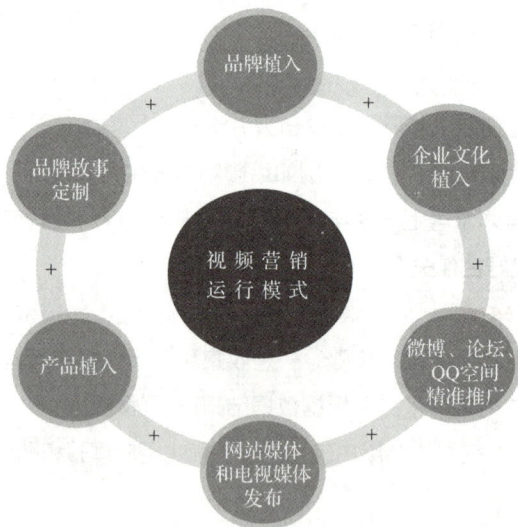

图 1-6　视频营销运行模式

（二）社交电商的兴起

社交媒体是连接消费者和品牌的桥梁，社交媒体平台越来越多地整合了电商功能，使用户可以在社交媒体上直接购买产品。品牌可以利用社交媒体平台的电商功能，直接与用户进行销售互动，提高转化率和销售额。企业可以通过精准推送广告，发布有趣、互动性强的内容来吸引粉丝，提升品牌忠诚度，提高销售转化率。社交媒体营销运行模式如图 1-7 所示。

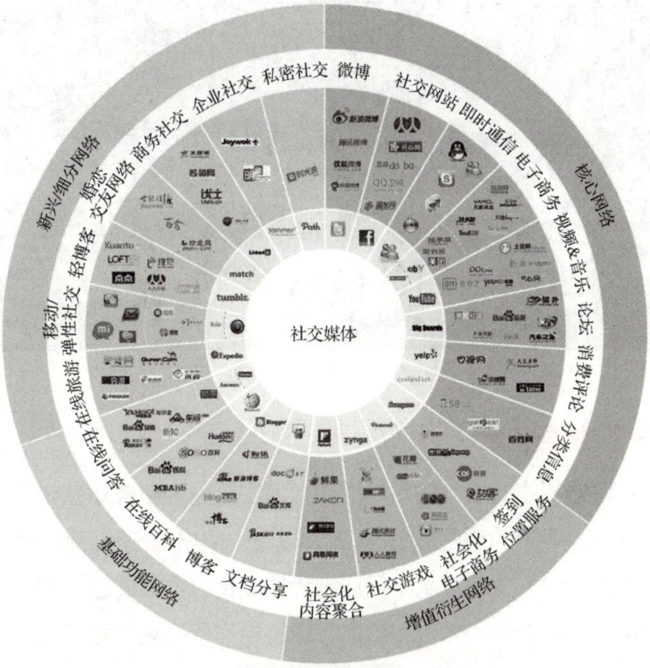
社交媒体
微博
社交网站
即时通信
电子商务
视频&音乐
论坛
消费评论
分类信息
签到
位置服务
社会化
电子商务
社交游戏
社会化
内容聚合
文档分享
博客
在线百科
在线问答
在线旅游
弹性社交
移动
轻博客
交友网络
婚恋
商务社交
企业社交
私密社交
核心网络
增值衍生网络
基础功能网络
新兴细分网络

图 1-7　社交媒体营销运行模式

（三）个性化营销

个性化营销亦称“定制化营销”，随着新媒体营销平台的大数据分析能力越来越强，企业可以根据用户的浏览历史、社交行为等数据来提供个性化的营销服务，为用户提供更好的购物和服务体验。通过精准定位和定制化的推荐，企业可以提供更符合用户需求的产品和服务，提升用户体验和忠诚度。个性化营销运行方法如图 1-8 所示。

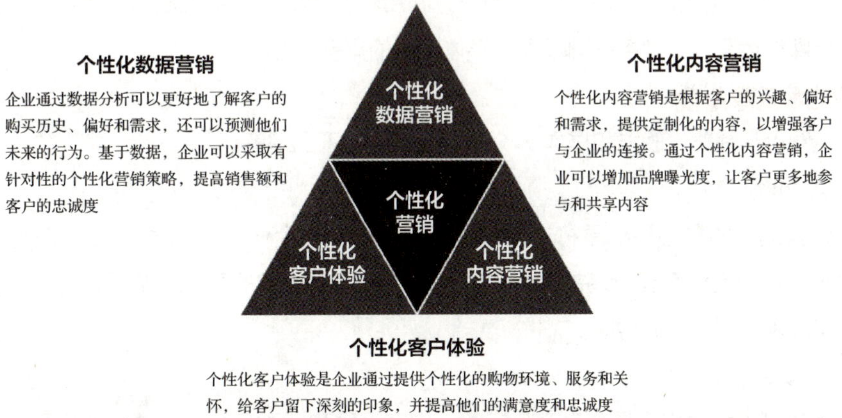
个性化数据营销
企业通过数据分析可以更好地了解客户的购买历史、偏好和需求，还可以预测他们未来的行为。基于数据，企业可以采取有针对性的个性化营销策略，提高销售额和客户的忠诚度
个性化内容营销
个性化内容营销是根据客户的兴趣、偏好和需求，提供定制化的内容，以增强客户与企业的连接。通过个性化内容营销，企业可以增加品牌曝光度，让客户更多地参与和共享内容
个性化
数据营销
个性化
营销
个性化
客户体验
个性化
内容营销
个性化客户体验
个性化客户体验是企业通过提供个性化的购物环境、服务和关怀，给客户留下深刻的印象，并提高他们的满意度和忠诚度

图 1-8　个性化营销运行方法

（四）AI 技术的应用

人工智能（AI）技术在新媒体营销中的应用越来越普遍。通过 AI 技术的支持，企业可以进行数据分析和预测，优化广告投放和内容策略。AI 技术还可以用于个性化推荐、智能客服等领域，提升用户体验和服务质量。AI 技术的营销应用如图 1-9 所示。

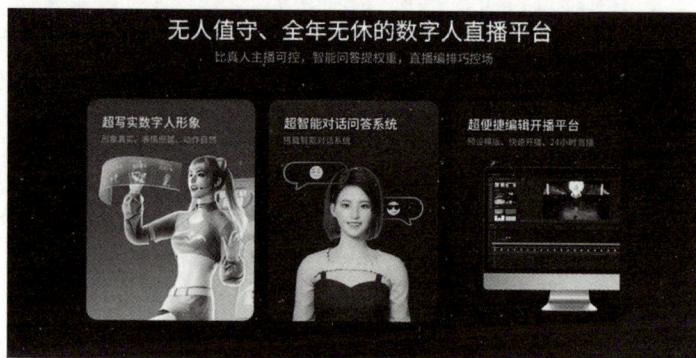

图 1-9　AI 技术的营销应用

（五）隐私保护和数据安全

随着用户对个人隐私的关注增加，隐私保护和数据安全成为新媒体营销中的重要议题。企业需要加强对用户数据的保护，并遵守相关法规和规定，以建立用户信任和品牌形象。

总之，未来企业需要密切关注新技术和用户行为的变化，灵活调整营销策略，与用户建立更紧密的联系，并提供个性化、有价值的内容和服务；通过制作优质内容吸引潜在用户，同时聚焦目标用户制定针对性的营销策略；通过强化互动性，建立良好的互动关系；通过进行精准投放，提高广告投放的转化率，进而使新媒体营销带来更大的营销价值，推动新媒体营销市场的健康发展。

四、新媒体运营的概念与岗位要求

（一）新媒体运营的概念

新媒体运营是通过现代化移动互联网手段和新媒体平台工具进行产品宣传、推广和营销的一系列运营手段。通过策划优质的品牌、具有高度传播性的内容和线上活动，向客户广泛、精准地推送消息，提高客户参与度与品牌知名度，从而充分利用粉丝经济，达到相应营销目的。可通过新媒体运营视角、新媒体运营核心内容深刻理解新媒体运营的概念。

1. 新媒体运营角度

新媒体运营可从战略、职能和操作 3 个角度进行更深入的理解。

（1）战略角度

新媒体运营战略的核心目标是打造品牌形象，这一点对企业至关重要；其次是了解受众人群，进行细化营销；再次是创造有价值的内容，这是商品和服务推广的灵魂；最后是运用多元化营销手段，使得品牌形象得到更好的传播。

（2）职能角度

新媒体运营可以分为用户运营、产品运营、内容运营和活动运营，主要针对不同的主体开展相应的运营活动，以实现良好的客户体验，促进商品或服务的推广。

（3）操作角度

新媒体运营是借助工具实现产品研发、产品推广、用户反馈等工作流程，对内衔接产品或服务，对外衔接目标用户，通过挖掘用户需求，来提升产品质量和用户体验。从操作角度来说，可以依据不同的平台，来定义不同的新媒体运营的工作。

2. 新媒体运营的核心内容

新媒体运营工作可细分为新媒体平台运营、内容运营、活动运营、热点运营、数据运营、文案策划、活动策划、用户运营、推广宣传、活动策划、品牌维护、粉丝互动等，其核心是内容运营、活动运营、热点运营、数据运营。新媒体运营的核心内容如图 1-10 所示。

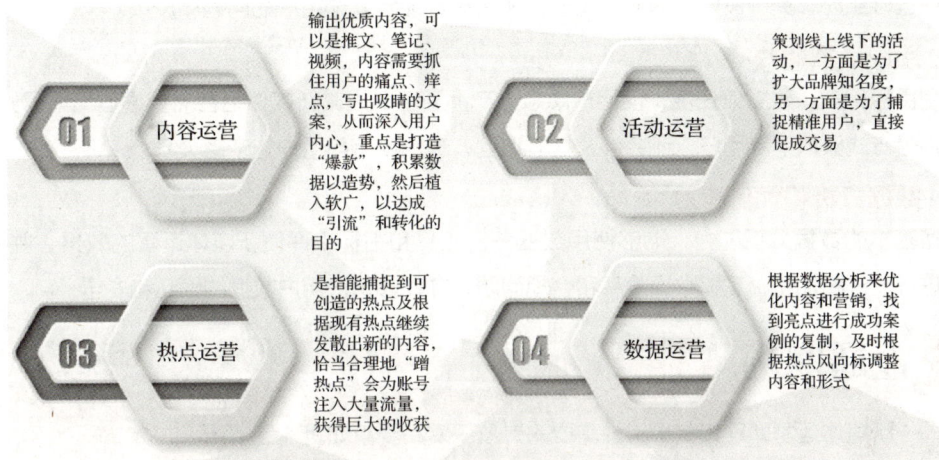

01 内容运营　输出优质内容，可以是推文、笔记、视频，内容需要抓住用户的痛点、痒点，写出吸睛的文案，从而深入用户内心，重点是打造"爆款"，积累数据以造势，然后植入软广，以达成"引流"和转化的目的

02 活动运营　策划线上线下的活动，一方面是为了扩大品牌知名度，另一方面是为了捕捉精准用户，直接促成交易

03 热点运营　是指能捕捉到可创造的热点及根据现有热点继续发散出新的内容，恰当合理地"蹭热点"会为账号注入大量流量，获得巨大的收获

04 数据运营　根据数据分析来优化内容和营销，找到亮点进行成功案例的复制，及时根据热点风向标调整内容和形式

图 1-10　新媒体运营的核心内容

综上所述，新媒体运营首先要明确目标与定位，在此基础上制定相应的运营策略和内容规划；其次要坚持内容为王、创意为本，通过优质的内容、独特的表达方式和形式，吸引用户的注意力；再次要精准定位用户，细分管理用户群体，针对不同群体提供个性化的内容和服务，提高运营效果；然后要与用户互动，建立良好的新媒体运营氛围，增强用户的参与感和归属感，促进用户的活跃度和黏性，并通过获取用户的反馈和意见，为后续运营提供有益参考；最后通过对用户行为、互动数据等进行深度分析，了解用户的喜好和需求，发现内容运营中的问题和潜在机会，以达到品牌传播、用户参与和业务增长的目标。

（二）新媒体运营的岗位要求

新媒体运营岗位需要开展用户调研、数据分析、文案策划、沟通协商等工作，要能够准确把握用户喜好和用户需求，有良好的市场意识，以及足够的兴趣和专注力。因此，新媒体运营岗位主要需要具备以下知识和能力。

1. 掌握新媒体运营的相关知识

了解和熟悉各种新媒体平台和工具，包括社交媒体、内容分发平台、博客、电子邮件营销等，具备对数字媒体趋势和技术的敏感性，并能够灵活应对新兴媒体的变化；了解市场营销的基本原理和策略，能够将新媒体运营与整体营销策略相结合，实现品牌的市场推广和销售目标。

2. 内容创作和编辑能力

具备出色的内容创作和编辑能力，能够撰写吸引人的内容，包括文章、社交媒体帖子、广告文案等。了解如何优化内容以适应不同的媒体平台和受众。

3. 图片与视频制作能力

新媒体时代一般是图文结合或文字＋视频的形式，所以不管运营什么平台，都需要图片制作的能力，包括制作封面图、营销海报、产品图等，此外还需要视频制作能力，包括基础拍摄、剪辑和后期制作。

4. 社交媒体管理能力

熟悉社交媒体平台的功能和操作，能够创建和管理品牌的社交媒体账号，制定社交媒体策略，并与用户进行互动，具备良好的沟通和用户服务技巧，能够处理用户的问题和反馈。

5. 用户运营能力

找到目标用户，建立信任度，使用户愿意为产品买单。通常新媒体运营需要通过给账号贴标签、加关键词等方式获取精准用户，还会涉及社群运营，长期维持与用户的亲密关系。

6. 数据分析和优化能力

具备基本的数据分析能力，能够使用数据分析工具和指标来评估新媒体运营的效果，并根据数据结果进行改进和优化，了解数据隐私和合规问题，并能够保护用户数据的隐私和安全。

直通职场

公司中新媒体运营助理和专员岗位需要的岗位职责和要求如表 1-2 所示。

表1-2　公司中新媒体运营助理和专员岗位需要的岗位职责和要求

岗位	新媒体运营助理岗位	新媒体运营专员岗位
岗位职责	1. 抖音日常基础信息、粉丝群及评论维护 2. 抖音私信沟通反馈，电话跟进以协助招商工作 3. 关注网络流行热点，快速获取热点，挖掘潜力玩法 4. 协助编导完成日常工作事项	1. 公司为代运营公司，主要服务于重点客户在各大平台的日常运营 2. 负责美团点评、小红书、抖音、口碑、高德等平台的日常运营和维护工作，为公司代运营品牌提供服务 3. 策划平台和品牌之间的运营活动，增加客户在各大平台的销售指标 4. 跟踪运营效果，分析数据并反馈，总结经验，建立有效运营手段，以提升用户活跃度，增加品牌在各大平台上的销量 5. 需要有一定的PS设计功底，也可以到岗后学习
岗位要求	1. 接受应届生，需要有新媒体电商运营经验或招商/电销经验（实习经验亦可），会使用基本的剪辑软件 2. 责任心强，有亲和力，有良好的沟通、实施能力及团队合作精神 3. 有一定的数据分析能力，能够结合数据为自媒体运营提供支撑 4. 热爱生活，热爱新媒体，喜欢尝试新事物	1. 热爱新媒体行业和自媒体运营，对各大互联网平台有一定的了解 2. 高度关注移动互联网发展和时下热点，思维活跃、有创意，有较强的文字编辑能力 3. 有独立策划、实施新媒体活动的能力 4. 积极主动，责任心强，有良好的团队意识

五、新媒体运营步骤与方式

（一）新媒体运营步骤

新媒体运营涉及多个步骤，通常包括以下步骤。

（1）确定目标。明确新媒体运营的目标，例如提高品牌知名度、提高用户参与度、促进销售增长等，确立清晰的目标有助于指导后续的策略和行动。

（2）目标受众分析。了解目标受众的特征、兴趣和行为，通过市场调研、用户调查等方式获取相关数据，这有助于更好地定位内容和策略，以吸引目标受众的关注和参与。

（3）制定策略。基于目标和目标受众分析，制定相应的新媒体运营策略，确定使用的新媒体平台和工具，规划内容创作和发布频率，确定用户互动和参与的方式等。

（4）内容创作和发布。根据策略，创作有价值、吸引人的内容，并将其发布到合适的新媒体平台上，内容可以包括文章、图像、视频、社交媒体帖子等，旨在吸引目标受众的关注和互动。

（5）社交媒体管理。管理品牌在社交媒体上的存在，包括创建和管理社交媒体账号、回复评论、处理投诉等，与用户建立积极的互动关系，增强用户对品牌的认知和信任。

（6）营销推广。利用新媒体平台上的营销工具和广告形式，进行品牌推广、促销活动、用户转化等，制订营销计划，选择合适的广告形式和目标受众，监测和评估广告效果。

（7）用户管理。新媒体最大的特点就是资源整合与分享传播，主要通过社会化营销、口碑介绍、商务合作、数据驱动和搜索引擎等方式，形成用户黏性。新媒体用户管理如图1-11所示。

图1-11　新媒体用户管理

（8）数据分析和优化。使用数据分析工具和指标，监测新媒体运营的效果，了解用户行为和互动情况。根据数据结果，优化策略、内容创作和互动方式，以提高运营效果和用户参与度。

（9）监测和评估。定期监测新媒体运营的关键指标和结果，评估运营的效果和达成的目标。根据评估结果，进行必要的调整和改进，以不断优化新媒体运营策略和行动计划。

需要注意的是，每个步骤都要有明确的目标和策略，并与整体的市场营销和品牌战略一致。此外，新媒体运营是一个持续的过程，需要不断地学习、适应和改进，以适应不断变化的新媒体环境和用户需求。

（二）新媒体运营方式

新媒体运营方式多种多样，主要有内容运营、电子邮件运营、影响者运营、视频运营、移动应用运营、搜索引擎运营、社交媒体运营、虚拟现实和增强现实运营，如图 1-12 所示。

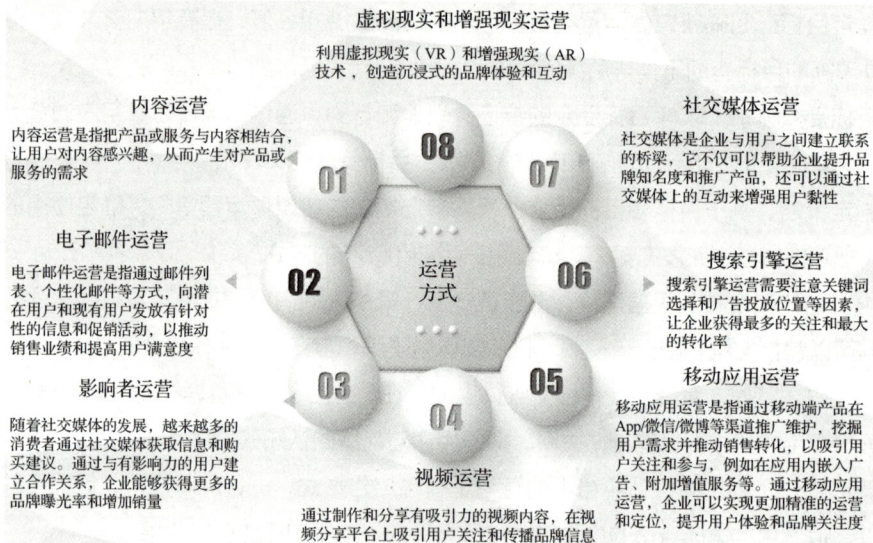

图 1-12　新媒体运营方式

（1）内容运营。通过创建和分享有价值的内容吸引用户关注和增加品牌曝光，内容可以包括文章、图片、视频等形式。运营商通过提供有趣、实用和有用的内容来吸引用户，并间接推广产品。

（2）电子邮件运营。运营商通过发送电子邮件向用户提供品牌信息、产品推广和优惠活动等。通过构建邮件订阅列表和个性化邮件内容，运营商可以与用户进行直接的沟通。

（3）影响者运营。与具有一定影响力和粉丝基础的人士合作，让他们在社交媒体上推广品牌或产品，通过与影响者建立合作关系，运营商可以借助他们的影响力和受众基础来提高品牌知名度和市场影响力。

（4）视频运营。运营商通过制作和分享有吸引力的视频内容，在视频分享平台（如抖音、快手等）上吸引用户关注和传播品牌信息，视频内容可以包括产品演示、品牌故事、用户评价等。

（5）移动应用运营。通过移动应用程序推广品牌和产品，运营商可以开发自己的移动应用，提供特定功能和优惠，与用户进行互动和沟通。

（6）搜索引擎运营。在搜索引擎结果页面上展示品牌广告时，运营商可以通过竞价排名和关键词投放等方式，提高品牌在搜索引擎结果页面上的曝光度。

（7）社交媒体运营。利用社交媒体平台发布内容、与用户互动并建立联系，通过社交媒体平台，运营商可以分享产品信息、发布优惠活动、回答用户问题，以及与用户进行直接的互动。

（8）虚拟现实和增强现实运营。利用虚拟现实（VR）和增强现实（AR）技术，创造沉浸式的品牌体验和互动，运营商可以开发虚拟现实和增强现实应用程序或与现有应用程序合作，让用户通过虚拟现实和增强现实技术与品牌进行互动。

这些是常见的新媒体运营方式，运营商可以根据自身的特点、目标受众和运营目标选择合适的方式进行运营推广。同时，综合运用多种方式，形成整合运营策略，可以提高运营效果和品牌影响力。

六、新媒体运营的发展现状和趋势

（一）新媒体运营的发展现状

随着互联网技术的飞速发展，人们现在每天接收到的信息量非常庞大，内容也越来越丰富，所以传统的媒体已经无法满足用户的需求，必须向新媒体转型，因此新媒体应运而生，这可以说是时代的选择。新媒体运营开放性强、互动性强，对信息的传播范围广、速度快，且投入低、回报高。因此，许多企业都专门开设了新媒体运营部门，从而有效推动新兴的商业模式发展。当前新媒体已经渗透到人们生活的方方面面，无论是社交娱乐、购物消费还是学习工作，新媒体都发挥着不可替代的作用。与此同时，新媒体技术也在不断创新，如 5G、AI、VR/AR 等技术的广泛应用，进一步推动了新媒体行业的发展。这些技术不仅丰富了新媒体内容的呈现形式和交互方式，还提升了用户体验，为新媒体运营提供了更多的可能性。

（二）新媒体运营的发展趋势

1. 绿色化趋势

在新媒体经济下，新媒体运营在人才的建设上会有更大的进步空间。此外，中央网信办通过开展专项行动，遏制自媒体摆拍造假风气，压缩无底线博流量行为的空间，提升自媒体发布信息的可信度，压紧压实网站平台信息内容管理主体责任，切断"毒流量吸粉变现"利益链，扩大优质信息内容触达范围，营造风清气正网络空间，从而有效地净化新媒体经济的发展环境，让新媒体运营走向绿色发展之路。

2. 法制化趋势

新媒体运营的发展趋势会更加法制化，国家会完善相关的法律法规及规章制度，知识产权等问题的维护将有更多的法律保障，为新媒体运营的发展保驾护航，为企业发展提供更大的保障，对剽窃和违反新媒体运营的事件进行有力打击，从而推动新媒体运营的法制化发展。

3. 规范性趋势

在新媒体运营的权威性及公信力方面，一定要提高新媒体运营的规范性和群众的参与度，国家要及时出台相应的关于新媒体运营的管理手段，从而加大群众对新媒体运营平台的监督力度，督促新媒体运营平台及时弥补自身不足，有效地促进新媒体运营顺应时代，往更好的方向发展。

4. 智能化趋势

随着 5G、人工智能、大数据、云计算、区块链等新一代信息技术在国内的快速发展，我国的新媒体发展不断实现创新变革，应用智能化水平显著提高、应用场景更加丰富、社会服务能力显著增强，深刻地嵌入人们日常的生产生活中。可以说，人工智能推进媒体智能化，区块链技术改变传媒组织机构。

七、新媒体营销与运营的区别、结合原则与结合方式

新媒体营销与运营存在区别，但也相互关联。在实践中，新媒体运营人员需要与营销团队紧密

合作，了解市场需求和目标受众，以便为平台提供有针对性的内容和互动方式。同时，新媒体营销人员也需要与运营团队协作，了解平台的特点和用户行为，以制定更有效的推广策略和活动。

（一）新媒体营销与运营的区别

新媒体营销与运营在新媒体领域中是两个不同但相互关联的概念。它们在目标、职责和方法上存在一些区别，以下是它们的主要区别。

1. 目标不同

新媒体营销的主要目标是通过新媒体平台和工具，推广和宣传产品、服务、品牌，吸引潜在用户，从而增加实际销售或业务机会。新媒体运营的主要目标是管理和运营新媒体平台，包括内容创作、用户互动、社区管理等，以增加用户参与度、提高用户留存率和品牌忠诚度。

2. 职责不同

新媒体营销的职责通常包括市场调研、推广策略制定、广告投放、社交媒体管理、品牌管理等，重点在于推广和传播消息，吸引目标受众的注意力。新媒体运营的职责主要为管理和维护新媒体平台，包括内容创作、社交媒体管理、用户互动、数据分析等，重点在于提供有价值的内容和良好的用户体验。

3. 方法不同

新媒体营销通常采用各种市场营销方法，包括广告投放、社交媒体广告、合作推广、内容营销等，以推广产品或品牌。新媒体运营则更注重平台的日常管理和运营，包括内容创作、社交媒体管理、用户互动、数据分析等，以提供持续的价值和提高用户参与度。

（二）新媒体营销与运营的结合原则

1. 以用户需求为根本

新媒体营销与运营的核心原则是用户至上，企业应该将用户的需求和利益放在首位。在进行新媒体营销方案策划与内容创作之前，要分析其所面对的用户，了解他们使用产品的习惯、阅读习惯。根据这些习惯和市调信息，描绘用户画像。根据用户画像选择合适的品牌传播矩阵，进行内容的分发和传播，包括收集用户的年龄、性别、地域、偏好。根据收集到的信息为用户打上标签，再将这些标签综合起来，形成用户画像。在此基础上，结合用户的需求，提供有价值的内容和服务，建立良好的客户关系，是新媒体营销与运营的基础。

2. 以内容选择为核心

在新媒体营销与运营中，内容是吸引用户的关键。因此，在确定用户需求后，就可以选择和确定内容、主题、文章逻辑、视频逻辑去进行内容的创作和传播。优质的内容能够吸引用户的注意力，增加用户的黏性和转化率。企业应该注重内容的质量和创新，提供有价值的信息和故事，满足用户的需求和兴趣。

3. 以渠道构建为路径

确定内容方向和结构后，需要筛选合适的渠道，即新媒体营销与运营渠道。新媒体平台的多样性为企业提供了更多的传播渠道。企业应该根据目标受众的特点和喜好选择合适的新媒体平台，进行多样化的传播。通过微信、微博、抖音等平台，将企业的品牌形象和产品信息传播给更多的用户。

4．以数据分析为手段

新媒体营销与运营需要依靠数据进行决策和优化。通过数据分析，企业可以了解用户的行为和偏好，优化营销与运营策略，提高营销与运营效果。企业应该建立科学的数据分析体系，不断优化营销与运营策略，提升用户的参与度和转化率。

（三）新媒体营销与运营的结合方式

将新媒体营销和运营结合起来可以实现更协调和综合的品牌传播和用户参与。关键是制定共同的目标和策略、树立统一的品牌形象、建立数据共享和分析机制、制定一体化的内容战略、进行社交媒体管理和互动、利用用户数据进行个性化营销、建立监测和优化机制，不断提高营销和运营的效果。

1．制定共同的目标和策略

确保营销团队和运营团队有共同的目标和策略。在制定营销目标和运营策略时，两个团队应该紧密合作，以实现品牌传播和用户参与的一致性。

2．树立统一的品牌形象

确保营销和运营在品牌形象上保持一致。无论是营销活动还是日常运营，都应该传达相同的品牌价值观，以建立用户的品牌认知和忠诚度。

3．建立数据的共享机制

建立数据的共享机制，以充分利用数据的洞察力。营销团队可以提供市场调研和用户行为数据，而运营团队可以提供平台数据和用户互动统计数据。通过共享这些数据，企业可以更好地了解用户需求和行为，从而优化营销策略和运营决策。

4．制定一体化的内容战略

制定一体化的内容战略，将营销内容和日常运营内容相结合。营销团队可以提供有价值的营销内容，用于推广产品和品牌，而运营团队可以负责制定和管理日常内容，以提供持续的用户参与和价值，确保内容在品牌形象、风格和价值观上保持一致。

5．进行持续性社交媒体管理

在社交媒体上进行持续的积极管理和互动。营销团队可以利用社交媒体平台进行广告投放和宣传活动，吸引目标用户的注意力。而运营团队可以回应用户的评论和反馈，提供个性化的用户互动和体验。通过结合营销和运营的力量，建立积极的社交媒体环境，提高用户参与度和品牌影响力。

6．实施个性化营销运营

运营团队可以收集用户行为数据和偏好信息，而营销团队可以利用这些数据进行精准定位和个性化推广。通过结合用户数据和营销策略，企业可以提供更有针对性和个性化的体验，提高用户参与度和忠诚度。

7．建立监测和优化机制

建立监测和优化机制，对营销和运营活动进行实时监测和评估。通过分析数据和用户反馈信息，了解哪些策略和活动是成功的、哪些需要改进，并及时调整和优化。持续监测和优化可以确保营销和运营的高质量实施。

任务三　新媒体运营岗位设置与标准

↘ 一、新媒体运营核心工作内容与流程

新媒体运营核心
工作内容与流程

（一）新媒体运营核心工作内容

企业新媒体运营的核心工作内容可以包括以下几个方面。

1. 社交媒体管理

社交媒体管理即管理企业在各种社交媒体平台上的活动。主要包括创建和更新企业的社交媒体账号、发布内容、回应用户评论和消息、管理社交媒体广告等。社交媒体管理旨在建立积极的品牌形象，吸引用户，提高品牌知名度和忠诚度。

2. 内容策划与创作

内容策划与创作是制定并执行内容策略，以提供有价值和吸引力的内容。主要包括撰写博客文章、设计图像和视频、制作信息图表、发布行业新闻等。内容策划与创作的目标是引起用户的兴趣，提高用户参与度，推广企业的产品和服务。

3. 社区管理

社区管理是管理企业的在线社区或论坛，与用户进行互动。主要包括回应用户问题和反馈、解决问题、提供支持和帮助、鼓励用户参与和共享经验等。社区管理有助于建立用户之间的互动和社交，增强用户黏性，提高用户忠诚度。

4. 用户数据分析

用户数据分析是收集、分析和解读用户数据以了解用户行为和偏好。使用网站分析工具、社交媒体统计数据等，可以获取关键指标如网站流量、用户参与度、转化率等。这些数据可以帮助企业优化运营策略、改进内容创作和进行个性化营销，提供更好的用户体验。

5. 品牌管理与传播

品牌管理与传播是管理和推广企业的品牌形象和价值观。主要包括确保品牌形象的一致性，通过新媒体渠道传达品牌信息，建立品牌声誉和认知度。品牌管理与传播的目标是塑造企业的独特形象，与目标受众建立情感连接，并提高品牌价值。

6. 危机管理与舆情监测

危机管理与舆情监测是监测和管理企业的舆情，并及时应对危机。通过监测新闻、社交媒体等渠道的舆情，识别潜在的危机，并采取适当的措施进行危机管理和公关应对。危机管理与舆情监测有助于维护企业声誉和形象。

7. 合作与推广活动

合作与推广活动是与其他合作伙伴、意见领袖和影响者进行合作，开展跨平台推广活动。这可以是与社交媒体上的知名个人或其他企业合作，共同推广产品、举办活动或进行交叉促销。合作与推广活动可以扩大品牌影响力，提高用户参与度和市场曝光度。

这些核心工作内容可以根据企业的特定需求和目标进行调整和优化。重点是建立综合的新媒体

运营战略，与用户互动，提供有价值的内容，维护品牌形象，并不断改进和优化运营活动。

（二）新媒体运营核心工作流程

企业新媒体运营的核心工作流程包括以下几个关键步骤，如图 1-13 所示。

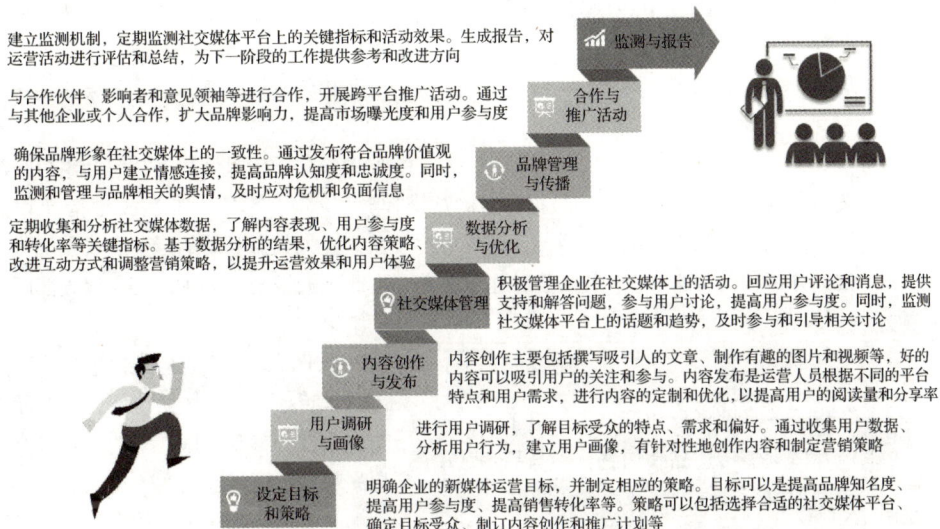

建立监测机制，定期监测社交媒体平台上的关键指标和活动效果。生成报告，对运营活动进行评估和总结，为下一阶段的工作提供参考和改进方向　　　　**监测与报告**

与合作伙伴、影响者和意见领袖等进行合作，开展跨平台推广活动。通过与其他企业或个人合作，扩大品牌影响力，提高市场曝光度和用户参与度　　　　**合作与推广活动**

确保品牌形象在社交媒体上的一致性。通过发布符合品牌价值观的内容，与用户建立情感连接，提高品牌认知度和忠诚度。同时，监测和管理与品牌相关的舆情，及时应对危机和负面信息　　　　**品牌管理与传播**

定期收集和分析社交媒体数据，了解内容表现、用户参与度和转化率等关键指标。基于数据分析的结果，优化内容策略、改进互动方式和调整营销策略，以提升运营效果和用户体验　　　　**数据分析与优化**

社交媒体管理　　积极管理企业在社交媒体上的活动。回应用户评论和消息，提供支持和解答问题，参与用户讨论，提高用户参与度。同时，监测社交媒体平台上的话题和趋势，及时参与和引导相关讨论

内容创作与发布　　内容创作主要包括撰写吸引人的文章、制作有趣的图片和视频等，好的内容可以吸引用户的关注和参与。内容发布是运营人员根据不同的平台特点和用户需求，进行内容的定制和优化，以提高内容的阅读量和分享率

用户调研与画像　　进行用户调研，了解目标受众的特点、需求和偏好。通过收集用户数据、分析用户行为，建立用户画像，有针对性地创作内容和制定营销策略

设定目标和策略　　明确企业的新媒体运营目标，并制定相应的策略。目标可以是提高品牌知名度、提高用户参与度、提高销售转化率等。策略可以包括选择合适的社交媒体平台、确定目标受众、制订内容创作和推广计划等

图 1-13　企业新媒体运营的核心工作流程

二、新媒体运营岗位设置与职责

新媒体运营岗位设置与职责可以根据企业的规模、行业特点和运营需求而有所不同。需要注意的是，具体岗位设置和职责划分可能因企业的需求而有所差异。一些小型企业可能将多个职责合并在一个岗位中，而大型企业则可能会有更细分的岗位设置。此外，随着新媒体行业的发展和变化，新的岗位和职责也可能随之出现。因此，企业应根据实际情况和发展需求来确定适合自己的新媒体岗位设置标准。以下是一些常见的新媒体运营岗位及其职责与要求，需要根据企业的具体需求和岗位级别进行适当的调整和细化，如表 1-3 所示。

表 1-3　常见的新媒体运营岗位及其职责与要求

岗位	岗位职责	岗位要求
新媒体运营经理/主管	负责整体新媒体运营策略的制定和执行。管理团队成员，监督和协调各项工作，负责与其他部门进行沟通和协调，确保达成新媒体运营的目标	制定并执行企业的新媒体运营策略和目标。管理团队成员，协调各项工作，监督运营活动的执行过程。负责与其他部门进行沟通和协调，确保新媒体运营与整体业务目标的一致性。报告和分析新媒体运营的关键指标和成效，提供改进和优化建议
内容运营专员	负责制定内容策略，策划和创作各类内容，包括文章、图像、视频等。负责内容的编辑和发布，确保内容的质量和时效性	制定并执行新媒体内容策略，包括文案、图像、视频等的创作和发布。进行市场和用户调研，了解目标受众的需求和偏好。编辑和优化内容，确保内容的质量和一致性，提升用户体验和参与度。监测和分析内容表现与用户反馈，根据数据优化内容策略

续表

岗位	岗位职责	岗位要求
社交媒体编辑	负责企业在各个社交媒体平台上的管理和运营工作，包括账号的创建和维护、内容发布、用户互动与回应、社交媒体广告的管理等	管理企业在各个社交媒体平台上的账号。制订社交媒体运营计划，包括内容发布时间表、互动策略等。与用户互动和回应，处理用户反馈和问题。 监测和分析社交媒体活动效果和关键指标，优化运营策略
数据分析师	负责收集、分析和解读用户数据，监测社交媒体活动效果和关键指标。生成报告，提供数据分析和运营建议，优化新媒体运营策略	收集和分析新媒体数据，包括用户行为、参与度、转化率等。监测关键指标和活动效果，提供数据驱动的运营建议和优化方案。生成定期报告，向管理层和相关部门汇报运营结果
品牌运营专员	负责企业品牌形象的管理和传播工作。通过新媒体渠道传达品牌信息，参与品牌活动的策划和执行，维护品牌声誉和形象	管理企业品牌在新媒体上的形象。制定品牌传播策略，与市场团队协作，确保品牌形象的一致性。参与品牌活动的策划和执行，提高品牌知名度和忠诚度。 监测和管理与品牌相关的舆情，及时应对危机和负面信息
社区管理专员	负责管理企业的在线社区或论坛，与用户进行互动和沟通，为用户提供支持和解答问题，维护社区秩序，提高用户满意度	管理在线社区或论坛，处理用户提问和问题。维护社区秩序，促进用户互动和参与。为用户提供支持和解答问题，建立良好的用户关系和口碑
舆情监测专员	负责监测社交媒体平台上的舆情，及时发现并应对危机风险。协助处理负面信息和舆情事件，维护企业声誉和形象	监测社交媒体平台上的舆情和话题，识别危机。及时应对负面信息和危机事件，保护企业声誉和形象。与公关团队协作，制定危机管理策略和应对方案
合作推广专员	负责与合作伙伴、意见领袖和影响者等的合作与推广活动。开展跨平台合作，推广产品和品牌，提高市场曝光度和用户参与度	与合作伙伴、意见领袖和影响者等进行合作和推广活动。开展跨平台合作，扩大品牌影响力，提高市场曝光度。监测合作活动的效果，提供合作推广方案的改进建议

素养课堂

我为家乡拍视频　助力乡村振兴

在贵州省榕江县的小丹江苗寨，有一群"90后"的年轻人，他们大学毕业后返回家乡创业，不仅让山里的农特产品走出了大山，还努力地改变了家乡的面貌。

这一团队的负责人是当地考出去的第一位大学生——"90后"的苗族小伙唐胜忠。大学毕业后，得知家乡启动了新媒体助力乡村振兴计划，唐胜忠和其他几个有共同志向的年轻人一起回到家乡，他们组成团队，起名"山呷呷"，寓意是"扎根深山，发展乡村"。"山呷呷"团队中有人擅长航拍，有人是剪辑好手，还有人专管策划，他们分工合作，当起了苗寨的"乡村代言人"。

从此，"山呷呷"团队有了创作的方向，村里的百姓故事，寨子的绿水青山，还有乡村振兴产业都成了他们团队拍摄的主要题材。为带动更多人利用新媒体赋能产业，唐胜忠发起了公益"陪跑计划"：组建"一对一"帮扶群，让扎根乡村发展产业的人做好线上宣传，陪着他们在电商营销、助力乡村振兴的赛道上一起努力。

2023年以来，唐胜忠的团队从几个人发展到了20多人，粉丝量超过了200万。团队顺势对接了榕江县和周边的100来家龙头企业、合作社，借着视频销售了6 000多万元的农特产品。另外，通过他们的小视频慕名而来的外地游客增加了近10倍。小丹江苗寨和乡亲们的生活也都发生了很大的变化。唐胜忠团队为"村超"（榕江和美乡村足球超级联赛）组建的自媒体矩阵，带来了6亿多次的播放量。这片让梦想插上翅膀的地方，正在向外界传递着新时代里人们一起奋斗、创造幸福、共享欢乐的模样。

赛场竞技

全国职业院校技能大赛赛项——直播电商

2023年公布的《全国职业院校技能大赛赛项规程》中规定"直播电商"竞赛内容：面向市场策划、内容策划、直播推广、直播运营、直播销售等岗位（群），以直播商品管理、直播主题及互动策划、直播脚本策划、直播推广策划、直播间装修、直播销售、直播互动、直播数据分析等典型工作任务的完成质量及选手职业素养作为竞赛内容，全面考查选手的专业核心能力及礼仪规范、服务意识、合规意识、风险意识及团队协作意识等职业素养。赛项模块主要内容、比赛时长及分值如表1-4所示。

表1-4　赛项模块主要内容、比赛时长及分值

模块		主要内容	比赛时长	分值
模块一	直播策划	**任务1：直播商品管理** 根据商品资料及商品销售数据，完成直播选品，对直播商品进行角色定位，合理规划运营资金，采购直播商品并定价，制定直播销售策略，做好直播商品的管理工作 **任务2：直播内容策划** 根据市场数据及直播商品，确定直播主题和直播时间，策划直播互动方案。根据商品资料及直播主题，设计直播流程，提炼商品卖点，完成整场直播脚本的撰写 **任务3：直播推广策划** 根据直播推广需求，分析行业数据，明确目标受众画像，合理规划推广资金，制定直播推广策略，进行直播广告投放，完成直播推广，以提升直播间的展现量、点击量和点击率	120分钟	30%

续表

模块		主要内容	比赛时长	分值
模块二	直播运营	**任务1：直播间装修** 根据直播策划内容，搭建直播间，并对直播间进行装修，设置直播间欢迎语、直播间屏蔽词、直播间快捷短语、直播间信息及直播商品详情页等内容	30分钟	50%
		任务2：直播销售 根据直播脚本，完成直播销售讲解，包括直播开场、商品销售促单及直播收尾等内容，并在直播过程中上架商品链接	120分钟	
		任务3：直播互动 根据直播互动方案，在直播后台完成直播互动的预设。在直播过程中，积极与观众进行抽奖、发红包等福利互动及弹幕互动，活跃直播间氛围，同时配合主播讲解进度，完成直播互动推送		
模块三	直播复盘	**任务1：直播数据分析与优化** 准确分析直播平台后台的流量、销售、用户等数据，提炼直播及推广亮点与不足，合理设计优化方案，形成PPT	60分钟	20%
		任务2：复盘汇报与答辩 针对数据分析结果和优化方案进行汇报及答辩	8分钟	

项目实战与提升

↘ 一、简答题

（1）新媒体的主要特征及主要类型包括哪些？

（2）简述新媒体营销的方式与策略。

（3）简述新媒体运营的步骤与方式。

↘ 二、实战演练

请根据本模块学习内容，制订个人新媒体职业规划，为未来的职业发展做好准备。以下是一些制订新媒体职业规划的建议。

（1）自我评估。对自己进行全面的自我评估，了解自己的兴趣、技能、价值观、优势和劣势，考虑自己在新媒体领域的热情和适应能力，以及想要发展的具体方向。

（2）设定职业目标。根据自我评估的结果，设定明确的职业目标，考虑在新媒体领域想取得什么样的成就和地位，以及希望在职业生涯中达到的里程碑。

（3）研究行业和趋势。了解新媒体行业的发展趋势、就业前景和需求，研究目标岗位的要求和技能，了解行业中的领先企业和专业人士，以便更好地制订规划。

（4）塑造个人品牌。在新媒体领域，个人品牌非常重要。思考要在行业中展示的专业形象和个人特点，建立个人网站和社交媒体账号、组建团队等，展示作品、观点和专业知识，提升自己的影响力。

（5）培养所需技能。根据目标职位的要求，确定需要掌握的技能和知识，主要包括社交媒体管理、新媒体营销、内容创作、数据分析等方面的技能和知识。参加培训课程、在线学习、实习或志愿者工作，不断提升自己的专业能力。

（6）拓展人际关系。积极参与与行业相关的社交活动、行业研讨会等，与行业内的专业人士建立联系，通过与同行交流和合作，拓展人际关系，获取行业内的机会和资源。

（7）制订短期和长期计划。将职业规划分为短期和长期，制订明确的行动计划，包括学习、实践、工作和职业发展的里程碑，不断评估和调整计划，确保与目标保持一致。

（8）持续学习和成长。新媒体行业发展迅速，要保持持续学习和成长的心态，关注行业趋势、技术更新和最佳实践，把握行业认证、培训和专业发展机会，不断提升自己的专业能力和竞争力。

模块二
新媒体营销与运营通识技能认知

学习目标

知识目标

➢ 了解新媒体文案的岗位职责与能力要求

➢ 掌握新媒体文案的特点和类型

➢ 掌握图文排版的设计思路

➢ 掌握新媒体数据分析指标

能力目标

➢ 能制定新媒体文案创作策略

➢ 能制作新媒体图片

➢ 能剪辑与制作短视频

➢ 能分析新媒体数据

➢ 能进行新媒体推广

素质目标

➢ 树立客户至上的理念，用心用情开发新媒体文案，弘扬中国文化

➢ 依托职业道德和规范使用新媒体技能，强化法律意识与道德约束意识

岗课赛证要点

岗	对接新媒体文案运营岗位需具备的"文案策划与创意、文案创作与编辑、社交媒体管理、数据分析与优化、品牌形象维护、跨团队合作、趋势研究与学习"等能力
课	对接新媒体营销与运营通识技能需具备的"文案撰写技能、图片制作技能、图文排版技能、短视频剪辑与制作技能、数据分析技能和推广技能"
赛	对接全国职业院校技能大赛（高职组）"直播电商"赛项中的"直播策划""直播运营""直播复盘"三大模块
证	对接新媒体技术"1＋X"职业技能等级证书（中级）职业岗位（群）要求

✎ 引导案例

网易云音乐：以优质的新媒体营销内容构筑音乐生活王国

网易云音乐成功地使用新媒体营销手段，从初期抓住小众市场实现营销突破，到回归内容资源创造衍生价值，不断彰显专业音乐人、歌单乐评、社交推荐等特色功能的作用，逐步构建起音乐社交平台。网易云音乐不断延续"故事＋场景＋互动"的营销模式，深耕用户自创内容，将文化审美理念和音乐生活哲学融入每个人的日常。在用户眼中，网易云音乐已成为一个有情感的音乐社区和懂自己的音乐伴侣。

网易云音乐的新媒体营销主要借助音乐内容化、故事化、场景化触达用户，打造品牌的核心竞争力。网易云音乐的新媒体营销方式如图 2-1 所示。

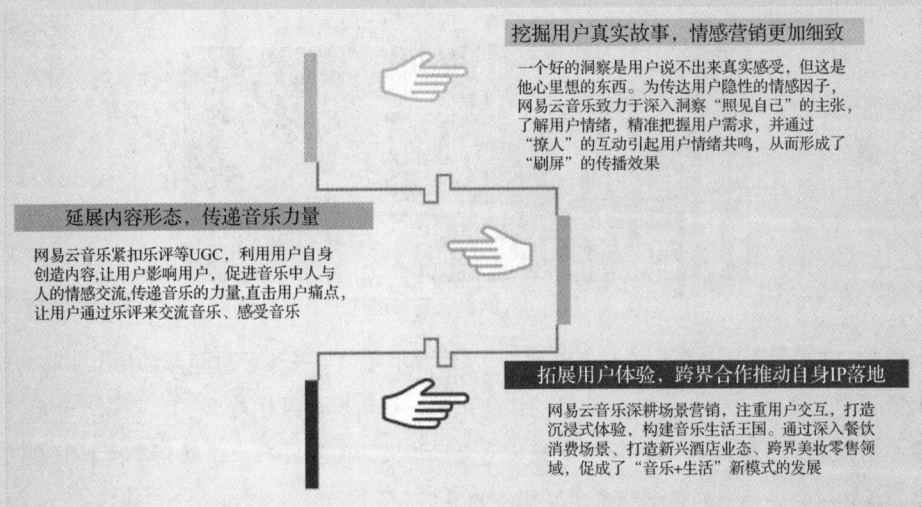

挖掘用户真实故事，情感营销更加细致

一个好的洞察是用户说不出来真实感受，但这是他心里想的东西。为传达用户隐性的情感因子，网易云音乐致力于深入洞察"照见自己"的主张，了解用户情绪，精准把握用户需求，并通过"撩人"的互动引起用户情绪共鸣，从而形成了"刷屏"的传播效果

延展内容形态，传递音乐力量

网易云音乐紧扣乐评等UGC，利用用户自身创造内容，让用户影响用户，促进音乐中人与人的情感交流，传递音乐的力量，直击用户痛点，让用户通过乐评来交流音乐、感受音乐

拓展用户体验，跨界合作推动自身IP落地

网易云音乐深耕场景营销，注重用户交互，打造沉浸式体验，构建音乐生活王国。通过深入餐饮消费场景、打造新兴酒店业态、跨界美妆零售领域，促成了"音乐+生活"新模式的发展

图 2-1　网易云音乐的新媒体营销方式

网易云音乐的新媒体营销值得借鉴的特色做法如下。

（1）温暖的年度报告。网易云音乐依据用户数据，用充满人文关怀的文案来发布年度报告，让用户在音乐足迹中回忆当时情绪，照见过去的心路历程，成功地让用户在社交圈中晒出专属的音乐日记。此外，网易云音乐通过在年度报告中设置商业电视广告来让用户在不同的音乐场景中照见自己。网易云音乐年度报告如图 2-2 所示。

（2）有创意的UGC。网易云音乐相当重视乐评，以用户的力量去反馈、感染用户，取用的金句评论往往能引起用户的共鸣。网易云音乐通过镜面长廊展现平台，极具视觉效果，吸引大批人驻足，充分发挥出它的实用属性，不仅使用户对品牌的好感度和美誉度大大提升，而且将优质乐评这一营销手段发挥到了极致，网易云音乐镜面长廊如图 2-3 所示。

图 2-2　网易云音乐年度报告

图 2-3　网易云音乐镜面长廊

（3）契合的线下融入。网易云音乐拓展多种消费场景，将自身的元素融入亚朵轻居酒店、屈臣氏等，这种线下布局的形式，让音乐输入日常，融入在多样的生活场景中，完成线上线下流量渗透，使 IP 势能不断增加，持续构建音乐生活王国，网易云音乐酒店如图 2-4 所示。

图 2-4　网易云音乐酒店

正如网易 CEO 在网易云音乐的简介栏所写："做音乐是为了灵魂的对话与沟通"。因此，在网易云音乐的云村中，不只是听音乐这么简单，社交互动、分享乐评同样是乐事。网易云音乐"小众不小"的音乐态度和"灵魂音乐"的音乐宗旨及"音乐社交"的独特定位，获得了大批深度用户，让用户自愿为情怀买单，为新媒体营销提供了优质的案例。

【启发与思考】

请你结合案例及对网易云音乐的体验，讨论网易云音乐是如何进行新媒体营销与运营的，以及还有哪些改进的空间？

任务一　新媒体文案撰写技能

新媒体文案是一种重要的营销工具，通过精准的语言、吸引人的表达和有效的呼吁行动，帮助品牌和组织在新媒体平台上传递信息、吸引受众、提升品牌价值和推动用户行为。它是一种以文字形式呈现的营销和传播手段，是营销和运营的基本技能。

一、新媒体文案的特点和类型

（一）新媒体文案的特点

新媒体文案的特点主要包括以下方面。

新媒体文案的特点和类型

1. 精练简洁

由于新媒体平台上的信息传递速度快，读者注意力易分散，因此新媒体文案需要用简洁有力的语言精准地传达信息，避免冗长且主题不明确的表达。

2. 引人入胜

新媒体文案需要具备吸引读者的特点，通过使用有趣、生动和富有想象力的语言，引起读者的兴趣并激发他们的好奇心。

3. 个性化定制

新媒体文案需要根据目标受众的特点和偏好进行个性化定制，针对不同的受众，新媒体文案可以采用不同的语言风格、表达方式和情感基调，以更好地引起受众共鸣。

4. 渠道适配

不同的新媒体平台有不同的特点和用户群体，因此新媒体文案需要适应不同的平台和用户习惯。例如，社交媒体平台上的新媒体文案可以更加轻松、幽默，而专业性较强的平台则需要更加正式和专业的新媒体文案。

5. 呼吁行动

新媒体文案通常会在内容中加入呼吁行动，目的是引导读者采取特定的行动，如点击链接、分享内容、购买产品等。呼吁行动要明确、简明，并与新媒体文案的内容和目标一致。

（二）新媒体文案的类型和侧重

1. 新媒体文案的类型

新媒体文案的类型多种多样，可以根据不同的目的和内容进行分类，如图 2-5 所示。

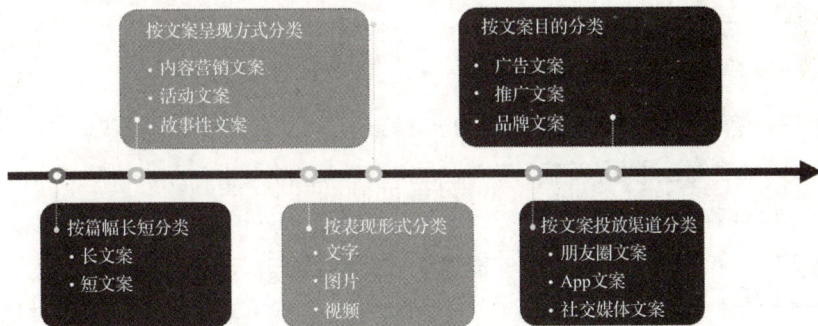

图 2-5 新媒体文案的类型

2. 新媒体文案的侧重

对于新媒体文案的形式和风格，可以根据具体情况和目标受众的需求进行调整和创新，重在根据目的明确传达信息，并运用合适的语言和表达方式来吸引受众的注意。一些常见的新媒体文案撰写的侧重点如下。

（1）广告文案。广告文案旨在推广产品、服务或品牌，并激发用户购买或采取其他行动。它通常采用吸引人的语言、独特的表达方式和有创意的元素，以引起目标受众的兴趣和共鸣。

（2）推广文案。推广文案用于宣传特定活动、促销或推广活动，旨在吸引用户参与和采取相关行动。它通常包含活动详情、优惠信息和呼吁行动，以引导用户参与并获得相应的福利。

（3）品牌文案。品牌文案用于传达品牌的核心价值观、品牌故事和品牌个性。它旨在建立品牌形象、塑造品牌认知度，并与目标受众建立情感联系。

（4）社交媒体文案。社交媒体文案是在社交媒体平台上发布的文案，包括微博文案、微信文案等。它通常采用轻松、幽默、有趣的语言风格，与目标受众进行互动，引起目标受众的共鸣。

（5）内容营销文案。内容营销文案用于发布有价值的内容，以吸引目标受众并建立品牌的专业形象。它可以是博客文章、新闻稿、白皮书等形式的文案，通过提供有用的信息和解决问题的建议，吸引读者并建立信任。

（6）活动文案。活动文案用于宣传和推广特定的事件、会议、展览或庆典等活动。它通常包含活动详情、参与方式、时间地点等信息，并通过吸引人的语言和呼吁行动，鼓励用户参与和分享。

（7）故事性文案。故事性文案通过讲述故事、描绘场景或塑造人物形象，吸引读者的情感共鸣和注意力。它可以用于品牌故事、用户案例分享、产品使用场景等，以吸引读者并传递特定的信息。

直通职场

新媒体文案的岗位职责与能力要求

新媒体文案岗位在当今数字化时代具有广阔的发展前景。企业和品牌越来越重视在新媒体平台上的宣传和营销，因此对优秀的新媒体文案人才的需求也越来越大。新媒体文案岗位未来主要表现为就业机会增多、薪资待遇优厚、职业晋升空间大、工作内容多样化、注重创意创新等特点。新媒体文案工作人员的工作职责不仅是文案的写作与投递、内容的策划与编辑，还包括渠道的运营与推广等，其岗位职责主要包括以下几项。

（1）文案策划与创意。与团队合作，参与创制新媒体文案的策略和计划。根据目标受众和营销目标，提出创意思路和文案主题，并制定相应的文案策略。

（2）文案创作与编辑。负责撰写各种类型的新媒体文案，包括广告文案、推广文案、品牌文案、社交媒体文案等。使用吸引人的语言和独特的表达方式，以吸引目标受众的注意力。同时，进行文案的编辑和校对，确保语言准确、流畅，并符合品牌形象和风格要求。

（3）内容策划与管理。制订内容发布计划，包括确定发布频率、时间和渠道。根据不同平台和受众特点，进行内容策划和创作，并进行文案内容的发布和维护。

（4）社交媒体管理。负责管理和维护在社交媒体平台上的文案内容。与社交媒体团队合作，创制社交媒体文案的策略和计划，并负责撰写和发布社交媒体文案，与用户进行互动和回复。

（5）数据分析与优化。分析数据指标（如点击率、转化率、互动量等），评估文案的效果，并根据数据反馈进行改进和优化。通过不断地测试和调整，改善文案，提高用户参与度。

（6）品牌形象维护。确保文案内容与品牌形象和价值观的一致性。与品牌团队合作，了解品牌定位和要求，将品牌价值融入文案创作中，提升品牌形象和认知度。

（7）跨团队合作。与其他团队合作，包括市场营销团队、设计团队、视频制作团队等，协调资源和信息，确保文案内容与整体营销策略的一致性，并共同推动营销目标的实现。

（8）趋势研究与学习。密切关注新媒体行业的趋势和变化，不断学习和研究新的文案策略和创意，提升自身的专业知识和技能。

因为新媒体文案岗位的复杂性、多样性，所以要想成为一名合格的新媒体文案人员，就要具有协调合作能力、敏锐的市场洞察力、扎实的文字功底，思维活跃且具有高度的责任感。新媒体文案岗位主要需要满足 8 个方面的任职要求，如图 2-6 所示。

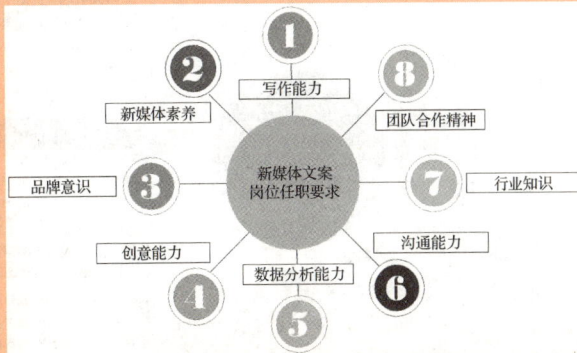

图 2-6　新媒体文案岗位任职要求

二、新媒体文案的创作步骤

新媒体文案是后期新媒体营销的核心要素，因此新媒体文案的创作尤为重要，其创作步骤如图 2-7 所示。

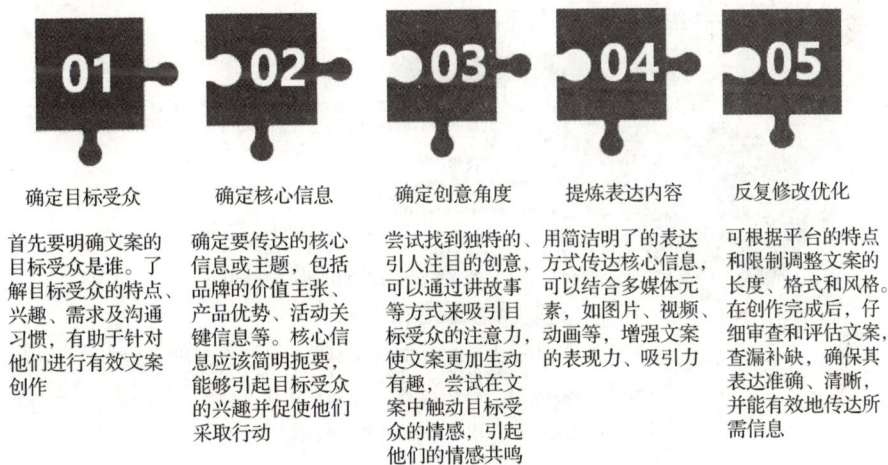

01	02	03	04	05
确定目标受众	确定核心信息	确定创意角度	提炼表达内容	反复修改优化
首先要明确文案的目标受众是谁。了解目标受众的特点、兴趣、需求及沟通习惯，有助于针对他们进行有效文案创作	确定要传达的核心信息或主题，包括品牌的价值主张、产品优势、活动关键信息等。核心信息应该简明扼要，能够引起目标受众的兴趣并促使他们采取行动	尝试找到独特的引人注目的创意，可以通过讲故事等方式来吸引目标受众的注意力，使文案更加生动有趣，尝试在文案中触动目标受众的情感，引起他们的情感共鸣	用简洁明了的表达方式传达核心信息，可以结合多媒体元素，如图片、视频、动画等，增强文案的表现力、吸引力	可根据平台的特点和限制调整文案的长度、格式和风格。在创作完成后，仔细审查和评估文案，查漏补缺，确保其表达准确、清晰，并能有效地传达所需信息

图 2-7　新媒体文案的创作步骤

三、新媒体文案的创作策略

创作新媒体文案时，主要包括创作新媒体文案的标题、开头、正文、结尾、广告语等环节，应充分了解并掌握各个部分的主要写法和创作策略并运用新媒体文案写作策略，以创作出精彩、富有创意的新媒体文案作品，进而提升新媒体文案的吸引力、影响力和传播效果。

（一）新媒体文案标题创作策略

新媒体文案标题是指新媒体文案中标明文章、作品等内容且独立成行的简短语句。为了提升营销效果，针对标题部分可采用悬念式标题、"恐吓式"标题、直言式标题等策略。

1. 悬念式标题创作策略

悬念式标题创作策略是指为了激发受众的好奇心，在标题部分设置问题、强调产品功效、营造神秘气氛等，激发消费者的好奇心，使其对文案的具体内容产生强烈的兴趣。悬念式标题创作策略可以分为提问式标题、强调功效式标题、营造神秘感标题 3 种主要方式，如图 2-8 所示。

提问式标题

标题中涉及一个引人入胜的问题，但不给出答案，激发读者的好奇心。常会包含"为什么""怎么办""如何"等字眼
例如，消失的宝藏：谁将成为最终的发现者？

强调功效式标题

强调功效式标题是一种常见的标题策略，它侧重于强调产品、服务或内容的特定功效和好处。通过强调结果、速度、便利性、专业性、独特性、便携性、个人化等方面实现
例如，独家秘方：打造与众不同的美食体验！

营造神秘感标题

采用这类标题是吸引受众非常有效的手段之一，虽然表面上大多采用了陈述的方式，但其实都留了一个问题给读者，想知道答案，必须将文案阅读完。通过暗示未知、解释现象、揭示谜题等方式实现
例如，神秘的第5维度：穿越时空的奇幻之门

悬念式标题创作策略

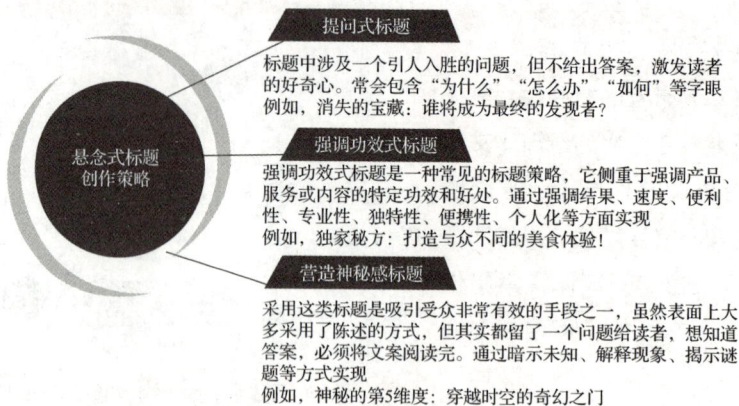

图2-8　悬念式标题创作策略

2. "恐吓式"标题创作策略

"恐吓式"标题创作策略，通过对生活方式、消费习惯的一些负面效果、隐性危害的重点描述，来引起消费者的重视，尤其能够吸引存在类似隐忧的消费者，其主要通过突出负面效果、借助证言和营造强烈反差3种方式实现，如图2-9所示。

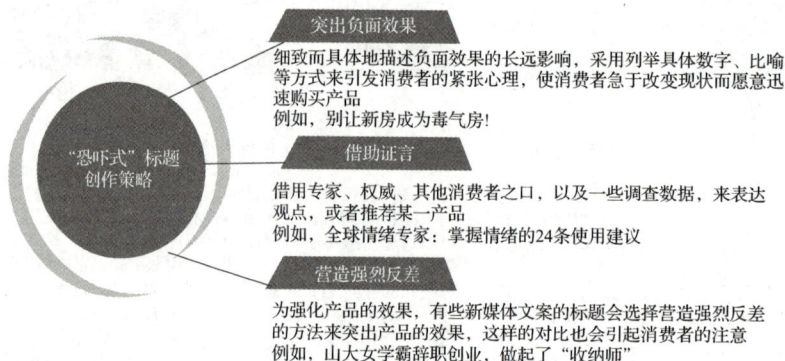

突出负面效果

细致而具体地描述负面效果的长远影响，采用列举具体数字、比喻等方式来引发消费者的紧张心理，使消费者急于改变现状而愿意迅速购买产品
例如，别让新房成为毒气房！

借助证言

借用专家、权威、其他消费者之口，以及一些调查数据，来表达观点，或者推荐某一产品
例如，全球情绪专家：掌握情绪的24条使用建议

营造强烈反差

为强化产品的效果，有些新媒体文案的标题会选择营造强烈反差的方法来突出产品的效果，这样的对比也会引起消费者的注意
例如，山大女学霸辞职创业，做起了"收纳师"

"恐吓式"标题创作策略

图2-9　"恐吓式"标题创作策略

3. 直言式标题创作策略

直言式标题创作策略，是一个比较常见的新媒体文案的标题写作方法，直奔主题，直接展示产品的特征和效果，让受众产生先入为主的看法。这种标题通常会采用罗列数字、准新闻报道、直宣效果等3种方式，如图2-10所示。

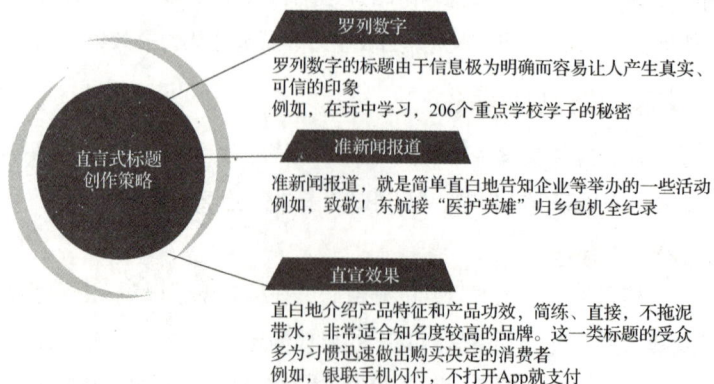

罗列数字

罗列数字的标题由于信息极为明确而容易让人产生真实、可信的印象
例如，在玩中学习，206个重点学校学子的秘密

准新闻报道

准新闻报道，就是简单直白地告知企业等举办的一些活动
例如，致敬！东航接"医护英雄"归乡包机全纪录

直宣效果

直白地介绍产品特征和产品功效，简练、直接，不拖泥带水，非常适合知名度较高的品牌。这一类标题的受众多为习惯迅速做出购买决定的消费者
例如，银联手机闪付，不打开App就支付

直言式标题创作策略

图2-10　直言式标题创作策略

（二）新媒体文案开头创作策略

新媒体文案开头是第一部分文案内容，开头能否与标题形成衔接，能否延续读者已经形成的兴趣点，并且进一步激发读者的兴趣，从而使读者能够继续下文的阅读，是文案开头要承担的工作。新媒体文案的开头，是带动读者继续花更多时间和精力去阅读、接收信息的关键，因此，开头部分要有足够的吸引力。由于读者是看了开头之后，才决定接触文案主体的，因此开头既要与标题有足够的关联性，又要承担开启全文的重任，是奠定整体文案风格、调性和主要观点的基础。文案开头通常可采用故事式开头、悬念式开头、提问式开头、热点式开头、名人式开头、自叙式开头、案例式开头、修辞式开头等策略。

1. 故事式开头创作策略

故事式开头创作策略，是指新媒体文案主体部分的开头通过讲述一个引人入胜的故事，引起读者的情感共鸣。故事可以是与产品或服务相关的真实案例、用户经历或想象情境，让读者产生共鸣并想要了解更多。

（1）励志故事。以励志故事开头，容易引发共鸣，满满的正向能量，很难不打动人心。

（2）情感故事。以爱情、友情、亲情等作为主要元素的故事开头，借助普适性情感类故事打动读者。

（3）反转故事。以反转故事开头，即通过故事发展的前后对比，呈现一种强烈的情节反差，进而吸引读者。

（4）幽默故事。以幽默故事开头，吸引读者出于娱乐目的而继续阅读，需要将产品的特点与幽默故事进行准确的连接、组合，使读者在获得愉悦的同时，对产品推广没有任何排斥感。

2. 悬念式开头创作策略

悬念式开头创作策略，通常是指在新媒体文案的开头部分设置悬念，并不直接把答案告诉读者，一方面使读者继续保持耐心，接收更多的宣传信息，另一方面，则是激发读者的好奇心，使其对后面揭晓的答案更为重视。

3. 提问式开头创作策略

提问式开头创作策略，是指新媒体文案在开头的部分，通过提问的方式进一步激发读者的兴趣。可以提出一个问题，接着反问这个问题，引导读者去思考。这样，读者很可能会被吸引，继而想要深入了解这个问题的答案。一定要用好前5秒，如果前5秒不能引起读者的兴趣，那么很大概率不能吸引读者的注意力。

4. 热点式开头创作策略

热点式开头创作策略，是指新媒体文案借助社会热点、网络热点作为话题切入点，逐步展开文案主题。由于热点事件纷繁复杂，利用这些热点事件，可以引起读者的讨论和关注。引导读者讨论热点话题，读者可以促进读者之间的交流和互动，进一步提高读者的活跃度，增强黏性，使内容更容易传播和扩散。

5. 名人式开头创作策略

名人式开头创作策略，是指借助名人的言论来引起读者兴趣的方法，这种方法可以让读者更快地产生共鸣或思考。名言警句通常简练且内涵深刻、文采飞扬，加之出自名人之口，具有权威性，容易获得读者的认可，从而使其更容易被接下来的信息内容说服。

6. 自叙式开头创作策略

自叙式开头创作策略，是指选择第一视角进行创作，在文案的开头部分进行自述，讲述自己的亲身经历，与读者拉近距离，也容易提升产品推荐的真实性，而且自叙式开头，通常会表达出非常个人化的观点，具有特殊的魅力。

7. 案例式开头创作策略

案例式开头创作策略，是指借助案例为读者提供示范效应，优质的案例会对读者产生足够的影响力，让读者意识到某种产品功效的实际状况，从而意识到使用该产品的必要性。

8. 修辞式开头创作策略

修辞式开头创作策略，是指在文案开头运用妙趣横生、精彩纷呈的文字描写，或者借助趣味性的修辞手法，让读者在欣赏文本的文采和修辞的同时，愉悦地接收文案信息。

（三）新媒体文案正文创作策略

1. 新媒体文案正文结构布局策略

新媒体文案正文结构布局，是新媒体文案正文进行谋篇布局的基础框架，不仅决定正文中内容的组织方式，也决定文中观点表达的方式，需要符合消费者的信息接收习惯、理解习惯和逻辑思考习惯。一篇优秀的新媒体文案，通常会有清晰、严密的结构，从而使文案循序渐进地推进，更顺畅地进行，使新媒体文案的营销效果能够更好地实现。新媒体文案正文结构布局策略主要包括总分总式正文结构布局策略、递进式正文结构布局策略、转折式正文结构布局策略。

（1）总分总式正文结构布局策略。总分总式正文结构是新媒体文案应用非常广泛的一种结构，第一个"总"，主要是用来明确表明主要观点，在开头旗帜鲜明地表达观点、开宗明义，直接而明确，在消费者心中建立明确的印象，具体阐明产品特点、产品功效、消费问题解析、生活方式等。"分"的部分，则是为了说明观点的合理性。第二个"总"是最后的总结，与最初的主要观点形成呼应，通常会进一步总结观点，呼应正文开头提出的观点，一方面，表明观点的可信性，另一方面，进一步强化消费者对产品的印象，从而使消费者能够产生购买的想法。

（2）递进式正文结构布局策略。递进式正文结构是指新媒体文案在正文中通过层层推进的方式，不断地论证观点、推介产品，这样的论证相当于循序渐进地说服别人，能够渐渐地化解消费者的各种疑虑，使其较为自然地接受观点或产品。递进式正文结构大致可以分为3种，第一种是从现象入手，逐渐深入地分析本质，提出观点，进而推出观点或产品；第二种是在开头直接阐述一个观点，在正文部分逐渐地深入论述；第三种是按照提出问题、分析问题、解决问题的顺序进行说明，即先说"是什么"，再谈论"为什么"，最终总结"怎么办"。

（3）转折式正文结构布局策略。转折式正文结构是指新媒体文案的正文中，先抛出一种现象或观点，然后对这种观点或现象进行否定，再正面提出自己的观点，顺势提出自己的想法。使用这种转折结构时，首先，正文具有一定的冲突性，从而使消费者在阅读的过程中，能够感受到更多的趣味性；其次，从一种比较流行的现象或观点入手，容易产生代入感，而随着正文有理有据地提出新观点，消费者会更容易接受新观点。

2. 新媒体文案正文撰写策略

在新媒体文案的正文结构中，为有效传达产品或服务的核心信息和吸引读者的注意力，正文应该简洁明了，语言通俗易懂，突出产品或服务的核心信息和价值。新媒体文案正文撰写策略如图 2-11 所示。

强调用户受益和价值
将重点放在产品或服务给用户带来的实际受益和价值上。清楚地描述产品或服务解决的问题、满足的需求及带来的好处，让读者能够直观地理解其实际应用和价值

使用有力的证据和数据支持
在正文中使用相关的证据、数据和统计数字，支持产品或服务的效果和优势。这些数据可以来源于独立研究、用户调查、实际案例或权威机构等，提高广告的可信度和说服力

使用清晰而有吸引力的段落标题
将正文内容分成清晰的段落，并给每个段落起一个有吸引力的标题。这样可以帮助读者快速浏览和理解各个部分的内容，并选择他们感兴趣的内容进行深入阅读

强调核心卖点
在正文的开头部分，明确并强调产品或服务的核心卖点。突出其独特性、优势和解决方案，让读者立即了解产品或服务的价值

使用生动而具体的描写
使用生动而具体的语言，让读者能够形象地感受产品或服务的特点和效果。使用形象化的词汇，使用比喻、类比等手法，让读者能更好地理解和记忆文案内容

引用用户评价和案例
引用用户的真实评价和案例，展示产品或服务的实际应用和效果，提高文案的可信度和说服力

使用适当的排版和格式
使用适当的排版和格式，使正文易于阅读和理解。使用段落间隔、标点符号、字体加粗等方式，突出重点和关键信息，提高可读性

图 2-11　新媒体文案正文撰写策略

（四）新媒体文案结尾创作和撰写策略

1. 新媒体文案结尾创作策略

一篇完整的新媒体文案要做到首尾呼应，不仅要引人入胜，还要令人回味无穷。结尾是新媒体文案的重要部分，是对文案进行总结、提炼、升华的关键所在，也是抒发感情的最后一招，所以需要通过结尾来真正打动读者，引发读者共鸣，给读者带来深度的启发。

好的结尾需要用心打磨、好好设计，结尾的创作策略主要包括转折式结尾、号召式结尾、讨论式结尾、金句式结尾等。

（1）转折式结尾创作策略。转折式结尾，是指通过创作让读者意想不到的或者突破常规逻辑的结尾，使读者倍感意外，甚至震撼，这样就会在读者心中留下深刻的印象，也有可能使这样的新媒体文案成为一个趣味性很强的文案，而被读者通过自媒体平台转发、分享。

（2）号召式结尾创作策略。号召式结尾，是指在新媒体文案的结尾，号召读者点赞、评论、转发、参加抽奖。这个策略一方面是为了让读者转发，帮助扩大新媒体文案的影响力；另一方面是为了激发读者的购买兴趣，通常会在结尾附上优惠券、购买链接、转发福利等。

（3）讨论式结尾创作策略。讨论式结尾，是指新媒体文案在结尾处抛出一个开放式的题目，让读者一起探讨和思考，形成热闹的交流氛围，让读者彼此交换想法和经验，使其对观点或产品更有信心。

（4）金句式结尾创作策略。金句式结尾，是指新媒体文案会采用金句式的结尾来总结全文的观点，帮助读者理解观点，或者进一步提升全文的思想高度等。

2. 新媒体文案结尾撰写策略

在新媒体文案的结尾部分，要注意保持简洁明了，用简短的语句传达核心信息，并鼓励读者采取行动。同时，要确保结尾与文案的整体风格和口吻保持一致，给予读者积极深刻的印象。可通过以下新媒体文案结尾撰写策略巩固文案的效果并引导受众采取进一步行动，如图2-12所示。

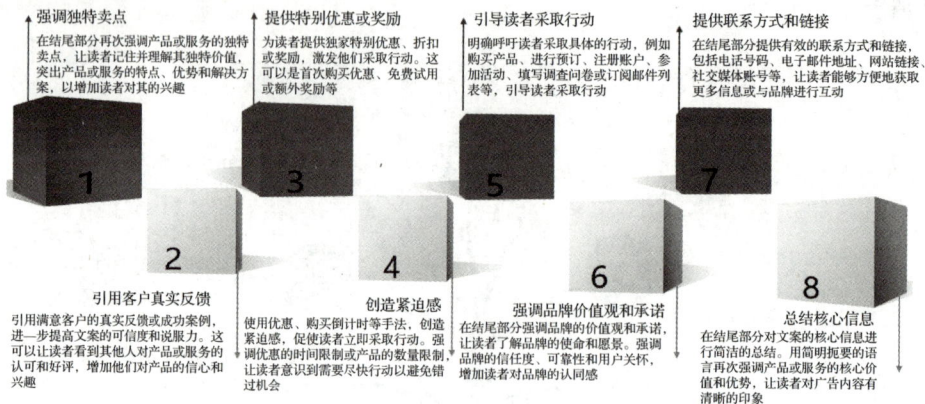

1 强调独特卖点
在结尾部分再次强调产品或服务的独特卖点，让读者记住并理解其独特价值，突出产品或服务的特点、优势和解决方案，以增加读者对其的兴趣

2 引用客户真实反馈
引用满意客户的真实反馈或成功案例，进一步提高文案的可信度和说服力。这可以让读者看到其他人对产品或服务的认可和好评，增加他们对产品的信心和兴趣

3 提供特别优惠或奖励
为读者提供独家特别优惠、折扣或奖励，激发他们采取行动。这可以是首次购买优惠、免费试用或额外奖励等

4 创造紧迫感
使用优惠、购买倒计时等手法，创造紧迫感，促使读者立即采取行动。强调优惠的时间限制或产品的数量限制，让读者意识到需要尽快行动以避免错过机会

5 引导读者采取行动
明确呼吁读者采取具体的行动，例如购买产品、进行预订、注册账户、参加活动、填写调查问卷或订阅邮件列表等，引导读者采取行动

6 强调品牌价值观和承诺
在结尾部分强调品牌的价值观和承诺，让读者了解品牌的使命和愿景。强调品牌的信任度、可靠性和用户关怀，增加读者对品牌的认同感

7 提供联系方式和链接
在结尾部分提供有效的联系方式和链接，包括电话号码、电子邮件地址、网站链接、社交媒体账号等，让读者能够方便地获取更多信息或与品牌进行互动

8 总结核心信息
在结尾部分对文案的核心信息进行简洁的总结。用简明扼要的语言再次强调产品或服务的核心价值和优势，让读者对广告内容有清晰的印象

图2-12　新媒体文案结尾撰写策略

（五）新媒体文案广告语创意策略

新媒体文案广告语，通常是一个独立短句，有时会充当正文的标题，有时会在正文之后出现，通常为6～12个字，用于表达品牌理念、产品特质、带给消费者的价值等。一句好的广告语可以流传久远，甚至可以成为日常用语。新媒体文案广告语可以通过以下10个创意策略来撰写，如图2-13所示。

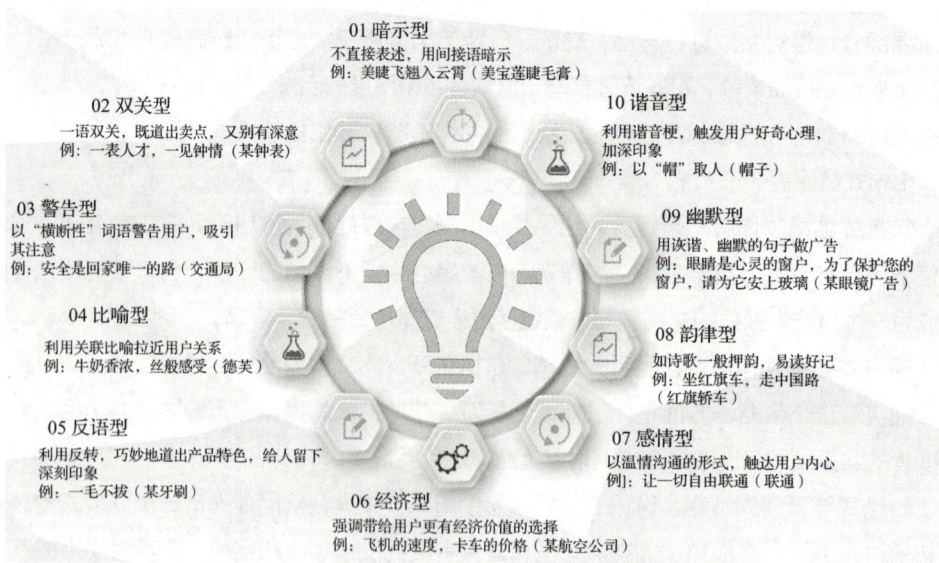

01 暗示型
不直接表述，用间接语暗示
例：美睫飞翘入云霄（美宝莲睫毛膏）

02 双关型
一语双关，既道出卖点，又别有深意
例：一表人才，一见钟情（某钟表）

03 警告型
以"横断性"词语警告用户，吸引其注意
例：安全是回家唯一的路（交通局）

04 比喻型
利用关联比喻拉近用户关系
例：牛奶香浓，丝般感受（德芙）

05 反语型
利用反转，巧妙地道出产品特色，给人留下深刻印象
例：一毛不拔（某牙刷）

06 经济型
强调带给用户更有经济价值的选择
例：飞机的速度，卡车的价格（某航空公司）

07 感情型
以温情沟通的形式，触达用户内心
例：让一切自由联通（联通）

08 韵律型
如诗歌一般押韵，易读好记
例：坐红旗车，走中国路（红旗轿车）

09 幽默型
用诙谐、幽默的句子做广告
例：眼睛是心灵的窗户，为了保护您的窗户，请为它安上玻璃（某眼镜广告）

10 谐音型
利用谐音梗，触发用户好奇心理，加深印象
例：以"帽"取人（帽子）

图2-13　新媒体文案广告语创意策略

任务二 新媒体图片制作技能

↘ 一、使用 Photoshop 设计封面图

使用 Photoshop 设计封面图时，以下是一些基本步骤和技巧。

（1）创建新画布。打开 Photoshop，选择"文件"，单击"新建"创建一个新的画布。根据需要的封面尺寸，设置画布的宽度、高度和分辨率。

（2）导入素材。将想要在封面图中使用的图片、图标、文字等素材导入 Photoshop 中。选择"文件"，单击"导入"或直接拖放素材到画布上。

（3）布局设计。根据设计需求，在画布上布局素材。使用工具栏中的移动工具（V）和选框工具（M）来调整素材的位置和大小。使用参考线和网格来对齐元素，确保布局整齐和对称。

（4）图层管理。使用图层面板来管理素材图层，确保每个素材都在一个单独的图层上，这样可以轻松地对每个素材进行编辑和调整。使用图层面板中的眼睛形图标来隐藏或显示图层，使用锁定图标来防止误操作。

（5）图像调整。使用 Photoshop 的图像调整工具来对图片进行色彩、亮度、对比度等方面的调整，以达到理想效果。常用的调整工具包括亮度 / 对比度调整工具、色阶调整工具、饱和度调整工具等。

（6）文字添加。使用文本工具（T）在封面图中添加标题、副标题或其他文本内容。选择合适的字体、字号和颜色，确保文本清晰可读。还可以给文本添加内发光、内阴影、描边、颜色叠加等效果。

（7）特效和滤镜。根据需要，可以尝试应用 Photoshop 的特效和滤镜来增强封面图的视觉效果。例如，使用模糊、扭曲、锐化等滤镜，或者尝试添加阴影、发光效果等特效。

（8）图层样式。利用图层样式功能为素材添加各种效果，如阴影、外发光、倒角等。打开图层面板，选择一个图层，然后单击底部的"添加图层样式"图标，选择所需的效果进行调整。

（9）导出封面图。完成设计后，选择"文件"，选择适当的文件格式，单击"导出"。

（10）调整和优化。如果需要，可以对导出的封面图进行最后的调整和优化。使用图片处理软件或在线工具进行大小调整、压缩和优化，以确保封面图在上传和展示时保持良好的质量和加载速度。

以上是一般的设计步骤和技巧，可以根据具体的封面设计需求进行调整和扩展。熟练掌握 Photoshop 的功能，不断尝试和实践，设计出令人满意的封面图。

↘ 二、制作信息长图、GIF 动图和设计表情包

使用不同的工具和软件制作信息长图和 GIF 动图，以及设计表情包。

（一）制作信息长图

（1）使用设计软件。可以使用像 Photoshop、Canva 等专业设计软件，创建一个尺寸合适的画布。

（2）布局设计。根据信息和内容，将文本、图像、图标等素材按照布局需求放在画布上。确保

使用Photoshop
设计封面图

内容清晰可读，排版整齐美观。

（3）图层管理。使用图层面板来管理素材的图层。将每个元素放在独立的图层上，方便编辑和调整。使用锁定、隐藏和合并图层等功能来管理图层。

（4）文本和样式。使用文本工具添加标题、副标题和正文内容。选择合适的字体、字号和颜色，调整文本样式。

（5）图像调整。对于添加的图像或照片，使用图像调整工具进行必要的调整，如调整色彩、亮度、对比度等。

（6）图层样式和特效。利用图层样式和特效功能，为素材添加阴影、发光、描边等效果，增强视觉效果。

（7）导出长图。完成设计后，使用软件的导出功能将长图保存为适当的文件格式。

（二）制作 GIF 动图

因制作 GIF 动图的具体需求和所使用的软件不同，制作步骤会有一些差异，现介绍一般步骤。

（1）使用动图制作软件。可以使用 Photoshop、GIMP 等软件来制作 GIF 动图。

（2）创建动画帧。在软件中创建一个新的画布，并添加需要的图像、形状、文字等元素。

（3）设置关键帧。在时间轴上，设置关键帧来定义每个帧的内容和属性。通过逐帧调整元素的位置、大小、颜色等属性，创建动画效果。

（4）添加过渡和动画效果。在关键帧之间添加过渡效果，使图像平滑过渡。还可以尝试添加动画效果，如渐变、旋转、缩放等，增添动感。

（5）调整动画速度。根据需要，调整每帧之间的时间间隔，控制动画的速度和流畅度。

（6）预览和优化。在软件中预览动画效果，进行必要的调整和优化，确保动画流畅，不失真或卡顿。

（7）导出 GIF 动图。使用软件的导出功能将动图保存为 GIF 格式。调整文件大小和帧率等参数，以平衡 GIF 动图的质量和文件大小。

（三）设计表情包

表情包是指一种利用图片来表示感情的方式，它本质上属于一种流行文化，以搞笑居多，且构图夸张。微信表情包分为表情单品和表情专辑。表情单品只需要一个表情即可上传，成为独立表情包；表情专辑分为 16 个一套和 24 个一套两种规格。以下为表情包的基本制作步骤。

（1）挑选图片。选择一张能准确表达想传达的情感或反应的图片，可使用拍摄或下载的照片，也可以使用手绘的图片。

（2）图片编辑。使用适当的图片编辑软件对选定的图片进行编辑，例如，Photoshop、GIMP（免费软件）、Canva（在线编辑工具）等，借助软件对图片进行剪裁、调整颜色和亮度，还可以添加特效等。

（3）添加文字。表情包通常会通过一些文字来表达特定的情感或反应，可以在图片上添加文字，并调整文字的大小、颜色和字体。文字应简练明了，与图片内容相符，以达到预期实现的情感或反应效果。

（4）保存和分享。将制作好的表情包保存为适当的文件格式，然后可以在社交媒体、聊天应用程序或其他平台上分享自己的表情包。

表情经济或表情包营销是一种全新的营销策略和形式，犹如一颗冉冉升起的新星，势必将影响新媒体营销行业。

任务三　新媒体图文排版技能

一、图文排版的设计思路

图文排版是指将文字和图像等元素组织在页面或画布上，以达到清晰、吸引人和易于阅读的效果。图文排版关系到整个版面的视觉效果，所以良好的排版非常重要。

图文排版的
设计思路

（一）图文排版设计策略

图文排版设计应该根据目标、受众和内容来进行调整和优化。保持简洁、清晰和吸引人的设计原则，将有助于创造有效的图文排版作品。图文排版设计策略如图 2-14 所示。

01 明确目标和受众
在开始设计之前，明确目标和受众。确定希望传达的信息和所针对的受众，这将有助于选择适当的排版风格和元素

05 图像选择和处理
选择与内容相关的高质量图像或插图。确保图像清晰、有吸引力，并与文字相辅相成。根据需要，使用图像编辑软件调整图像的大小、亮度、对比度等，以适应排版需求

02 空间规划和布局
考虑页面或画布的空间规划和布局。确定文字和图像的相对位置，创造良好的视觉层次。使用网格系统或对齐工具来保持元素的整齐排列

06 简洁和清晰的文本
保持文字简洁、明确和易于理解。使用段落和标题来组织信息，使用合适的标点和间距来提高可读性。避免过多的文字堆叠在一起

03 字体选择和样式
选择适合内容和风格的字体。使用不同的字体样式（如标题、副标题和正文）来区分不同层次的信息。确保字体易于阅读，避免使用过多的字体样式，以免造成视觉混乱

07 引导和重点突出
使用排版元素来引导读者的目光和关注重点。例如，使用对齐、空白和箭头指向来引导读者的阅读路径。使用粗体、斜体或颜色来强调重要的信息

04 色彩搭配和对比度
选择合适的色彩搭配，以增强视觉吸引力。使用颜色对比度来突出重要的信息，并确保文字和背景之间有足够的对比度，以提高可读性

08 适应不同设备和媒体
考虑不同设备和媒体上的图文排版。确保设计在不同屏幕尺寸、分辨率和设备上都能正常显示尺寸。响应式排版可以帮助图文适应不同的屏幕尺寸和设备

图 2-14　图文排版设计策略

（二）图文排版的版面布局策略

图文排版的主要难处不仅在于要将很多不同元素信息进行排序，还要根据文案的具体内容进行整个画面的版面布局。设计元素是多种多样的，图片就是设计中一个至关重要的元素。当设计中需要加入图片元素时，要学会图片的排版技巧，根据设计的内容和要求来布局整体版面，主要包括单图排版、双图排版和多图排版策略。

1. 单图排版策略

（1）平铺图

平铺图是将整个版面用图片铺满，这种排版方式多用于封面设计，或者在内页中用一半的版面平铺整张大图，另一半则排列文字或小图。平铺图会显得排版比较有张力，一些有视觉重心感的

图片可以这么去处理。还有一种情况就是将图片当作背景，然后采用平铺的排版形式。平铺图如图 2-15 所示。

图 2-15　平铺图

（2）四周留白图

四周留白图的图片大小要比整个版面小，并且要让图片四周都留出一定空白位置。一般分为两种情况，一是将图片放在整个版面的正中央，图片周围的留白对称，效果类似于给图片加相框，比较常用于封面设计。二是图片周围留白位置不对称，留白较多的空间位置可以用来排列文字，一般在海报设计和画册内页设计中比较常见。四周留白图如图 2-16 所示。

图 2-16　四周留白图

（3）一条边出血图

一条边出血图是将图片一条边与边界对齐，这种排版形式会有冲破束缚的感觉，可以增强图片的想象力和整个版面的设计感，如图 2-17 所示。

图 2-17　一条边出血图

（4）三条边出血图

三条边出血图是把整个版面分为两部分，一部分是色块，另一部分则是图片。在排版过程中，可以通过添加一些文字将两部分串联起来，形成一个整体，如图2-18所示。

图2-18　三条边出血图

（5）拆分图

拆分图是将一张图片拆分为几部分，通过间隔一些距离进行排列，这种排版形式比单独放入一张图片会显得更有设计感和趣味性，一些风景类的图片就很适合用这种方式排版，如图2-19所示。

图2-19　拆分图

（6）跨版图

跨版图是指在画册设计中，让图片同时占据两个版面，避免出现把图片排在某一半版面中，造成另一半版面单调的问题，此外图片放大后会更有张力，还能把左右两个版面关联起来，提升设计效果，如图2-20所示。

图 2-20　跨版图

2．双图排版策略

（1）统一大小对齐图

统一大小对齐图这种排版方法很常见，整个设计画面简单清晰、主次分明，如图 2-21 所示。

图 2-21　统一大小对齐图

（2）统一大小对齐错落图

统一大小对齐错落图这种排版技巧会比统一大小对齐图更有动感，且由于图片数量不多，画面不会杂乱，如图 2-22 所示。

（3）一大一小图

一大一小图的排版方式具有对比鲜明、张弛有度的特点，如果把整个跨版当成一个版面，那么可以把大的那张图进行跨版，小的那张图则不跨版，如图 2-23 所示。

图 2-22 统一大小对齐错落图

图 2-23 一大一小图

3. 多图排版策略

（1）大小统一对齐排版

大小统一对齐排版比较整洁，但缺少变化，适合用于目录页或者产品和人物介绍页，因此图片的形状也经常会根据内容来进行变化，如图 2-24 所示。

图 2-24 大小统一对齐排版

（2）图片与色块组合排版

图片与色块组合排版既不会像只有图片的排版图那么单调，还可以利用色块排文字，但要注意色块的颜色不要太多，且最好与图片中的颜色呼应，如图 2-25 所示。

图 2-25 图片与色块组合排版

（3）错位排版

错位排版是把相连两张图片刻意错开，或者把图片与文字的位置互换，进而有效搭配图片，且由于有一定的规律，所以也不会对视觉流程造成太大影响，如图 2-26 所示。

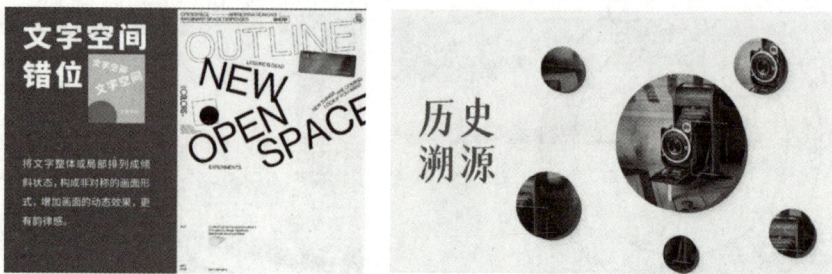

图 2-26　错位排版

（4）图片拼成特定形状排版

在图片数量比较多的情况下，将图片拼成特定形状可以避免图片太多而显得混乱，而且因为拼成的形状要与设计需求相关，也会显得有创意，图片拼成特定形状排版如图 2-27 所示。

（5）自由排版

自由排版就是图片的大小不需要统一、图片与图片之间也不一定要严格对齐，效果比较灵活，设计感较强，常用于杂志排版中。这种排版方法有两点需要注意，一是图片不要排得太分散，二是最好要有大小对比。自由排版如图 2-28 所示。

图 2-27　图片拼成特定形状排版

图 2-28　自由排版

二、图文排版类型

图文排版有许多不同的类型，每种类型都有其特定的用途和设计要求与技巧，因此可根据具体需求和目标，选择合适的排版类型，并运用合适的设计思路来创建吸引人和有效的图文排版作品。以下是一些常见的图文排版类型。

（1）传统排版。传统排版是指在印刷媒体中使用的排版方式，如报纸、杂志和书籍，通常采用多栏布局，包括标题、副标题、正文和图片等元素，以提供清晰的阅读体验。

（2）广告排版。广告排版旨在吸引人们的注意力并促使其采取行动，通常使用精心选择的图像、强调性的标题等，以引起读者的兴趣并传达特定的信息。

（3）网页排版。网页排版是为互联网上的网页设计的，通常包括导航菜单、标题、段落、图像和链接等元素，以提供良好的用户体验和易于浏览的内容布局。

（4）响应式排版。响应式排版是指根据设备和屏幕尺寸自动调整布局和排版的方式，旨在确保在不同的设备上都能够正常显示，包括计算机和手机等。

（5）社交媒体排版。社交媒体排版是为社交媒体平台设计的，如微信、微博等，通常包括吸引人的图像、简洁的文本和适当的标签，进而在社交媒体上引起用户的关注和互动。

（6）幻灯片排版。幻灯片排版是为演示和展示目的设计的，通常包括标题、子标题、段落、图像和图表等元素，以提供清晰的演示内容和可视化效果。

（7）数字出版物排版。数字出版物排版是指为电子书、电子杂志和电子报纸等数字出版物设计的排版方式，通常结合了传统排版和网页排版的元素，以适应数字媒体的特点和需求。

三、运用稿定设计在线排版图文

稿定设计是一款网页工具，打开网站就可以使用。以下是稿定设计的基本操作步骤。

（1）登录稿定设计平台。进入稿定设计平台页面，单击"登录/注册"，登录后能多平台同步工作中的内容和历史数据，更为便捷。单击"免费开始作图"，如图2-29所示，进入设计页面。

图2-29 单击"免费开始作图"

（2）如果是第一次使用稿定设计，需要根据设计类型在"常用工具"中选择不同工具，在"常用物料"中选择使用的素材，稿定设计功能选择如图2-30所示。

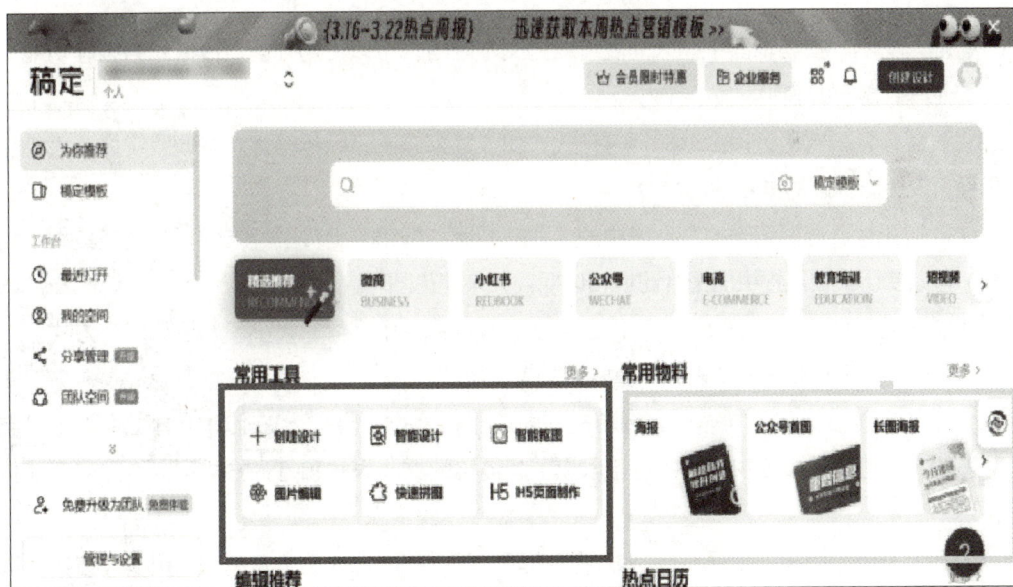

图2-30 稿定设计功能选择

（3）如果选择"图片编辑"，需单击"上传图片"，如图2-31所示，上传结束后，便会进入编辑页面，在编辑页面中能够调整图片的规格、方向、颜色等主要参数，此外还能够为图片添加模板、标识、文字、外框、滤镜、水印等内容。

（4）编辑结束后单击右上方的"下载"，将设计好的图片下载到计算机中就能够共享或使用了，如图2-32所示。

图2-31　单击"上传图片"　　　图2-32　单击右上方的"下载"

四、运用秀米编辑器美化图文

秀米编辑器是一款在线的富文本编辑器，提供了丰富的排版和美化功能，可以根据自己的需求和创意，灵活运用这些功能来打造出令人印象深刻的图文排版作品。以下是使用秀米编辑器美化图文的基本步骤。

（1）登录。访问秀米编辑器的官方网站，并打开首页，秀米编辑器首页如图2-33所示。

图2-33　秀米编辑器首页

（2）插入文本。在编辑器中插入需要编辑的文本内容。可以使用标题、段落和列表等功能来组织文本，使其更易于阅读和理解。

（3）设置标题样式。选择合适的标题样式，如一级标题、二级标题等，并调整字体、大小和颜色等属性，以突出标题的重要性。

（4）添加图片。选择编辑器工具栏中的"我的图库"按钮，上传图片文件，并调整其大小和对齐方式。可以使用编辑器提供的图片滤镜和边框效果来美化图片。

（5）调整文字样式。选中文字，可以在文字上方选择调整字体、大小、颜色和对齐方式。可以使用粗体、斜体和下划线等样式来强调重要的文字内容。

（6）添加超链接。在文字输入区域单击，即可出现两排工具栏，在上排工具栏中单击"点击动作"按钮，即可在左侧添加超链接。可以设置超链接的文本样式和打开方式，以增强交互性和导航性。

（7）插入表格。如果需要展示数据或创建布局，可以在编辑界面上方单击"更多"按钮，选择"导入Word/Excel"，便可以导入现成的表格文件。

（8）调整布局。在编辑界面中，可以调整文本、图片和其他元素的布局和间距。可以使用文字分段工具将内容分割为多栏，以增强视觉吸引力和分层效果。

（9）文本引用。调整引用文本样式和背景色，以突出引用的重要性。

（10）预览和保存。在编辑器中预览图文排版效果，并进行必要的调整和修改。在确保内容的一致性和可读性后，保存图文作品。

任务四 短视频剪辑与制作技能

↘ 一、短视频策划与脚本编写策略

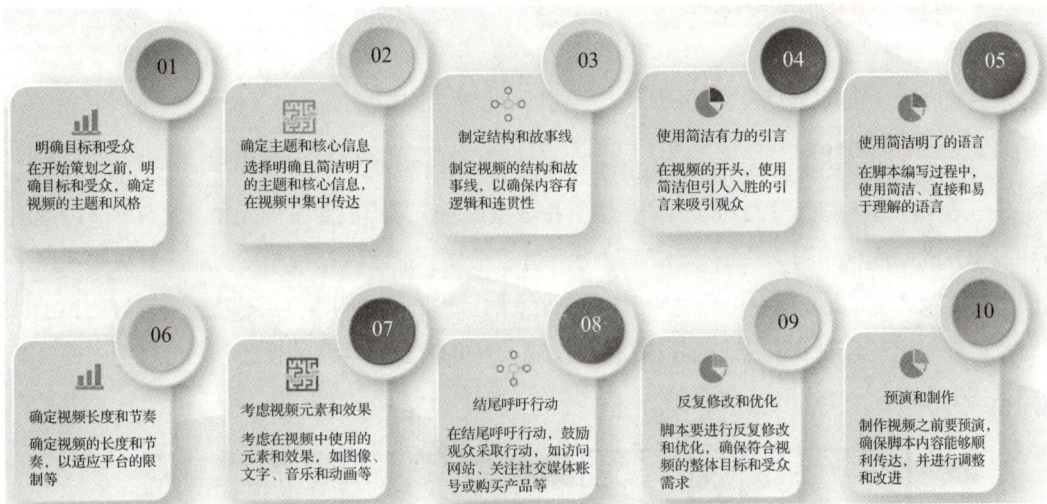

随着抖音、快手等短视频平台的兴起，短视频已经成为企业营销的必备手段。短视频策划和脚本编写是拍摄出优质短视频的重要基础，是确保短视频内容有条理、流畅和有吸引力的关键步骤。短视频策划与脚本编写策略如图 2-34 所示。

短视频策划与
脚本编写策略

01 明确目标和受众
在开始策划之前，明确目标和受众，确定视频的主题和风格

02 确定主题和核心信息
选择明确且简洁明了的主题和核心信息，在视频中集中传达

03 制定结构和故事线
制定视频的结构和故事线，以确保内容有逻辑和连贯性

04 使用简洁有力的引言
在视频的开头，使用简洁但引人入胜的引言来吸引观众

05 使用简洁明了的语言
在脚本编写过程中，使用简洁、直接和易于理解的语言

06 确定视频长度和节奏
确定视频的长度和节奏，以适应平台的限制等

07 考虑视频元素和效果
考虑在视频中使用的元素和效果，如图像、文字、音乐和动画等

08 结尾呼吁行动
在结尾呼吁行动，鼓励观众采取行动，如访问网站、关注社交媒体账号或购买产品等

09 反复修改和优化
脚本要进行反复修改和优化，确保符合视频的整体目标和受众需求

10 预演和制作
制作视频之前要预演，确保脚本内容能够顺利传达，并进行调整和改进

图 2-34 短视频策划与脚本编写策略

↘ 二、拍摄设备和辅助器材选择

在选择拍摄设备和辅助器材时，需要考虑预算、拍摄需求和技术水平，还需要进行充分的研究和比较，阅读用户评价，进行专业评测，以便做出明智的选择。以下是一些常见的拍摄设备和辅助器材。

（1）相机。选择一款符合需求的相机，主要考察相机分辨率、视频帧率和光圈等指标。单反相机或无反相机通常提供更高质量的图像和更多的手动控制选项。如果需要进行特殊的运动拍摄，可以考虑使用运动相机，如 GoPro 等。如果预算有限，也可以考虑使用高质量的手机相机。

（2）镜头。根据拍摄需求选择合适的镜头。广角镜头适用于风景和室内拍摄，标准镜头适用于人像拍摄和一般情况，长焦镜头适用于远距离拍摄和捕捉细节。

（3）收声设备。声音作为视频的基本要素之一，对提升视频观感有很大的帮助，虽然很多相机都自带收声设备，但如果对视频声音有较高要求，就必须用到专业的收声设备，主要包括无线话筒、远距离话筒、近距离话筒。

（4）照明及照明辅助设备。照明设备可以帮助控制光线，提高画面质量。常见的照明及照明辅助设备包括 LED 灯、反光板、遮光罩和灯架等。

（5）剪辑软件。选择一款适应技术水平和符合需求的视频剪辑软件。常见的剪辑软件包括 Premiere Pro、Final Cut Pro 和 DaVinci Resolve 等。这些软件可以用于剪辑、调色和添加特效等。

（6）稳定设备。为了保证拍摄的视频画面足够稳定，通常需要使用三脚架、独脚架等稳定设备。三脚架可以帮助稳定相机，确保拍摄画面稳定；稳定器（如手持稳定器）可以提供更流畅的移动拍摄效果。

（7）其他辅助器材。根据拍摄需求，还可以考虑其他辅助器材，如外部录音设备、稳定器附件、背景布、监视器、外录器、提词器、挑杆、储存卡、快门线、静物台和柔光箱等。

三、短视频拍摄构图技巧

短视频拍摄构图技巧可以创造出更有吸引力和专业感的视频内容，好的构图不仅能使画面布局看起来更加协调，还能巧妙突出画面重点。下面是一些常用的构图技巧。

（一）三分法构图

三分法构图是将画面分为九等份，在水平和垂直线的交叉点放置主要元素，这有助于创造出平衡和吸引人的画面，如图 2-35 所示。其中水平线三分法，能够保持视觉平衡。三分法的优点是让画面整体比较透气，尤其是在拍摄生活日常类 Vlog 时，想把平常的事物展现出一种美好的感觉，拍摄时就可以使用三分法，留白让画面构图更加好看，同时又聚焦观众的视线，三分法构图拍摄案例如图 2-36 所示。

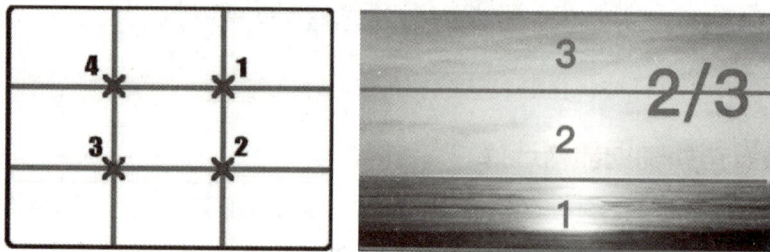

图 2-35　三分法构图

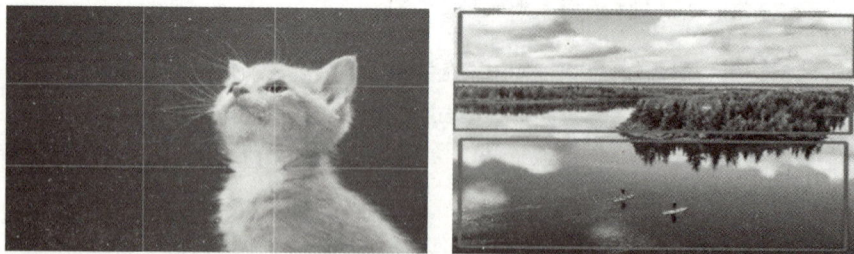

图 2-36　三分法构图拍摄案例

（二）引导线构图

引导线构图是利用线条来引导观众的目光，可以增强画面的深度和动态感，视觉焦点在画面深处，通过方向引导人的目光。无论是自然景色，如沙漠中的沙丘，还是公路、建筑物等，都可以作为引导线，引导线构图拍摄案例如图 2-37 所示。

图 2-37　引导线构图拍摄案例

（三）垂直构图

垂直构图给人一种符号化的印象，整齐的竖线给人以舒适感，并且错落有致，在拉伸高度的同时也拓宽了深度，使画面整体更有纵深感，垂直构图拍摄案例如图 2-38 所示。

（四）框架构图

框架构图适用于利用车窗、后视镜等介质进行拍摄，也很适合拍摄类似故宫、火车这类场景。框架构图不仅使内外形成明暗反差，有一种管中窥豹的感觉，使人更加聚焦视线、有代入感；同时可以丰富画面内部构图，画面的主体会更加突出，画面更有凝聚力，层次感也更好，框架构图拍摄案例如图 2-39 所示。

图 2-38　垂直构图拍摄案例　　　　图 2-39　框架构图拍摄案例

（五）中心构图

中心构图是指主体处在画面的中心位置，这类画面更加严谨平衡，给人仪式感，它是不容易出错的一种构图方法，只需把主体放在画面的中心，虽然不一定能拍出特别高级的画面，但是一种比较保险的方式。中心构图适合拍摄人物，也适合拍摄故宫这类庄严的场景。中心构图拍摄案例如图 2-40 所示。

图 2-40　中心构图拍摄案例

（六）对角线构图

对角线构图是指把拍摄主体放在画面的对角线上或者通过填充画面一角的布局，营造出明显的分界线，让画面更具有线条感。一般直接把主体放在画面中的对角线上，常利用楼梯、栅栏、光与阴影这种具有明显线条感的事物打造画面的对角线，对角线构图拍摄案例如图 2-41 所示。

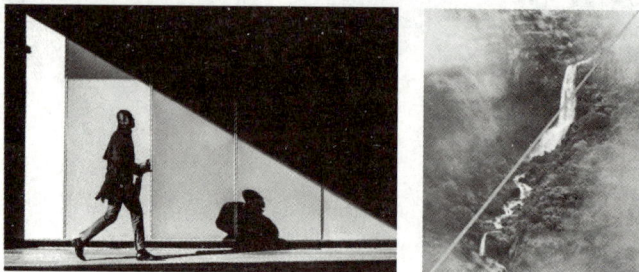

图 2-41　对角线构图拍摄案例

（七）三角形构图

三角形构图，是在拍摄的时候，在画面中寻找类似于三角形的物，可以使画面的结构感更强，稳定性更强，三角形构图拍摄案例如图 2-42 所示。

图 2-42　三角形构图拍摄案例

（八）左右对称构图

左右对称构图，是指在拍摄的时候让对称的线位于画面的中央，形成左右对称，可以使画面看起来更加平衡稳定，左右对称构图拍摄案例如图 2-43 所示。

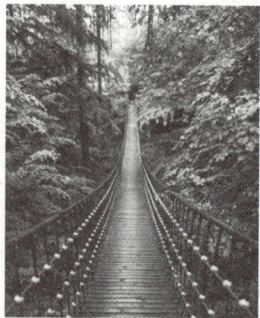

图 2-43　左右对称构图拍摄案例

（九）均衡构图

均衡构图更注重维持画面的平衡，让主体与非主体呼应，从而让画面具有平衡感，增加画面的纵深感和立体感。均衡构图一般是在两个人对话时，使主体和非主体达到一种平衡的状态；对于单人拍摄，也可以用一个物体去做前景，以达到增加画面的纵深感和立体感的效果。均衡构图拍摄案例如图 2-44 所示。

（十）递进构图

递进构图指的是画面中，从近到远都有景物，这样的构图可以使画面看起来内容丰富、饱满，递进构图拍摄案例如图 2-45 所示。

（十一）留白构图

留白构图是指以大面积简洁的画面留白给人以遐想空间，留白构图通常用于各类型作品结尾。因为我们的看书习惯是从左往右，所以经常在画面右侧留白，留白构图拍摄案例如图 2-46 所示。

图 2-44 均衡构图拍摄案例　　图 2-45 递进构图拍摄案例　　图 2-46 留白构图拍摄案例

以上这些构图方法都是基于视频画面的拍摄技巧。总体来说，短视频拍摄重要的还是创意和故事内容，有核心内容为保障，以及画面、文案等内容的加持，才有可能完成一个出彩的短视频作品。

↘ 四、运用剪映剪辑视频

剪映是一款流行的视频剪辑工具，它提供了一系列简单易用的功能，可以剪辑和编辑短视频。使用剪映进行视频剪辑的基本步骤和技巧如下。

（1）下载剪映。手机下载剪映，打开剪映了解功能，并将自动添加片尾的功能关闭。

（2）导入素材。打开剪映，点击"开始创作"将视频素材导入剪映中。剪映支持从相册、剪映云、素材库导入视频。

（3）剪辑视频。将导入的视频素材拖放到时间轴上，可以选择保留整个视频或仅选择其中的一部分，使用剪辑工具来剪辑视频并删除不需要的部分。

（4）调整顺序。如果有多个视频片段，可以调整它们在时间轴上的顺序，拖动视频片段到所需的位置，确保它们按照想要的顺序播放。

（5）添加转场效果。剪映提供了一些转场效果，可以用于平滑地切换视频片段之间的转场。选择两个相邻的视频片段，点击中间的白色小方块，然后选择所需的转场效果。

（6）调整视频速度。调整视频的播放速度，可以加快或减慢视频的播放速度，选择视频片段，在剪辑工具栏中点击"变速"，然后选择所需的速度效果。

（7）添加音乐和音效。剪映还提供了音乐和音效库，可以从中选择合适的音乐或音效为视频增加背景音乐或特定音效，点击"音频"，选择所需的音频素材。

（8）文字和字幕。如果需要在视频中添加文字或字幕，剪映提供了文本工具，点击"文本"，点击"新建文本"，输入想要的文字内容，再选择字体和样式。

（9）调整画面参数。剪映还提供了一些调整画面参数的功能，如亮度、对比度、饱和度等。点击"调节"，即可调节视频的亮度、对比度、饱和度等。

（10）预览和导出。在剪辑和编辑完成后，可以预览查看最终效果。如果满意，点击"导出"将视频导出为最终文件。

↘ 五、运用 InShot 剪辑视频

InShot 是一款功能强大的视频剪辑工具，它提供了许多实用的功能和效果，可以剪辑和编辑短视频。使用 InShot 进行视频剪辑的基本步骤和技巧如下。

（1）手机下载 InShot，打开 InShot 了解功能。

（2）在手机中打开 InShot，导入视频，并对视频进行剪切，调速，添加背景、滤镜、音乐、文字、贴纸等操作。

（3）点击视频缩略图打开快捷菜单，可以调节视频音量等。视频编辑完成后，点击左下角"＋"，在打开的页面中，选择要合并的第二个视频，点击"√"添加。如果还有第三个视频，同样点击左下角的"＋"添加视频。视频添加完成后，点击右上角的"保存"，保存制作好的视频。

↘ 六、运用 Premiere Pro 剪辑视频

Premiere Pro 是一种专业且功能丰富的视频剪辑软件，使用 Premiere Pro 进行视频剪辑的基本步骤和技巧如下。

（1）创建新项目。打开 Premiere Pro 并创建一个新项目。

（2）导入素材。将视频素材导入项目中。在项目面板中右击，在弹出的快捷菜单中选择"导入"，选择要导入的视频文件，或直接拖动文件到项目面板中。

（3）创建序列。在项目面板中选择要剪辑的视频素材，然后右击，在弹出的快捷菜单中选择"从剪辑新建序列"，根据需要进行合适的序列设置，如帧率、分辨率和音频设置。

（4）剪辑视频。将视频素材拖放到时间轴上的序列中，使用剃刀工具进行剪辑，删除不需要的部分，调整视频片段的顺序。

（5）添加过渡效果。在时间轴中相邻的视频片段之间添加过渡效果以实现平滑的转场。在"效果"面板中搜索并拖动所需的过渡效果到过渡区域。

（6）调整视频速度。右击视频片段，在弹出的快捷菜单中选择"速度 / 持续时间"，调整视频的播放速度。可以加快或减慢视频的速度，并可以创建慢动作或快进效果。

（7）添加音频。将音频素材导入项目中，并将其拖动到音频轨道上，调整音频的音量，剪辑和调整音频的位置，以确保音频与视频画面的配合。

（8）添加效果。使用"效果"面板添加各种视频效果，如颜色校正、锐化等。

（9）预览和导出。使用播放窗口预览最终效果。调整剪辑效果，直到达到理想的效果。最后，选择"文件"菜单中的"导出"，选择导出格式、分辨率等，并导出最终视频。

任务五　新媒体数据分析技能

一、新媒体后台数据挖掘

新媒体后台数据挖掘是指通过对新媒体平台后台数据的收集、分析和挖掘，来获取有关用户行为、内容趋势和市场洞察的过程。

新媒体后台
数据挖掘

（一）新媒体后台数据挖掘内容

新媒体后台数据可以来自社交媒体平台、视频分享平台、在线论坛等各种新媒体平台，在实际应用中，新媒体后台数据挖掘通常需要结合大数据技术、机器学习和人工智能等方法和工具。挖掘和分析后台数据，可以为新媒体平台的运营和营销决策提供有力支持，提升用户体验和市场竞争力。新媒体后台数据挖掘内容如图 2-47 所示。

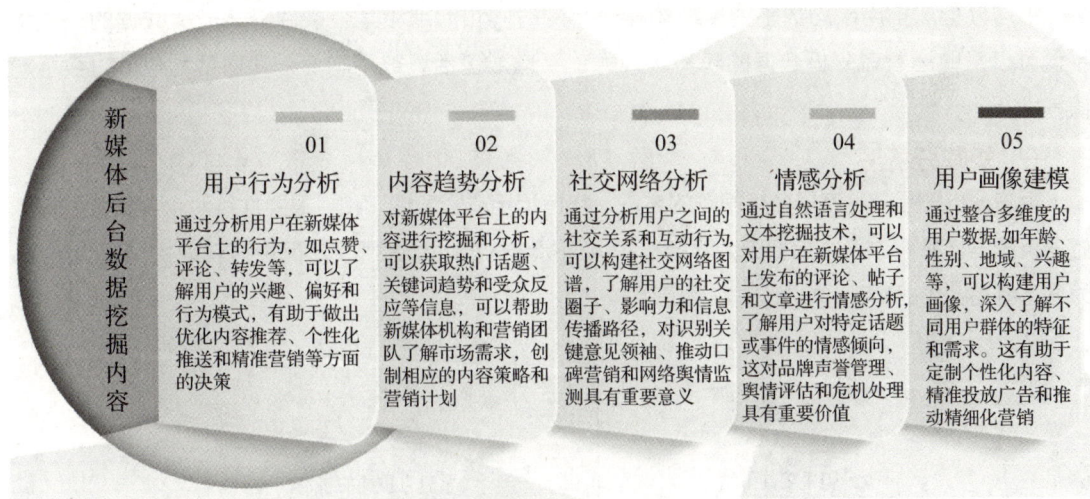

新媒体后台数据挖掘内容

01 用户行为分析
通过分析用户在新媒体平台上的行为，如点赞、评论、转发等，可以了解用户的兴趣、偏好和行为模式，有助于做出优化内容推荐、个性化推送和精准营销等方面的决策

02 内容趋势分析
对新媒体平台上的内容进行挖掘和分析，可以获取热门话题、关键词趋势和受众反应等信息，可以帮助新媒体机构和营销团队了解市场需求，创制相应的内容策略和营销计划

03 社交网络分析
通过分析用户之间的社交关系和互动行为，可以构建社交网络图谱，了解用户的社交圈子、影响力和信息传播路径，对识别关键意见领袖、推动口碑营销和网络舆情监测具有重要意义

04 情感分析
通过自然语言处理和文本挖掘技术，可以对用户在新媒体平台上发布的评论、帖子和文章进行情感分析，了解用户对特定话题或事件的情感倾向，这对品牌声誉管理、舆情评估和危机处理具有重要价值

05 用户画像建模
通过整合多维度的用户数据，如年龄、性别、地域、兴趣等，可以构建用户画像，深入了解不同用户群体的特征和需求。这有助于定制个性化内容、精准投放广告和推动精细化营销

图 2-47　新媒体后台数据挖掘内容

（二）新媒体后台数据挖掘步骤与方法

新媒体后台数据挖掘步骤主要包括收集数据、整理数据和分析数据 3 个步骤。

其中非常重要的环节就是分析数据，要将数据进行对比，分析它的趋势变化，其中数据分析的 8 种方法如下。

1. 直接评判法

直接评判法指根据经验数据，直接对具有分析性的数据下定义，从而评判它的好与坏，通常是从评估近期的阅读数、销量及当日文章推送量是否正常等方面去分析。因此，运营人员要有丰富的运营经验，能够正确评估阅读量等信息，并且加工处理的数据需要具有直观性，可以直接代表某个数值的优劣。直接评判法是在运营人员与数据都很优质的情况下才能使用的数据分析法。

2. 对比分析法

对比分析法指对两组以上的数据进行对比，分析两组数据的差异，进而深度了解这些数据所代

表的规律，对比分析法分为纵向分析法和横向分析法。横向分析是指同一时间段不同指标的对比，而纵向分析是指不同时间段同一指标的对比。通过对比分析法可以直接了解运营质量和目前运营的水平。对比分析法是更适用于考核运营质量的一种方法。

3. 分组分析法

分组分析法指通过一定的指标，将分析对象进行分组并进行分析，是一种能更深入了解分析对象不同特征、性质及相互关系的方法，分组分析法需要遵循相互独立的原则，确保各组之间没有交叉，组别之间有明显差异，每个数据只能归为一类，且不能遗漏任何数据，确保数据的完整性。

4. 结构分析法

结构分析法指在有统计数据的一些分组上将现有数据和共同数据进行对比和分析。结构分析就是分析部分占总体的比例，进而明确数据的整体构成，便于后期根据结构特点进行推进设计。

5. 平均分析法

平均分析法指用平均数来衡量总体在一定的时间和地点和某个条件下某一类数据的一般水平，可以帮助运营者分析数据的趋势和规律。平均数包括算数平均值、几何平均值、对数平均值等。

6. 矩阵分析法

矩阵分析法是一种定量分析问题的方法，它指运用"紧急性"和"重要性"两个重要数据指标做分析依据，并将这两个指标定为横坐标和纵坐标，构成 4 个象限，从而更直观地找出解决方法，为运营者提供数据参考，如图 2-48 所示。

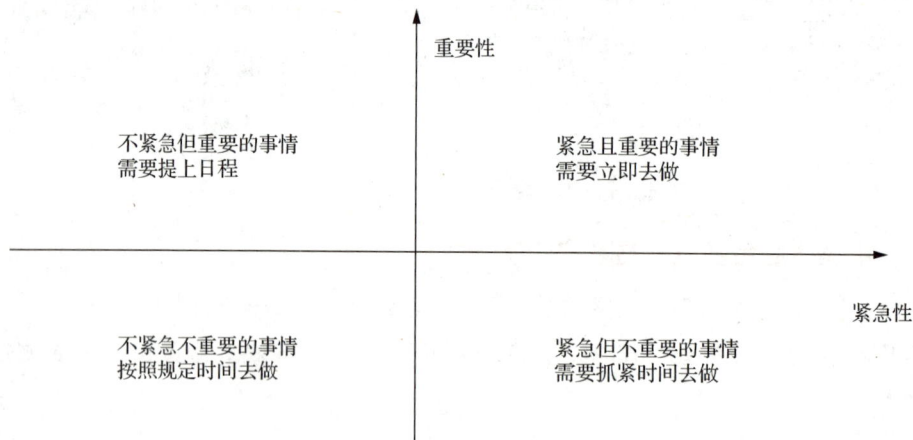

图 2-48　矩阵分析法

7. 漏斗图分析法

漏斗图分析法指先把相关数据统计出来，然后把整理好的相关数据填入漏斗，可以直观地看出数据每一步转化的情况，此法最好是搭配其他的分析方法共同使用。漏斗图分析法如图 2-49 所示。

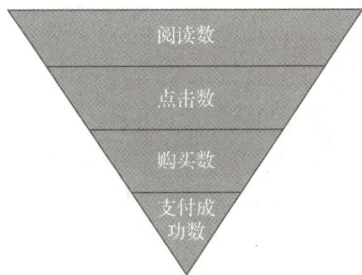

图 2-49 漏斗图分析法

8. 回归分析法

回归分析法指通过研究事物发展变化因果关系来预测未来的发展趋势，主要用来研究变量间的相互关系，也常被称为因果分析法。

二、新媒体数据指标分析

新媒体数据指标分析是一种通过对新媒体平台上的数据指标进行收集、整理和分析，以了解和评估新媒体活动的效果和表现的方法。以下是一些常用的新媒体数据指标和相关的分析方法。

1. 点击量

点击量是用户对发布者所发布内容进行点击的次数。通过分析点击量，发布者可以评估内容的吸引力和关注度。发布者可以观察哪些内容获得了更多的点击量，并探索点击量的变化趋势，以了解用户对不同内容的兴趣。

2. 曝光量

曝光量是指发布者所发布内容在新媒体平台上被展示给用户的次数。通过分析曝光量，发布者可以了解内容在新媒体平台上的可见度和影响力。发布者可以比较不同内容的曝光量，了解哪些内容获得了更多的曝光，并评估内容传播策略的效果。

3. 互动率

互动率是指用户对发布者所发布内容进行互动（如点赞、评论、分享等）的比例。通过分析互动率，发布者可以评估用户对内容的参与程度和兴趣程度。发布者可以观察不同类型的内容的互动率，并研究哪些因素能够推动用户产生互动行为。

4. 转化率

转化率是指用户从浏览到实际执行某种目标行为（如购买、注册、订阅等）的比例。通过分析转化率，发布者可以评估新媒体活动对达成目标的作用。发布者可以跟踪不同活动的转化率，并探索如何优化内容和营销策略以提高转化率。

5. 受众洞察

受众洞察指的是发布者对受众进行分析和了解。通过分析受众的特征、兴趣、行为等信息，发布者可以更好地理解目标受众，并根据分析结果调整和优化内容和营销策略。

除了上述指标，还可以分析许多其他的新媒体数据指标，具体选择哪些指标取决于发布者的目标和需求。重要的是要确保选择的指标与发布者的目标一致，并根据数据分析的结果进行持续改进和优化。

任务六　新媒体推广技能

一、吸粉引流策略

吸粉引流是指通过各种方法和策略，吸引更多的用户关注发布者的账号，增加其粉丝数量，扩大其受众规模。以下是一些常用的吸粉引流方法。

吸粉引流策略

1. 内容引流

提供有价值、有趣和有吸引力的内容是吸引粉丝的重要策略。确保内容与目标受众的兴趣和需求相符，通过发布高质量的文章、图片、视频、调查问卷等内容来吸引用户的关注。

2. 平台引流

利用社交媒体平台，如微博、微信公众号、知乎、抖音等，采用定期发布内容、互动回复用户、参与话题讨论等方式，吸引用户点击并关注发布者的新媒体账号。也可以在热门文章及短视频下方留下专业知识问题，通过评论吸引用户关注或者私信。

3. 活动引流

举办各种抽奖、有奖竞答等活动，吸引用户参与并关注发布者的新媒体账号。也可以借助非常优惠的价格来引流，或者通过请用户转发朋友圈，以满多少赞加微信送产品的做法，来吸引更多有需要的用户。

4. 搜索引流

对于拥有自己的网站或博客的新媒体平台，可以进行搜索引擎优化，使内容在搜索引擎中更容易被用户发现。优化标题、关键词、网站结构和页面加载速度等因素，提高发布者的内容在搜索结果中的排名。

5. 广告引流

可以考虑在合适的平台上投放广告，如社交媒体广告、搜索引擎广告等，以提高新媒体平台的曝光度和关注度。

6. 互推引流

互推引流也称"滚雪球"，通过微信公众号互推、短视频互推，以及直播互推等方式，互相打广告。

7. 地推引流

地推引流是 App 推广的常见方法，在地铁、景点、小区门口等区域，通过扫码关注、加好友送礼品的方式来引流。

二、海量导流的方法

要实现海量导流，即吸引大量流量到某个新媒体平台，可以采用如图 2-50 所示的方法。

优质的内容始终是海量导流的核心：观点干货类，能提供技能指导；情感心态类，能帮助慰藉心灵；新闻热点类，能缓解资讯焦虑

给相关领域的大号投稿，如果投稿成功，稿件获得大号转载，投稿者会获得很多粉丝，且一旦大号转载了，很多账号也会跟着转载，获得连锁反应式的"涨粉"

互推"涨粉"是根据新媒体指数、粉丝量或阅读量排序，一次性找6～12个粉丝体量差不多的同类账号，通过负责人协调沟通，编辑一条包括参与互推成员公众号的介绍。然后大家在群发多条图文的时候，就会约定推送这条内容，从而达到了互推"涨粉"的效果

可把信息发到今日头条、知乎等开放式的媒体，这样会获得很多流量，且曝光率非常可观

裂变"涨粉"是引导用户转发海报或宣传资料到朋友圈或微信群，通过任务宝、群裂变等工具自动监控，获得流量数据

好名称不仅能快速吸引用户，也方便传播和记忆，因此需要对名称下功夫。做个人自媒体，会依据自己的特点和喜好，追求打造个人品牌，可取一个有特点的名称

优质内容"涨粉"　投稿"涨粉"
互推"涨粉"　海量导流的方法　多渠道"涨粉"
裂变"涨粉"　名称"涨粉"

图 2-50　海量导流的方法

素养课堂

新媒体助力传播中国传统文化

　　新媒体的普及和应用，使得传统文化的传播方式和途径发生了巨大的变化。网络直播、社交媒体、短视频等新媒体形式使得传统文化能够以更快的速度在更广的范围内被更多人了解和接受。例如，网络直播平台可以实时直播传统艺术表演、文化展览等内容，让观众在第一时间欣赏到传统文化的魅力。

　　为了吸引更多年轻人的关注和喜爱，新媒体运营者需要创新传统文化表现形式，将传统文化与现代元素相结合，打造出更具有时代感和吸引力的作品。例如，可以将传统文化元素应用于现代音乐、时尚设计等领域。

　　新媒体的互动功能为传统文化传播提供了更多的可能性，利用新媒体开展线上互动课程、文化沙龙等活动，邀请专业人士讲解传统文化知识，让观众与专业人士进行更深入的互动和交流，从而更好地了解传统文化。

　　传统文化是全人类的共同财富，通过国际合作与交流，将传统文化推向世界舞台，让更多人了解和欣赏中国传统文化的魅力。同时，也可以借鉴其他国家和地区的文化特色，促进文化交流与融合。

　　总之，新媒体为传统文化的传承与延续提供了新的契机和平台。新媒体运营者应该积极利用新媒体的优势，创新传统文化传承方式，让更多人了解、欣赏和传承传统文化，为中华文化的繁荣和发展作出贡献。

赛场竞技

全国职业院校技能大赛赛项——直播电商

　　新媒体营销与运营通识技能主要针对 2023 年发布的《全国职业院校技能大赛赛项规程》规定

"直播电商"竞赛内容中直播内容策划和直播数据分析与优化两部分内容，其中直播内容策划共 15 分，包含直播主题及时间策划合理 2 分、直播互动内容设计合理 3 分、直播流程及各环节时间合理 2 分、直播脚本逻辑清晰且有创意 8 分；直播数据分析与优化 15 分，包含流量、销售、用户等数据分析准确 5 分，直播及推广亮点与不足提炼准确 5 分，优化方案设计合理 5 分。

项目实战与提升

↘ 一、简答题

（1）简述新媒体文案的创作策略。

（2）简述新媒体后台数据挖掘步骤与方法。

（3）简述新媒体吸粉引流策略。

↘ 二、实战演练

以小组为单位结合新媒体营销与运营通识技能，自选主题制作一个新媒体文案和短视频，并做新媒体推广和数据分析，在小组间进行评比。

下篇

新媒体营销与运营技能
实战篇

模块三
新媒体营销方式应用

学习目标

知识目标

➤ 了解口碑营销的定义、要素、优势

➤ 了解事件营销的定义、特点、优势

➤ 了解饥饿营销的定义、层次、适用原则

➤ 了解 IP、超级 IP、IP 营销的定义

➤ 了解互动营销的定义、特点

➤ 了解情感营销的定义、定位和作用

➤ 了解跨界营销的定义、诞生原因

➤ 了解借势营销的定义

➤ 了解病毒营销的定义、特征

能力目标

➤ 能够熟悉口碑营销的运作要诀及策略

➤ 能够熟悉事件营销的策略及注意事项

➤ 能够熟悉饥饿营销的实施策略及注意事项

➤ 能够熟悉 IP 营销六类实施策略

➤ 能够熟悉互动营销的操作模式及策略

➤ 能够熟悉情感营销的常用方式及策略

➤ 能够熟悉跨界营销的形式和多模式渠道打通策略

➤ 能够熟悉借势营销的操作契机与模式

➤ 能够熟悉病毒营销的操作技巧与策略

素质目标

➤ 在新媒体运营工作中，具备正确的价值观、大局观、是非观

➤ 培养文化自信，助力新国产品牌崛起

➤ 培养创新意识，了解新媒体在我国的创新发展，增强民族自豪感

岗课赛证要点

岗	对接新媒体运营岗位需具备的"进行线上活动、营销专题的策划、组织、执行、跟踪、分析和总结能力"
课	对接"熟知与应用新媒体营销方式"需具备的"了解主要新媒体营销方式的基本理论、熟悉新媒体营销方式策略及应用"
赛	对接全国职业院校技能大赛（高职组）"直播电商"赛项中的"直播策划"模块
证	对接新媒体技术"1+X"职业技能等级证书（中级）中的"新媒体运营"模块

✎ 引导案例

白象爆火，看国产品牌营销进化之道

近年白象凭借可信赖的品质、正能量的企业形象、贴近年轻人的营销手段，重塑品牌定位，扭转消费者对品牌的认知，成为 2022 年高热度的国产品牌。

1. 正能量价值观引发野性消费

2022 年的央视"3·15"晚会插旗菜业"土坑酸菜"事件曝光后，当天晚上白象食品官方微博发布声明，称"白象食品和插旗菜业从未有过合作，感谢大家的关心。25 年坚守品质，白象始终如一"。通过热搜与用户种草，白象被更多人看到，更多消费者了解到这个国产品牌。并且，据传白象方便面一直坚持招聘残疾员工，工厂里有近三分之一的残疾员工，为了保证这些员工的操作安全，其生产线都是经过无障碍改造的。一时间，话题"白象方便面是国产泡面之光""白象三分之一员工是残疾人""土坑酸菜意外火了白象""国产方便面有多绝"等话题被推上了微博热搜榜。可以说，"土坑酸菜"与白象无关，让消费者对品牌的食品安全产生了信任感，而"白象三分之一员工是残疾人"的这一话题，则成功提升了消费者对品牌的好感度。这引发了网友的野性消费，不少网友表示"你可以永远相信白象方便面"。

2. 新型营销方式渗透年轻圈层

"Z世代"年轻人（通常是指 1995 年至 2009 年出生的一代人）成长于网络时代，更愿意为独特、个性化、趣味化消费，为价值观、情绪买单，更追求自我表达和精神上的认同感。白象深谙要获得年轻消费群体的认同感，就要和他们成为情感同频者。

白象于 2022 年 5 月在微博、抖音等多平台发起以"勇往直前的象象"为主题的生产线慢直播，通过展示工厂流水线，让大家放慢节奏，了解工厂，了解方便面的制作过程，瞬时掀起"云监工"热潮。截至 2022 年 7 月 2 日，白象直播间累计观看量破 520 万次。同年 11 月白象又在长沙推出了首座"泡面工厂沉浸式主题店"，将产品生产过程直接搬到消费者眼前。这不仅符合白象一直以来在消费者心中靠谱国产品牌的印象，也满足了年轻消费者的探究欲与好奇心，吸引年轻人纷纷前来打卡体验。

随着 AI 技术的兴起，很多大品牌都开始使用虚拟人或创立虚拟人形象做形象代言人，基于此，白象主动出击，守正出新，官宣元宇宙国风少女南梦夏成为其数字化代言人，愈发符合其年轻化的品牌定位。2022 年 1 月 8 日至 9 日，白象在济南启动了首场"白象高汤体验馆——白象食品全国百城巡游"，南梦夏作为白象的数字化代言人，率先签约成为数字化体验官，是整场活动的焦点。

3. 开创新品类，打造差异化优势

面对新消费时代的到来，白象注重品类创新，迎风口而上，做健康速食的创新扩张者。在 2019—2020 年，白象完成新产品研发 80 多个，产品横跨方便面、挂面、快鲜面、休闲食品、速冻食品、面点、面粉和饮料等十余种品类。为了满足当下人们对健康生活的要求，白象率先开发出国内首款骨汤方便面品类产品"1 元大骨面"和针对儿童的营养早餐面；为了迎合"Z 世代"的主流消费人群，白象围绕"辣"的口味研发推出"大辣娇"系列新品，从麻辣牛肉、油泼辣子酸汤等风味的经典产品，到"拌乐多"，再到潮辣产品重庆小面、红油面皮、酸辣粉，实现了从品类到消费场景的全面扩张。

在公众印象里传统而略显保守的白象，在坚持品质的同时，也一直在紧跟大众饮食偏好和消费习惯的变化，积极转型求变，让"老"品牌持续焕发出年轻活力。2022 年，白象抓住了风口，走出了特色：做慢直播、设计泡面工厂、联合虚拟主播。未来白象将继续解锁年轻消费群体需求，制定出行之有效的品牌营销方案，实现企业长足发展。

【启发与思考】

（1）年轻化是新老品牌都必须面临的问题，白象是如何通过新媒体营销重塑品牌形象的？

（2）白象在社交平台是怎么打造品牌 IP 并被更多年轻人熟知的？

任务一　口碑营销

↘ 一、口碑营销的基本理论

俗话说"金杯银杯，不如老百姓好口碑"，口碑对企业而言非常重要。在现代商业体系当中，口碑的力量是巨大的，它的商业价值是可估算、可量化的，直接影响品牌的市场占有率。在数字经济时代，随着通信、互联网技术的不断发展，口碑传播的范围将更广，口碑效应将会加速品牌价值的分化，更多缺乏竞争力的品牌将会被淘汰。

口碑营销的
基本理论

（一）口碑营销的定义

"口碑效应"早期主要是指游戏玩家的口碑，可以让一个游戏作品慢慢流行起来。"口碑效应"后来演变成一种营销手段，即"口碑营销"。

菲利普·科特勒将 21 世纪的口碑营销定义为：由生产者以外的个人通过明示或暗示的方法，不经过第三方处理、加工，传递关于某一特定或某一种类的产品、品牌、厂商、销售者，以及能够使人联想到上述对象的任何组织或个人信息，从而使受众获得信息、改变态度，甚至影响购买行为的一种双向互动的营销方式。

传统的口碑营销是指企业在品牌建立过程中，通过消费者间的相互交流将自己的产品信息或者品牌传播开来。它是通过人们口口相传的模式把良好的口碑传播开来的，比如一次满意的消费体验、一个有趣的营销事件都可以撬动宣传。

随着互联网的普及，互联网逐渐成为口碑营销的主要阵地。现在这种营销方式遍布知乎、小红书、微博、淘宝等平台。因此，口碑营销也被称为"网络口碑营销"。在全媒体时代，由于口碑营销具有传播速度快、受众多、成本极低、效果明显等优点，其迅速成为很多企业首选的营销方式。但是，口碑营销并不是简单地就能够获得效果，它需要各种技巧和持之以恒的精神。消费者是一切营销的中心，口碑营销也不例外。这就要求企业在树立良好口碑的过程中必须重视消费者的需求。

（二）口碑营销的 5 个要素

好的口碑有时得之于误打误撞，有时又是精心策划的结果。不管怎样，都要具备一些基本的要素，以使口碑传播开来。美国口碑营销专家安迪·赛诺维兹把这些要素总结为口碑营销的 5 个基本流程，并将之概括为 5 "T"。

1. 谈论者（Talker）

从细分的目标市场中锁定消费群体，并从中有针对性地选择目标对象（谈论者）是第一步。谈论者是指那些向别人谈论企业产品的人。他们可能是企业产品的"发烧友"，也可能是新客户。口碑传播的推手就是这群拥有不同身份的人。如果没有谈论者，口碑营销就成了无本之木。虽然任何人都是潜在的口碑传播者，但是有些人在人际传播中拥有更大的传播面，品牌选取热点人物合作代言就是为了获取更多相关谈论者，也就是具备黏性的粉丝群体。2023 年杭州亚运会期间，伊利携手众多品牌运动员代言人发布亚运主题短片，通过亚运夺金热点成功吸引了消费者的注意力。

2. 话题（Topic）

话题指的是人们谈论的具体内容。任何口碑最初都源于一个有讨论价值的信息。这个信息可能是打折销售、漂亮包装或者奇妙创意，也可能是服务上的不足。好的话题应该是能够引发大家的讨论兴趣、简单易懂、容易复制传播的。

品牌可以利用微博热搜、新红数据、小红书笔记、百度指数、新榜、飞瓜数据等电商渠道挖掘消费者感兴趣的热门话题，利用话题进行营销推广。以小红书 2023 年 8 月的讨论话题为例，根据新红数据显示，2023 年 8 月 6 日小红书当天的热门话题榜前二分别为"笔记灵感""浪漫生活的记录者"，新红数据中 2023 年 8 月 6 日小红书热门话题排行如图 3-1 所示。

图 3-1　新红数据中 2023 年 8 月 6 日小红书热门话题排行

3. 推动工具（Tools）

话题再好，其口碑传播也需要通过推动工具助推。推动工具是指营销者用来推动口碑传播的各种媒介、平台和技术手段等。发达的互联网让口碑传播的时间越来越短，传播范围越来越广，话题影响力越来越大。传统媒体和新媒体都是口碑传播的推动工具，但如何用好这些性能不同的工具，往往考验着营销者的水平。大品牌一般会逐步建设新媒体多频道网络（MCN）矩阵，尽量将可以利用的平台全部运营起来，获取较大的平台流量，进而提升曝光效果。

4. 参与（Taking Part）

参与指的是营销者加入谈论活动中。口碑营销的一大特征就是参与话题和活动，营销者主动参与到消费者的讨论中，与之进行深入交流，能够有效拉近与消费者的关系。比如回复微博的评论、加入小红书的话题讨论、参与粉丝俱乐部活动等。在参与过程中，营销者应向给予支持的人表示感谢。遇到投诉，要找出被投诉的原因，并加以补救。在参与过程中需表现出友善和感激态度，这样的做法也会赢得消费者的尊敬和赞扬，与他们建立起牢固的长期关系。

5. 跟踪了解（Tracking）

一旦参加了对话，下一个挑战就是跟踪了解，了解消费者正在谈论什么。跟踪了解的对象是那些谈论产品和品牌的人。有了优良的口碑谈论推进工具，营销者就能跟踪了解消费者正在谈论什么。比如通过关注网络平台留言板上的评论，营销者可以深入了解口碑传播的情况，掌握消费者对品牌、产品或营销活动的反馈意见，有利于其及时调整营销策略。

这种深入了解的可信度高于传统分析技术所得的数据。下一个挑战是如何评估这些原始的消费者口碑的价值，制订更为明智的营销计划，将更好的口碑传播出去。

（三）口碑营销的优势

1. 让消费者有很高的信任感

口碑营销依赖消费者之间的真实推荐和评价，因此具有更高的可信度。消费者更倾向于相信朋友、家人或者其他消费者的建议，而不是企业自己的宣传。

2. 企业形象和口碑息息相关

通过积极主动参与口碑营销，企业可以主动塑造和管理自身品牌的口碑。如果企业能够提供优质的产品和良好的服务，积极参与消费者的互动和反馈，就可以逐渐建立自己的品牌声誉。比如奥利奥推出"樱花抹茶"和"白茶乌龙"等口味的产品，一改奥利奥的经典黑色形象，变身粉色，同时在抖音、淘宝等平台上建立各种话题并展示花式吃法，有效调动了年轻受众的积极性。

3. 消费者忠诚度高

通过口碑营销获得的消费者忠诚度往往较高。当消费者通过口碑营销了解到一个产品或品牌，并且对其产生了信任和好感，他们更有可能成为品牌的忠实支持者，并且会将品牌推荐给其他人。

4. 推广费用低廉

与传统广告宣传相比，口碑营销的成本较低。因为它主要依赖消费者的推荐和分享，不需要投入大量资金在广告渠道上。

二、口碑营销的运作要诀及策略

1. 识别并锁定影响者

影响者是指那些活跃于社交媒体平台，并能推广企业消息和品牌的人。营销专家杰伊·贝尔很好地阐释了这一点，他说："真正的影响能引发行动，而不仅仅是提高知名度。"如今的消费者更信任第三方，而不是品牌。

如今品牌方更倾向于请达人来推广产品或服务，2023 年广告主投放互联网广告类型费用的预期变化情况如图 3-2 所示。因为达人在他们的领域内拥有一定的影响力和口碑，他们的意见和推荐更容易被消费者接受和相信。通过与达人合作推广，品牌方可以借助达人的影响力和口碑，更有效地传递品牌信息。

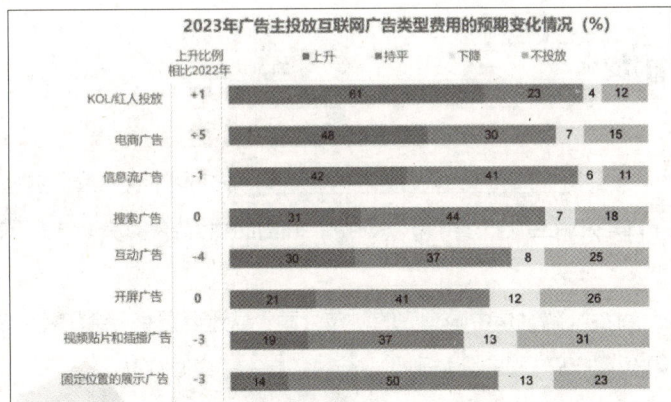

图 3-2　2023 年广告主投放互联网广告类型费用的预期变化情况

2. 连接人的情感

品牌通过文案、图片、视频等形式的宣传，营造出与目标消费者相关的情感氛围，引起共鸣和共情。例如，雕牌一直想成为最懂得中国家庭情感的民族品牌，从 20 世纪 90 年代提出了勤俭持家的家庭观，到现在面对新的消费人群，雕牌提出了围绕尊重、理解、互爱、平等的新家庭观。雕牌的广告片经常展示温馨的家庭场景，引发人们对家庭、亲情的情感共鸣，从而使其对宣传的产品产生兴趣和好感。

3. 建立积极的用户体验

互动和用户体验是口碑营销的关键。确保与用户保持良好的沟通，并提供超越期望的体验，这将促使他们愿意分享他们的感受。华为手机以其卓越的用户体验而闻名，积极的用户体验成为其口碑营销的重要因素之一。华为手机设计注重美感和精致度，华为的产品从外观到内部功能都经过了精心设计，使用户在使用产品时能感受到高品质并拥有良好的视觉体验。华为的用户往往在社交媒体上积极分享他们对产品的体验，他们分享的内容包括照片、视频和观点，这些积极的口碑帮助华为提高了品牌知名度，并吸引了更多潜在用户。

4. 传播积极的口碑

品牌应鼓励用户分享他们的正面体验，提供多样化分享渠道，并通过奖励计划或赞誉来激励用户积极分享。作为互联网企业的领先者，腾讯是典型的责任品牌，在"99公益日"9年的探索中，腾讯链接资金、平台和各方资源，以一朵小红花撬动公益的传播和"破圈"。通过设计H5（HTML5）页面，腾讯公益将小红花可视化到每一个微信用户的微信头像上，每个人的小红花朵数一目了然，让原本距离感十足的公益行为成了当代人社交生活的一部分，甚至通过排行榜式的可视化呈现，进一步激起用户做好事的动力，从而为公益向善、公益向众提供更为强劲且持久的动力，媒体晒小红花朵数实现裂变式传播如图3-3所示。腾讯公益依托腾讯系覆盖大众生活各大圈层的内容生态，真正将公益做成了长期持续践行且全维度覆盖的品牌可持续发展战略核心理念与企业文化，让公益与品牌共生共长。

| 一条 | 最爱大北京 | 北京青年报 |

图3-3　媒体晒小红花朵数实现裂变式传播

知识拓展

责任品牌

责任品牌是指以社会责任和可持续发展为核心价值观的品牌或企业。这些品牌不仅关注盈利，还注重对社会、环境和利益相关者的积极影响，并由此赢得好的口碑。以下是一些知名的责任品牌。

（1）腾讯（Tencent）。腾讯是中国领先的科技公司，通过公益基金会和社会责任项目，致力于社会发展、教育、环境保护等方面的公益事业，推动科技的社会影响力。

（2）The Body Shop。这个美妆品牌以自然和可持续发展为核心价值观。它致力于使用天然原料，拒绝动物测试，并支持社会公平和女性的经济独立。

（3）TOMS。TOMS是一个鞋类品牌，推动"买一送一"的慈善模式。它通过捐赠鞋子、眼镜和清洁水等资源，为需要的人提供帮助。

这些责任品牌以推动社会变革和发展为使命，赢得了消费者的认同和支持。它们以其独特的价值主张、优质的产品和积极的社会影响力而受到赞赏。

5. 回应客户的反馈

品牌应积极回应客户的评论和反馈，无论是正面的还是负面的，都应解决问题、解答疑问，并展示对客户的重视。京东以快速回应客户的问题和反馈而著称，无论是在京东商城、客户服务热线还是在社交媒体上，京东努力确保在最短的时间内回复客户的问题，建立了卓越的客户体验和口碑声誉。

🔍 案例链接

小米口碑营销的"铁三角"模式

口碑营销有 3 个核心，称为"口碑的铁三角"。小米的成功离不开这 3 个核心。

第一是"发动机"，也就是"爆款"，即能够让用户满意的产品。在小米手机推出之前，它的系统 MIUI 就已经成为"发烧友"争相传诵的产品，为小米手机在业内的口碑立下了汗马功劳。而且小米的口碑是长时间积累而来的，像 2022 年 12 月发布的小米 13，这款手机在小米商城的评价数超过百万，用户满意度高达 99%。

第二是"加速器"。要想让更多人更快地知道好口碑，就需要更高效的传播渠道，把新媒体作为口碑传播的"加速器"。

小米在刚起家的时候不做广告，其最早做的是论坛，通过组织具有互动性的活动来积累老用户，MIUI 的用户从 50 万人到 100 万人，就是论坛这样的社会化媒体推动而成的。当通过论坛积累下几十万个核心的用户后，小米才开始通过微博、微信等方式打造产品的口碑。随着短视频、直播的迅猛发展，小米入驻哔哩哔哩、抖音等平台，在 2018 年，小米与初音未来官方合作新曲《最美印记》在哔哩哔哩收获超 100 万次应援支持，为小米 6X 初音未来限量版套装预热。在 2023 年，小米 14 首发获"2023 抖音电商金营奖年度新品营销大奖"，如图 3-4 所示。

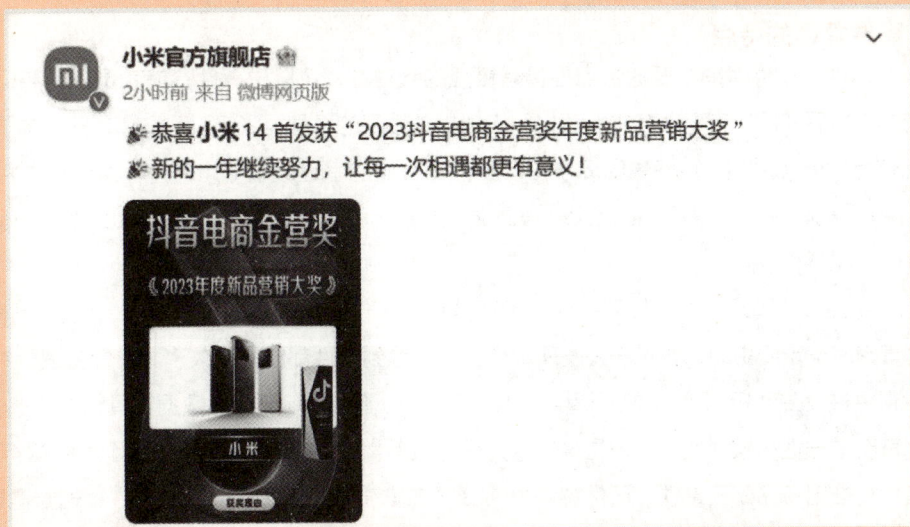

图 3-4 小米 14 首发获"2023 抖音电商金营奖年度新品营销大奖"

　　第三是"关系链"，也就是用户关系。社交网络是基于人与人之间的信任关系发展的，所以信任度越高，口碑传播就越广。互联网思维的核心是口碑为王，口碑的本质是用户思维，就是让用户有参与感。小米依靠"发烧友"崛起就是一个成功的典范。创立之初，小米先是培养一批种子用户，使其成为小米口碑传播的起点。同时，小米注重用户的意见反馈，并鼓励用户参与到小米的手机研发中。在小米手机论坛上，每周都会更新很多用户反馈的帖子，而小米工程师也经常在论坛上发起投票，收集用户反馈意见，然后再讨论确定产品最终形态。小米能够逆袭，用户共创起着至关重要的作用。

任务二　事件营销

↘ 一、事件营销的基本理论

　　在互联网的浸润下，品牌营销进入了"以用户为中心"的时代，单向投放必须转向互动传播，而事件营销因其强话题性和强传播性成为品牌的绝佳选择。

事件营销的
基本理论

1. 事件营销的定义

　　事件营销也可称为"热点事件营销"。基于人的社会属性，大家都会追逐热点。在媒体中心化的时代，热点事件常常会成为全民关注的话题。热点事件，如同一粒掉在水中的石子，会激起层层涟漪，引发多层传播效应。事件营销就是企业通过策划、组织和利用具有新闻价值、社会影响及名人效应的人物或事件，吸引媒体、社会团体和消费者的兴趣与关注，以求提高企业或产品的知名度、美誉度，树立良好的品牌形象，并最终促成产品或服务销售目的的手段和方式。总结成一句话就是，事件营销的关键是产生新闻影响力，目的是促成交易。

2. 事件营销的特点

　　（1）针对性。事件营销主要的特点是具有极强的针对性，可以说事件营销就是在较热门的事件上寻求商机，然后利用现有事件产生新意，引申出相关性强的事件。2023年7月2日，中国女篮迎来亚洲杯夺冠的巅峰时刻，瑞幸也随即发布"我们和女篮的幸运故事"广告片，通过在短片中传递"幸运，不是运气而是一种能力"的理念，强调瑞幸崛起历程与女篮的拼搏精神高度契合，强化消费者对瑞幸的归属感和认同感。

　　（2）主动性。不管是借助事件营销还是创意营销，事件营销的主动权都归属营销者所有，所以在做事件营销时一定要主动，要善于去发现事件，不要等到事件都出来很久了才去做营销。

　　（3）保密性。主动权的控制决定了事件的隐蔽性，在营销之前所有的数据都具有高度的保密性，保密就代表着唯一性和原创性，这也是事件曝光后各大新媒体平台会感兴趣的原因。2022年瑞幸和椰树联名正式推出新品椰云拿铁，虽然瑞幸提前3天在官微开始预热，但是采取"犹抱琵琶半遮面"的营销策略，引发消费者好奇合作对象到底是谁，瑞幸在微博为年度新品预热如图3-5所示，直到完全曝光后引发全网晒图。"椰云拿铁"首发当天销量即破66万杯，首周销量更是超495万杯。

图 3-5　瑞幸在微博为年度新品预热

（4）风险性。事件营销本身就是借力和打力的方式，那么事件营销也存在着被借力的可能，也存在不可预测的牵涉性风险，营销做得越大，风险也就越大。

（5）话题性。要想事件营销火起来，就必须要有话题性，才能引起网民的讨论。在社会话题的推广上，品牌同样需要进行关联与聚焦，找到与品牌联系紧密、价值观相符的社会话题，然后持续深入地表达态度主张。比如，美妆品牌更适合持续深入地在"关注女性权益""尊重自身价值"等社会话题中发声，这样在品牌的社会观点得到大众响应后，其产品价值也有所提升，取得双赢的效果。

（6）趣味性。每一天都有很多事件发生，但不是每一件事都能成为热点。言论自由让事件呈现出百家争鸣的姿态。从一般的心理学角度来说，如果事件具有一定的客观性和趣味性，就可以作为事件营销的素材。

3. 事件营销的优势

（1）受众的信息接收程度较高。由于事件营销的传播往往体现在新闻上，有效地避免了像广告被人本能排斥、反感的情况发生，受众对其中内容的信任程度远远高于广告。

（2）传播深度更深、层次更高。一个事件如果成了热点，会成为人们津津乐道、互相沟通的话题，其传播层次不仅仅限于看到这条新闻的读者或观众，还可以形成二次传播，引发蝴蝶效应。

（3）建立品牌形象。通过精心策划的活动或事件，品牌可以塑造自己的形象和价值观。无论是通过慈善行为来展示品牌的社会责任感，还是通过高档晚会来展示品牌的高品质，事件营销都可以帮助品牌树立积极、独特而又有吸引力的形象。如今日头条在 2016 年 2 月发起面向全国的公益寻人项目，致力于用科技手段帮助各类失散家庭团圆，截至 2023 年 9 月，已帮助 21 000 个失散家庭团圆，为社会贡献"字节力量"。

（4）提供情绪价值。物质丰富的时代，情绪价值成为推动消费者购买产品的新因素，而事件营销往往能够调动消费者的情绪，引发消费者的共鸣，从而将情绪价值转化为购买动作，并且能够让消费者记住品牌。比如，探鱼在深圳龙华开了一家"探鱼爽麻无限公司"快闪店，如图 3-6 所示。聚焦职场打工人，希望在极具体验感的场景中，给深圳的打工人群带来与众不同的爽麻享受，为深圳打工人加油鼓劲，鼓励大家积极应对负能量，积极阳光地拥抱生活。

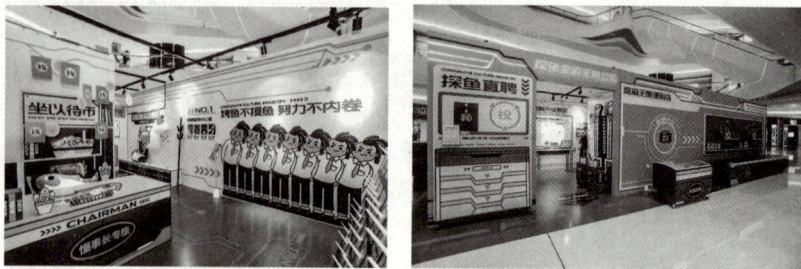

图 3-6 "探鱼爽麻无限公司"快闪店

（5）投资回报率高。传统流量获取的成本越来越高，转化率越来越低，单靠纯流量已经无法满足品牌的发展。据有关人士统计、分析，企业运用事件营销手段取得的传播投资回报率约为一般传统广告的 3 倍。事件营销能有效帮助企业建立产品品牌的形象，直接或间接地影响和推动产品的销售。

总之，事件营销可以让品牌与消费者建立更紧密的联系，增加品牌曝光度和认知度，并激发消费者的兴趣和购买决策。它是一种创新、高效而又有趣的营销策略。

二、事件营销的策略及注意事项

（一）事件营销策略

（1）分析营销诉求。确定营销活动的目标受众，了解他们的兴趣、需求和偏好，以便有针对性地策划事件。要从产品的某一个点出发，通过事件去营销某一个点，比如便宜、造型美观、某个功能实用等，通过事件加深用户的印象，才不会随着事件的热度减退而使用户的印象变淡。比如，江小白的很多文案创作就是基于"90 后"群体对它年轻、走心的文案的认同。

（2）找到目标消费者。如果是一款针对大学生的产品，肯定不会选择去商场策划一场走秀；如果是针对中年人的一款产品，肯定不会选择到校园里造势。所以要有针对性地在目标人群聚集地策划事件。另外，需要注意的是，这个目标人群不一定是直接的用户群体，但一定是愿意关注这起事件且通过传播可以被影响到的用户群体。

（3）抓住时下热点。事件营销除了天时地利，更重要的是提前做好活动策划和落地方案。当热点到来时，要快速反应，抓住极具传播性的话题。

（4）设计自传播点。自传播就是能够让围观者（用户/传播者）自发地进行分享、传播。例如拍照打卡、发表感想等，鼓励参与者积极参与活动，并通过与品牌互动来建立更深层次的联系。

2022 年 6 月 18 日，有不少网友在外卖平台上发现蜜雪冰城的头像"黑化"了，随后该话题持续发酵。6 月 19 日，蜜雪冰城全网的头像都一致"黑化"了，蜜雪冰城"黑化"头像如图 3-7 所示，"蜜雪冰城黑化"的话题也登上了微博热搜，如图 3-8 所示，其阅读次数超过 5.3 亿次。对于"雪王"突然"黑化"这一问题，官方没有第一时间揭晓答案，而是让网友自己猜测，一时间引来了不少网友的关注和调侃。随后，蜜雪冰城官方用"连日高温？雪王新皮肤？"两句反问为"黑化"事件赚足悬念，甚至还借势发起竞猜，继续升级话题热度。在社交平台上甚至还出现了"雪王黑化"相关的二创内容。6 月 19 日，蜜雪冰城官方微博给出"雪王"变黑真相的回应："雪王"去桑葚园摘桑葚被晒黑了。蜜雪冰城就巧妙地利用了网友对天气炎热这一社会热点的讨论，和此次的新品营销相结合而打造了热点事件营销。这次蜜雪冰城的"自黑"营销不仅为其新品桑葚类饮品上市造势，也再一次为蜜雪冰城赚足了热度。

　　作为一名优秀的新媒体运营者，要时刻关注社会热点、营销节点，在热点出现之时，趁热打铁，先发制人，通过策划组织线上、线下活动提高品牌影响力。

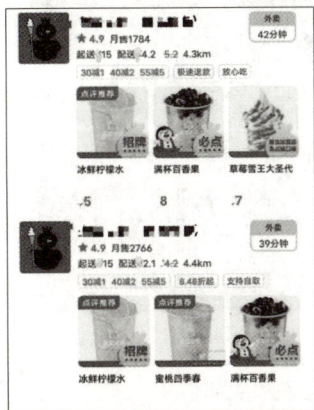

图 3-7　蜜雪冰城"黑化"头像　　图 3-8　"蜜雪冰城黑化"微博热搜

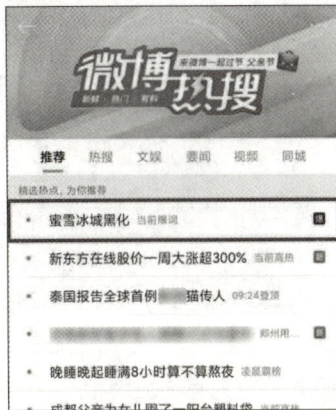

直通职场

新媒体营销策划岗位要求

　　职责描述：

　　（1）根据公司市场定位，制定自媒体运营与品牌营销策略；

　　（2）负责自媒体矩阵的运营工作，根据年度营销节点、流行热点，主导并指导团队完成粉丝增长及转化；

　　（3）创制阶段性新媒体推广策略与计划，负责执行落地并追踪推广效果，分析数据并及时反馈总结；

　　（4）根据运营情况，不断改进推广计划，提升粉丝活跃度，增加粉丝数量；

　　（5）根据每个平台的特点、受众，策划组织线上、线下活动，增强用户黏性，提高公司品牌的影响力，并完成业绩转化；

　　（6）研究并关注竞争对手新媒体推广动态，根据变化情况及时制定可行的调整策略与方案。

　　（5）推动流量引爆。流量对事件营销的引爆起着至关重要的作用。前面讲了几个事件营销的典型案例，在形成品牌传播效果的同时，还为品牌方做了流量上的贡献，这里的流量包含但不限于新增用户 / 粉丝、订单、销量等。对流量运营者来说，只带声量不带流量的事件营销不是好事件。能够快速带来流量的事件一般符合以下两个特点。

　　第一，有独特的引爆点。比如 2013 年年初，王老吉和加多宝两个品牌持续竞争对抗，让"凉茶开创者之争"事件的效果放大了数倍，成为公众的热点话题。最初的舆论风向是不利于加多宝的，但是，2 月 4 日加多宝在官方微博上发布了"对不起"系列海报（见图 3-9），用道歉、自嘲的方式向公众示弱，自揭伤疤。舆论风向随之而变，加多宝一下子就获得了大量用户的同情和关注，公众开始对加多宝有了新的感性认识。这个"感情牌"很好地拉近了消费者和加多宝的距离，加多宝另辟蹊径地策划了一场传播度极高的事件营销。

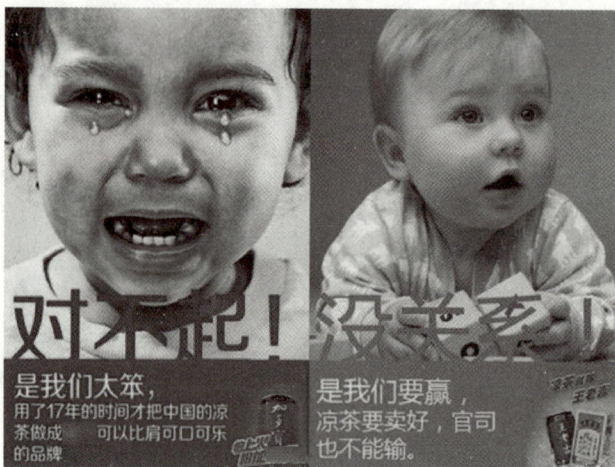

图 3-9　加多宝"对不起"系列海报

第二，能巧妙植入产品。只有将品牌和产品内容植入热点事件中，才会产生引流效果。2003 年，"神舟五号"飞船成功发射后，很多品牌纷纷发布宣传祝贺的海报，此时有一个企业做了一个差异化的营销，这个企业是蒙牛。作为航天员奶制品专供的合作企业，蒙牛在"神舟五号"升空后，制订了"蒙牛中国航天员专用乳制品"事件营销计划，将自己产品的高品质定位植入航天事件的宣传中，确立了蒙牛品牌的高端定位。

（二）事件营销注意事项

1. 不能盲目跟风

成功的事件营销有赖于深厚的企业文化底蕴，不是盲目跟风学来的，关键要看品牌是不是适合使用这个营销方法。

2. 符合新闻法规

新《广告法》于 2021 年修订并实施，新法正式实施后，将进一步加大广告执法办案力度，严厉查处各类虚假违法广告。因此事件营销不论如何策划，一定要符合相关的新闻法规，不能越位，否则会适得其反。

3. 事件与品牌关联

事件营销不论如何策划，一定要与品牌有关联，最后一定要能对品牌起到宣传作用。比如海尔厂长砸冰箱这个事件之所以经典，是因为该事件与品牌诉求紧紧联系在一起，砸冰箱是为了突出企业重视产品质量。

4. 控制好风险

一个成功的营销事件需要缜密的策划、严谨的步骤、不菲的费用、庞大的资源及强大的风险管控能力。所有的推广都应该是为品牌做加法，如果策划时风险意识不够，考虑得不够周全，有可能给企业带来一场严重的公关危机。

5. 认真评估分析

慎用事件营销来炒作自己的产品 / 品牌，高回报（营销传播快而广）意味着高投入和高风险，企业应在实施炒作前认真评估事件带来的风险和价值。

案例链接

淄博烧烤，"现象级破圈"的文旅营销

2023年五一假期，全国国内旅游出游量激增，其中，淄博旅游数据尤为显眼。根据美团、大众点评数据，五一假期首日，"北京南—淄博"的火车票开售1分钟即售罄，五一期间淄博旅游订单（含酒店、景点门票）同比增长超2 000%。凭借烧烤在网络上掀起的热度，淄博从一个不起眼的北方三线城市，一跃成为全国热门的旅游目的地，"淄博烧烤"为什么能成为现象级营销事件？

（1）洞悉旅游诉求：消费者渴望烟火气息

在当前的一、二线城市，基于城市形象维护、街道管理等因素，要吃到一顿有烟火气的烧烤已经越来越难了。淄博烧烤物美价廉又自带社交属性，三五好友聚在一起吃肉聊天，对爱热闹的年轻人来说，无疑是一种极大的诱惑。淄博便是通过烧烤这一大众美食，吸引年轻人前往，且年轻人爱评论和分享，自带流量，很容易影响舆论走向。

（2）挖掘话题点：差异化定位＋口碑营销

烧烤并不稀奇，全国各地都有，但是淄博烧烤量足实惠，吃法新颖有趣。尤其是"小串＋小饼＋小葱"的新奇吃法，加上"一桌一炉一卷饼"的烧烤形式，让烧烤这件事变得非常具有体验感和仪式感。

另外，"金杯银杯，不如老百姓的口碑"。面对全国游客"赴淄赶烤"的现象，淄博市政府闪电般地做出了反应。在2023年3月初，淄博市政府就组织设立淄博烧烤名店"金炉奖"、成立烧烤协会、宣布五一举办淄博烧烤节、发放25万元的烧烤消费券。此外，淄博市政府还在高铁站安排了专门的烧烤志愿者，甚至在原有基础上，新增了21条烧烤公交线路以及济南至淄博的烧烤专列。为了方便用户随时搜索查找距离最近的烧烤店地址，淄博烧烤上线了烧烤地图，集合全市1 200余家烧烤店信息。同时，同步推出八大局市场美食地图，详细展示淄博美食聚集地八大局市场的各类美食分布，方便游客品尝美食。

官方及时的举措和民间的自发举动形成合力，共同塑造了一个有温度的城市形象。淄博市政府迅速推出的一系列举措，是为了让每一个远道而来撸串的消费者，都能在淄博收获最舒服的旅行体验。

（3）把流量变成存量：善于利用互联网流量思维

淄博烧烤，首先在大学生圈子中走红。2023年2月，淄博团市委组织了山东省内8所高校260余名化工学子到淄博进行以就业为导向的体验之旅，其中不少学生在老师的带领下吃了淄博烧烤，也正是这批学生为淄博烧烤带来了第一波口碑营销。之后，各地大学生纷纷涌向淄博。

2023年3月，随着淄博火车站的大学生客流越来越多，"大学生组团到淄博吃烧烤"成为抖音同城的热搜，截至2023年3月15日，"大学生组团到淄博吃烧烤"话题实现4 589.8万次

阅读量，火遍互联网各个角落，成为 3 月的流量风口。

大学生们打响了头阵，各路博主也接踵而至。多位本地或外地的博主也在为淄博烧烤增加热度。短视频平台上，各类淄博烧烤体验、美食教程密集发布，让"淄博＝烧烤"的品牌联想愈发深入人心，也将"去淄博吃烧烤"打造成了社交语境下的一种时尚符号。

互联网流量思维成就了淄博。淄博烧烤出圈的每一步，都离不开互联网平台的强传播力和年轻活跃的用户群体。遇到"天时"，大学生们贡献了"人和"，淄博官方产业升级，打造了"地利"，淄博才得以实现从线上流量到现实流量，打造现象级的城市营销案例。

当然，城市营销不能止步于短期爆红与流量符号。为避免落入"一日网红"的怪圈，淄博还需深入挖掘本地烧烤文化的潜力，讲好产业故事，让"淄博烧烤"从短期热词转变为长期城市名片。

任务三　饥饿营销

↘ 一、饥饿营销的基本理论

说起饥饿营销，大家可能会想到小米手机，其实大到汽车、手机、奢侈品，小到食物、水杯，生活场景中到处都充满饥饿营销。

饥饿营销的基本理论

（一）饥饿营销的定义

饥饿营销是指商品提供者有意调低产量，以期达到调控供求关系、制造供不应求假象，以维护商品形象并维持商品较高售价和利润率的营销策略。饥饿营销的最终目的并非提高价格，而是让品牌产生附加值。饥饿营销流程如图 3-10 所示。

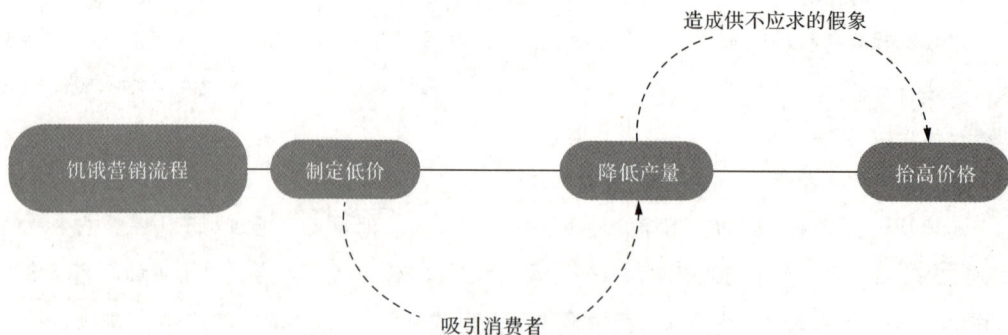

图 3-10　饥饿营销流程

限量供应，是运用了稀缺效应，物以稀为贵，总量越少价值就越高。饥饿营销本质上就是营造特定的饥饿感，特定的饥饿感的度的把握很关键，水满则溢，月盈则亏，方式和方法要恰到好处，火候不到达不到效果，过量则会造成负面效应。

（二）饥饿营销的 3 个层次

在消费心理学中，人们常把因物以稀为贵而引起的购买行为增加的现象称为"稀缺效应"。稀缺效应是饥饿营销的核心，但稀缺效应却不是单纯减少产品数量。可以通过以下 3 个层次更好地理解饥饿营销。

（1）饥饿营销的第 1 个层次：稀缺 > 充足

物以稀为贵，供应量较少的东西能让人觉得更珍贵，更容易勾起用户的欲望。机会越少越难得，价值就显得越高，吸引力也就越大。

（2）饥饿营销的第 2 个层次：先充足后稀缺 > 一直稀缺

当产品由充足变成稀缺时，用户产生了比供应一直稀缺时更积极的正面反应。这意味着，比起一直稀缺的产品，刚变成稀缺的产品具有更大的吸引力。

（3）饥饿营销的第 3 个层次：争夺稀缺 > 失误稀缺

在产品稀缺的情况下，用户之间出现争夺将会产生更好的效果。

（三）饥饿营销的适用原则

饥饿营销是一把锋利的双刃剑，信息时代把它的剑刃磨得更快，需要学会恰到好处地利用它，让它的正面作用为品牌带来更多的财富。品牌做饥饿营销需要具备以下要素。

（1）具有竞争力的产品是前提

品牌进行饥饿营销时所选择的产品一定要有较强的竞争力，具备独有的创新特点且短时间内无法被模仿和取代。只有这样才能够吸引用户，并且让用户有足够的理由去等待和争夺。

（2）强大的品牌影响力是基础

应用饥饿营销的品牌一般都具有较强的影响力，用户认可这些品牌并具备很高的忠诚度，用户愿意付出时间、精力、金钱等去"争夺"有限的产品。无论是小米手机等电子产品，还是肯德基嫩牛五方、喜茶"金桶"等餐饮消费品，这些产品都是大众熟知的品牌的品类。它们很适合传播，所以也就适合使用饥饿营销的手段。

相反，如果推出一个之前没有的产品，在市场还没有认知的情况下就使用饥饿营销，鲜有消费者愿意为之付费。所以新品类前期更需要大力推广，先提高人们的认知度，等市场成熟后再实施饥饿营销。

（3）把握消费者消费心理是关键

在目前市场中，完全理性的消费者几乎是不存在的，消费者都或多或少受一些心理因素的影响。品牌需要洞悉消费者的消费心理，从而才能够更好地选择营销的方式，真正触动消费者内心的欲望。

（4）有效的宣传造势是保障

饥饿营销要想成功，产品上市之前就要通过媒体进行宣传，把消费者的胃口吊起来。饥饿营销效果好不好，跟宣传媒体的选择、时机的选择、方式的选择密切相关。比如深谙饥饿营销的小米每次有新产品上市时，都会呈现出独特的传播曲线：发布会—上市日期公布—等待—上市新闻报道—通宵排队—正式开卖—全线缺货—渠道商涨价。这样便很好地营造出供不应求的气氛。

二、饥饿营销的实施策略及注意事项

（一）饥饿营销的实施策略

饥饿营销是一种营销策略，通过稀缺性营造一种需求和渴望的感觉，从而刺激消费者购买的欲望。以下是饥饿营销的实施策略。

（1）创造稀缺性。通过独家销售或限时销售等方式，创造产品的稀缺性和独特性。强调产品的稀缺性和独特性可以引起消费者的兴趣。如安踏的 KT 鞋或李宁的 Way of Wade 款鞋，这些产品通常由名人或设计师合作设计，款式独特，因此备受鞋迷追捧。

（2）预热宣传。在产品发布前进行预热宣传，通过媒体报道、社交媒体推广、赞助活动等手段吸引目标受众的关注。宣传活动应突出产品的独特卖点和稀缺性，促使消费者产生期待和兴奋的情绪。比如毛戈平美妆气蕴东方第五季新品在抖音电商开新日独家首发，短短几天就成了美妆圈、国风圈都在谈论的"爆款"。

（3）设立预定通道。可以通过设立预订通道，激发消费者购买欲望，让消费者提前购买产品。同时，可以给予在平台预定的消费者一定的优惠或额外福利，增加其购买动力。如消费者在"双十一"前半个月预定某护肤品套装，不仅"双十一"当天付款享受 85 折优惠，还可以获得"双十一"狂欢福袋和双倍积分。

（4）控制供应量。控制产品的供应量，以确保产品的稀缺性。如果产品供应过多，可能会降低消费者的购买欲望。控制供应量，可以增加消费者对产品的渴望，提高购买的积极性。

（5）引导消费者参与。通过抽奖活动、互动体验等方式，鼓励消费者在社交平台上分享他们的购买体验或与产品相关的内容。这样可以增加品牌曝光，促进口碑传播，进一步激发消费者的购买欲望。

（6）赋予会员特权。品牌可以设立会员计划，为会员提供独特的购买特权，如提前购买权、尊享礼遇或定制服务。这样的特权将提高会员的忠诚度，并促使其他消费者加入会员行列。

（7）及时补货或再销售。在产品第一批销售结束后，及时补货或再推出一批产品进行销售，这可以维持产品的稀缺性，并给未能购买到产品的消费者第二次购买的机会。

重要的是，饥饿营销要注意与消费者的互动和沟通。清楚传达产品的稀缺性和独特性，同时确保公平和诚信，避免引起消费者的不满和产生负面影响。饥饿营销需要细致地策划和执行方案，以确保产品的稀缺性与市场需求之间的平衡，同时满足消费者的期待和购买需求。

（二）饥饿营销的注意事项

（1）扩大市场不可操之过急。饥饿营销是一个过程，在这个过程中，品牌应该严格控制产品的出货量。慢慢扩大市场，不仅能够降低风险，而且能够给少数人留下深刻印象，通过他们的宣传让更多人期待品牌的产品。

（2）"饥饿"要有度。这里的"度"包括两个层面：价格和数量。即便是饥饿营销，数量稀少，品牌最好也不要刻意把价格调到非常高，否则客户购买力下降，饥饿营销的作用也就不复存在。而数量则是为了保证对客户市场的满足，一旦产品数量过度稀缺，就很难满足庞大客户群体的基本需求，会大大降低这款产品的口碑和传播度。所以，"饥饿"要有度，要在价格和数量上保持一个很好的平衡。

案例链接

肯德基靠饥饿营销实现持续爆火

在当今竞争激烈的市场环境中，企业要想在众多品牌中脱颖而出，必须具备独特的营销策略。肯德基作为全球知名的快餐品牌，自成立以来，一直以其独特的经营模式和美味的食物吸引着消费者。而在众多的营销策略中，肯德基的饥饿营销无疑是具有代表性的一种，它的每一件热销产品几乎都采用了这种营销策略。

（1）肯德基经典产品嫩牛五方再创新

嫩牛五方，全称川辣嫩牛五方，诞生于2008年，是中国肯德基历史上第一款牛肉产品，被称为"高配版煎饼果子"。比起海盐冰激凌、粉色可乐等限量产品的昙花一现，嫩牛五方之所以能频频回归，是因为产品本身"能打"。嫩牛五方的味道非常适合中国人的口味，加上里面的牛肉吃起来让人觉得特别过瘾，因此嫩牛五方在中国大受欢迎。

可是就是这样一款受欢迎的产品却经常下架。2021年12月，肯德基再次上架嫩牛五方，与文和友联名，推出了"文和友香辣小龙虾嫩牛五方"，许多人试吃后，纷纷给出高评价，并在各大平台强烈推荐这款新品，但不久之后，肯德基再次下架这款产品。之后嫩牛五方也有过几次回归，但是都只有短短的一个月。

肯德基为什么会让嫩牛五方下架呢？除了有牛肉价格太贵导致毛利率太低等原因，还有肯德基为了引起消费者好奇心而做的饥饿营销的原因。阶段性推出这一产品可以通过"回忆杀"来增加消费者的好感度，在短时间内刺激销量，同时也能减少因利润低带来的损失。

2023年，肯德基联合小龙坎推出新品"毛血旺风味嫩牛五方"。作为专营四川火锅的连锁餐厅，小龙坎被大众所熟知，这次与肯德基的联名选用毛血旺作为联动的卖点，是又一次大胆的创新。

（2）肯德基联名未卡限定版猫抓桶撬动大流量

2022年，肯德基联名宠物品牌未卡推出了一款肯德基全家桶式猫抓桶，如图3-11所示。这款猫抓桶近半米高，符合猫咪爱跳高的习性，而且这款猫抓桶上边和里面都能待，深受猫咪的喜爱。那怎样才能获得这款猫抓桶呢？这款猫爪桶搭配肯德基138元套餐售卖，且只有1800套，销售范围仅限上海市。尽管价格昂贵，但是活动仅上线两小时，1800套猫抓桶即被销售一空。也正是因为获取难度相对较高，这款猫抓桶几乎成了社交货币——拥有这款猫抓桶的人喜滋滋地在社交平台上分享喜悦，羡煞旁人。闲鱼上这款猫抓桶的价格更是不菲，一个肯德基猫抓桶的价格相当于三五个常规猫窝的价格。一时间，肯德基的猫抓桶风靡整个宠物圈。

图3-11　肯德基全家桶式猫抓桶

任务四　IP营销

↘ 一、IP营销的基本理论

随着互联网的快速发展，我国逐渐进入"万物皆可IP化"的泛IP时代，IP营销也在走向常态化。

IP营销的基本理论

（一）IP的定义

从有互联网开始，就有了IP这个词。IP原指互联网上的每一个网络和每一台主机分配的一个逻辑地址，以此来区分物理地址，但发展到现在，IP不仅局限于此，有了延伸的含义。

从广义上看，IP就是知识产权（Intellectual Property），知识产权是指人们就其智力劳动成果所依法享有的专有权利，通常是国家赋予创造者对其智力成果在一定时期内享有的专有权或独占权。在美国，IP是一种基于智力的创造性活动所产生的权利，而韩国和日本把IP定义为"制造、开发、包装和销售信息产品及其服务的产业"。

2015年是中国的"IP元年"，很多网文改编剧成为现象级剧集，IP类电影贡献票房约80亿元。2016年，原创文学IP继续受追捧，游戏IP、体育IP、影视IP、名人IP等新形式如雨后春笋般出现，其相关产品价值不断凸显，IP产品交易呈现爆发式增长，而人们对IP的理解也在不断延伸。

在泛IP时代，IP概念将文创、影视、动漫、游戏与品牌营销、文旅、商业、设计、个人、潮流时尚等充分串联在一起，只要能够在多个平台上实现独立传播、获得关注和流量并获得商业变现的内容都可以称之为"IP"。

（二）超级IP的定义

超级IP，简单来说就是指具有可开发价值的IP，它是万物互联时代个人化或个体化的"新物种"，特指具有长期生命力和商业价值的跨媒介内容运营。通俗来说，一个事物能够持续产生优质的内容，并且通过人格化的形式来影响人们的生活方式，而且这种影响一定是稀缺价值，才能被认定为超级IP。

一个真正具有可开发价值的IP，至少包含4个层级，它们分别是表现形式、故事线、推动故事发展的普世元素和价值观。

（1）表现形式。这是IP的最表层，也是观众最能直观感受的层面，好的表现形式能让IP得到更大的市场声量。目前市场上很多的IP作品往往都是停留在第一层，它们只注重一个时期内市场流行的风格，而未能挖掘到吸引观众的核心，结果就是导致IP同质化，多数IP在发展中一步步销声匿迹。

（2）故事线。IP故事的重要性不言自明，故事是推动IP发展的一种工具。要想把一个IP打造成为真正的超级IP，需要赋予这个IP一个好的故事，并且要不断地推广和演绎这个故事。例如褚橙就是一个超级IP，它的品牌故事来自它的创始人，吃一口褚橙，不仅是为了汁多皮薄的感受，而且是对其创始人励志精神的肯定。

（3）推动故事发展的普世元素。超级IP的普世元素指人们对世间美好事物的追求，比如爱情、亲情、正义、尊严等。这一层面开始注重核心，开发IP深层内核。

（4）价值观。价值观是超级 IP 最核心的要素，真正的超级 IP 需要有自己的价值观和哲学，比如某些成功的动漫 IP 不仅有着鲜明生动的个性表达，同时也传递了友谊、团队合作和正义等价值观。

👤 赛场竞技

打造主播人设技巧

"直播销售"是全国职业院校技能大赛（高职组）"直播电商"赛项的任务之一，要求在直播过程中，主播礼仪得体、形象良好、人设鲜明。如何打造一个好的主播人设，是每一个主播都需要思考和探索的问题。可以学习打造 IP 的技巧来打造主播人设。需注意以下几点。

（1）明确自己的定位。明确自己的优势和特点，是擅长游戏直播、才艺直播、美食直播还是其他类型直播，选择符合自己风格的人设。

（2）注重形象塑造。主播需要注重自己的形象塑造，包括穿着、打扮、发型等，要和人设风格符合。

（3）体现独特价值观。人设所有呈现的东西都是价值观的体现，人设的性格和世界观要鲜明、有存在感，让观众清晰地感知人设的立场。

（4）引起共鸣。人设要满足大众的某种需求，能表达粉丝心声，满足观众的精神需求，让观众产生共鸣。

（5）差异化。不要简单跟风模仿，人设可以有多重身份。

（三）IP 营销

IP 营销是目前营销领域的一个趋势，其实就是将品牌与 IP 相结合，打造更具个性化特征和价值内涵的品牌形象，从而吸引消费者的注意力，并通过持续的内容输出，加深品牌在消费者脑海中的印象，进而提升品牌的知名度及社会认可度。

↘ 二、IP 营销六类实施策略

IP 营销实施策略如下。

1. IP授权合作

将知名品牌或形象授权给其他公司或品牌使用，以提高知名度和扩大影响力，并获取合作方的收入。例如，将一部热门电影或电视剧的品牌授权给其他相关产品，如玩具、服装等。2022 年暑期上映的奇幻题材电影《外太空的莫扎特》IP 授权总共覆盖了包括毛绒、盲盒、音响、手办、游戏、饰品、乳品和数字藏品等 20 余种品类，同款毛绒玩具映前销售额超 5 000 万元，销售数量超 40 万只。

2. 跨界合作

联名款对推动品牌年轻化有着巨大的优势，借助 IP 能接触到更多层面的消费群体，提升品牌人气。可以说，联名玩得好，有着锦上添花或妙手回春的作用。比如 2022 年端午节，广东省博物馆和广州花园酒店跨界联名，推出端午礼盒（见图 3-12），礼盒自 4 月底首发上

图 3-12　广东省博物馆和广州花园酒店联名端午礼盒

线以来广受粉丝的好评。

3. 品牌植入

将知名品牌或形象植入电影、电视剧、综艺等媒体内容中，提高品牌曝光度和观众关注度。饮料企业东鹏特饮选取了 2023 年爆火影视剧作为植入主体，创新地首次使用"破屏品牌标板"，既新颖又与剧情贴合，影视剧良好的口碑助力东鹏特饮收获观众认可。

在植入过程中，深度洞察受众需求，寻找对应的价值观，是品牌 IP 建设的第一步。品牌通过植入打造品牌 IP，核心策略就在于输出符合消费者内在需求的价值观，并基于该价值观，选择与之契合的节目、代言人。只有对外输出内容、形象与品牌内在的价值观一致，才能实现效果最大化。

4. 线下活动

组织与知名品牌或 IP 形象相关的线下活动，吸引消费者参与并提高消费者对品牌的好感度。腾讯每年会举办文创 IP 主题线下体验活动，在承接用户情感的基础上，以线下内容再创造产生新的吸引力。

5. 社交媒体推广

建立与知名 IP 相关的社交媒体活动，与粉丝互动，分享相关的内容或故事。例如，通过举办有奖互动、推出限定表情包或举办线上活动来提高用户参与度和品牌曝光率。故宫博物院为了吸引年轻一代对优秀的历史文化资源的关注，采取了多种当下流行的传播方式。其中，表情包营销是最受欢迎的营销手段之一，严肃的历史人物和文物们化身为表情包，有效推动了故宫淘宝的销售，并吸引了许多年轻人成为故宫的粉丝。故宫淘宝表情包如图 3-13 所示。

图 3-13 故宫淘宝表情包

6. 创意营销活动

创意营销活动指通过创意和独特的市场活动，吸引目标受众的注意力，并将品牌或形象与活动进行有机结合，增强用户对品牌的印象。

无论采取何种方式，IP 营销的核心是通过利用知识产权的权威性、独特性和受众吸引力，为产品或服务创造差异和附加值，提高品牌认知度和市场竞争力。

任务五　互动营销

↘ 一、互动营销的基本理论

互联网时代有越来越多的渠道让用户不再是被动接受广告和盲目消费的人，相反他们在积极地影响着品牌的舆论与发展。当消费者从幕后走到台前开始发声，品牌营销就不能再停留在单向沟通的思维定式中。用户开始参与品牌互动，并在表达自己对品牌的真实感受，这一切都说明，我们已经进入了"消费互动"的营销时代。

互动营销的
基本理论

（一）互动营销的定义

菲利普·科特勒在《营销管理（第13版）》中定义互动营销就是"通过在线的一些活动或项目，促进客户及可能的客户直接或间接的交流，以增加品牌知名度、改善印象、促进产品和服务的销售"。此定义明确了互动营销中的互动性的最终目的，就是要借助用户之间交流产生的力量，来提升品牌的知名度和优化品牌形象，从而最终实现刺激消费者进行购买的目标。

互动营销一直都存在，不过不同阶段的互动营销形式不同。

传统媒介时代的本质是中心化，品牌的营销是自上而下的，即通过将"大制作"的广告投放到中心化的媒体上，进行广告轰炸，而后再通过"大渠道"策略进行地面推进，让产品占据主流的商超渠道。

在多屏生态的新媒体时代，互动营销有3个趋势。第一，门槛更低，品牌可以通过基于H5、小程序等富媒体、富交互的形式，与用户进行更深层次的沟通。第二，创意内容带来的话题效应和转化数据可回流，品牌可以复盘实际效果，不断优化创意素材和呈现形式。第三，体验更为良好，可以实现多屏生态的相互联动。如可口可乐便基于微信生态，建立了品牌元宇宙。用户可以像看展一样，以数字身份进入其中，与品牌代言人合影，或参加趣味挑战赛，并可以将相关打卡素材保存为图片形式，分享到朋友圈。

（二）互动营销的特点

（1）互动性强。互动营销主要以品牌和消费者双方互动为主，因此其引入了非常多趣味性的营销策略，包括但不限于小游戏、签到任务、抽奖盲盒等。

（2）吸引力强。互动营销需要让大众关注到活动的开展、吸引人的目光，才能算得上是成功的营销。对普通的消费者来说，有趣、对自己有用的事物往往能够吸引他们的目光。那么品牌就应该在互动设计上花费心思，让创意和趣味留住大众的目光，同时根据产品的目标消费人群的特点，来制定具有针对性的营销方案。

（3）时效性强。品牌与消费者双方都会关注时效性事件或者热点事件，因此互动营销主要利用现在的社会热点事件，全年的节日、节气时间点来推动营销。

（4）舆论性强。互动营销需要舆论，也就是说需要一个良好的口碑来引导消费者的互动行为和消费行为。有时候普通用户或者消费者的反馈能够直接或者间接地对产品产生负面的影响，但如果有意见领袖肯定这一产品，那么由此带来的正面影响往往会超过普通用户的负面影响。所以，名人效应为品牌带来的好口碑是非常高效且有用的，在互动营销中也是如此。

在网络时代，互动营销是一种低成本、高效率、形式多样的营销方式，在网络营销当中，也是最为常见的营销方式之一。

二、互动营销的操作模式及策略

（一）互动营销操作模式

1. 社交媒体互动

社交媒体互动即通过社交媒体平台与用户进行互动，如发布有趣的内容、发起互动挑战或竞赛，并鼓励用户参与和分享。如 2014 年夏天的冰桶挑战赛，就是通过发动名人参与获得了巨大的传播量：被点名的邀请者如果接受挑战，需要在网上发布浇冰水的视频内容，然后再点名 3 个人参加活动，社交媒体的互动性优势得到了充分体现。

2. 用户共创

鼓励用户生成与品牌或产品相关的内容，并与其进行互动。可以通过发起用户生成内容（UGC）比赛或邀请用户分享使用经验来促进用户参与和创作内容。

三顿半咖啡（见图 3-14）罐身不同的数字与颜色代表不同的烘焙程度，数字越大则烘焙程度越深，不同烘焙程度可以创作出不同风味的咖啡。三顿半积极鼓励用户动手制作适合自己口味的咖啡特饮，并将配方分享在社交媒体。大量的 UGC 吸引了众多用户参与喝法的共创。

图 3-14　三顿半咖啡

3. 裂变营销

裂变营销指通过设计有趣的互动游戏，如抽奖、答题等，并提供优惠券等作为奖励，吸引用户参与和互动。如新人注册成为瑞幸咖啡会员会得到一杯免费的咖啡，邀请好友再得到一杯免费的咖啡，通过不断的分享产生裂变。

4. 虚拟现实互动

其是指在品牌举办的活动中加入高科技、沉浸式互动环节，如 H5 互动、AR 互动等环节，以提升用户的参与度和体验感。

2023 年春节加多宝定制了"AR 寻宝"互动活动，用户打开快手扫一扫，将手机镜头对准加多宝罐身的繁体"宝"字，或身边任意"宝"字，将会随机触发"贴对联、压岁钱、挂灯笼、放鞭炮"四大年俗场景，此场景彩蛋更与加多宝兔年春节款"年俗罐"联动，打造新年仪式感，强化加多宝品牌符号。这一创新互动在用户一次次的寻"宝"动作下，打通了品牌与用户的沟通链路，提高了用户对加多宝的好感度。加多宝"AR 寻宝"互动如图 3-15 所示。

图 3-15　加多宝"AR 寻宝"互动

5. H5互动

H5 的形式非常多样化，有抽奖、测试、投票、画中画、一镜到底、剧情、360°全景、游戏等。与传统 H5 相比，现在的 H5 社交性、参与感、故事性更强，互动方式也更丰富，品牌可以充分利用 H5 进行互动营销。2022 年网易结合冬奥会热点，形成了结合日常生活的趣味测试题，让用户代表自己的家乡出战答题。微博话题阅读量超 2 000 万次，讨论量超 3 000 次，上线即登微博热议榜。网易 H5 冬奥会趣味测试题如图 3-16 所示。

6. 用户服务互动

其是指建立有效的用户服务渠道，及时回应用户的问题和投诉，与用户进行互动，提升品牌声誉和用户满意度。不同的品牌可以根据自身的特点和受众需求选择合适的互动营销操作模式，以提高品牌影响力和用户参与度。

图 3-16　网易 H5
冬奥会趣味测试题

（二）互动营销策略

（1）利用好热点。互动营销应该充满趣味性，紧跟热点、话题、舆论，激起大众的兴趣，以引起广泛传播。

（2）做好整体策划。要做好前期的策划、中期的落地执行、后期的统计与评估等，互动营销是贯穿整个营销活动过程的策略。

（3）跟进舆论情况。主要通过互动回帖及时反馈信息，直接或间接地靠舆论的力量进行互动营销。

（4）设计新颖创新。互动营销需要活动或话题本身具有吸引力，这就要求品牌方设计互动主题和方式时要足够新颖和创新。

品牌知名度提升与产品销量增长是互动营销的出发点，也是互动营销的落脚点。互动营销有利于提高品牌知名度和美誉度，从而达到宣传扩散、为新品预热营销的目的，最终帮助品牌增加销量和利润。

案例链接

伊利互动营销强势"破圈"

互联网时代，品牌营销从以产品为中心变成了以用户为中心，互动营销通过激励手段调动用户自发生产、深度互动，使普通用户作为重要传播单元协助品牌达成信息跨圈层渗透。伊利顺应时代变革，积极寻找对话题感兴趣的细分圈层，用他们喜欢的内容和方式与之互动。同时，伊利不断探索乳业数字化转型的更多可能，运用数字化技术和渠道，与消费者建立深度连接。

（1）首创品牌专属AR互动集市，火山引擎携手金典"破圈Z世代"

基于对追求个性、注重消费体验的"Z世代"消费群体的洞察，火山引擎将AR互动游戏与传统节日习俗相结合，助力金典打造专属抖音小程序——AR互动集市。用户可以参与会场AR游戏赢取金典年味值，用于兑换金典卡券等礼品。极具趣味性与互动性的游戏设置，顺畅稳定的操作体验及精美时尚的国潮风画面，有效调动年轻群体的注意力，成功实现了金典与"Z世代"的双向奔赴。

传播效果方面，金典项目总金额逾25亿元，定制话题播放量超过5亿次，互动率2.07%。其中，AR新年集市吸引200多万人互动，"Z世代"群体渗透率更是从原来的2.38%，提升到15%，实现了真正的精准覆盖。总体来看，此次火山引擎与金典的AR互动营销活动不仅完成了由点到面的高频传播裂变，而且探索出了一条短平快的"破圈"路径。

（2）以城市文化为创意原点，打造体育营销新范式

杭州亚运会倒计时100天之际，伊利在钱塘江畔召开了一场以"热爱，勇立潮头"为主题的发布会，正式宣布伊利成为杭州亚运会官方乳制品独家供应商。

基于人工智能生成内容（AIGC）的技术创新，伊利打造了一种很新的沉浸式互动H5，邀请用户以读诗的方式，化身伊利AIGC设计师，利用AI绘制属于自己的伊利包装。用户随机诵读页面出现的诗句，就可生成独一无二的亚运主题包装设计，还会得到一句YILI-GPT对作品的个性化评语。

H5的互动特性能够将品牌营销从对消费者的"打扰"变成了一种人人都愿意参与的"游戏"。在"AI笔下的江南style"的微博话题下，不少消费者纷纷晒出了属于自己的定制包装。以读诗这一轻量有趣的互动方式叠加H5本身易于分享裂变的社交货币属性，也让此次产品的亚运定制包装形象通过更加原生的用户体验快速进入大众视线，品牌亦能与用户建立更走心的情感互动。

（3）造多个数字化沟通触点，虚拟数字人解锁沉浸式潮玩新体验

2023年伊利携金典品牌数字代言人金婌和优酸乳品牌虚拟代言人小优亮相QTX潮玩展，在潮玩展上打造出一个潮酷的伊利数字潮玩馆。展览上金典品牌数字代言人金婌惊喜登场，与现场年轻人实时聊天交流，让虚实两个世界的人实现联动。现场的参展潮玩爱好者不仅能够体验与数字虚拟人互动的惊喜，还有机会获得伊利数字潮玩限定周边，体验新潮气氛。

　　金典品牌数字代言人金媄和优酸乳品牌虚拟代言人小优可以说真正走进了年轻人的心里，以贴近"Z世代"的新形式在潮玩展会现身互动，在展现创新、多元的品牌形象的同时，也为年轻消费者通过数字化方式与品牌直接交互提供了新的可能。

任务六　情感营销

↘ 一、情感营销的基本理论

　　正如柏拉图所说："情感就是人类本质上的弱点"。如今越来越多品牌注重情感营销，贴合时代语境的情感营销，不仅能实现品牌美誉升华，还能裂变出品牌的自然流量。

情感营销的
基本理论

（一）情感营销的定义

　　美国的巴里·费格教授是最先提出要在营销活动中融入情感的学者。营销就是与消费者建立连接、发生关系，而直观的形象和共鸣的情感是最容易打动消费者的，因此也是营销活动的力量源泉。费格提出，现代市场营销成功的关键，就是要围绕消费者建构一个满足他们感官体验与情感需求的产品模型。

　　2023年10月，由值得买科技和消费日报联合出品的《"省"与"花"的平衡木——2023消费市场年轻人兴趣消费趋势报告》显示，当下的中国年轻消费者，对功能性产品的诉求日益简单化，并已将其作为"省钱"的主要手段，但在那些承载和寄托了"情绪、价值观"的兴趣消费上，却表现出越来越强的"肯花"意愿。DT商业观察在2023年12月针对中国"90后""00后"等一批新青年消费群体进行研究，发布了《2023青年消费调研》。研究显示，如果一件商品或一项服务能够为消费者提供情绪价值，比如"酒店住得更舒服，让自己更开心"，那么年轻人一般都会乐意支付溢价。当下的年轻消费者们更加关注内在的自我，期待更专注的思考、更极致的表达、更简单的体验及更多元的世界。

　　由此可见，情感营销是把消费者个人情感差异和需求作为企业品牌营销战略的核心，借助情感包装、情感促销、情感广告、情感口碑、情感设计等策略来实现企业的经营目标。情感营销的核心在于抓住消费者的心理需求，除了产品带来的功能需求之外的情感需求。

　　如果不讨论产品增值、贬值的问题，产品的价值除了基本的功能价值之外，就是情感价值。情感价值是指消费者对某个品牌或产品所产生的情感体验和情绪感受，包括愉悦、满足、喜爱、认同等，是消费者做出购买决策的重要因素之一。

　　品牌需要情感价值的原因是，在竞争激烈的市场环境中，产品的功能和性能已经处在同质化的趋势中，这时，品牌的情感体验和情绪感受已成为消费者选择品牌的重要参考因素。情感价值可以提高品牌的辨识度和忠诚度，加深品牌与消费者之间的情感联系，提升品牌的价值和影响力。

（二）情感营销的定位与作用

情感定位的最高境界是通过对产品或服务的各要素及营销过程注入情感，把原本没有生命的东西拟人化，赋予其感性色彩，从而唤起消费者的共鸣。情感定位可以通过多方面来实现，如通过商品的命名、设计及宣传等手段体现出来。

1. 商品命名情感定位

商品命名情感定位是指根据商品的名称给消费者传递特定的情感或情绪。蕴含特定的情感或情绪的商品名称，可以让消费者在购买前就能感受到某种情感，从而进一步激发消费欲望和增强购买意愿。

品牌可以选择积极、乐观、愉悦的词语来命名商品，让消费者感受到愉快、幸福和满足等正面情感。例如，"快乐水果冰激凌""幸福洗发水"。品牌还可以通过特殊的词语或短语，给消费者传递独特的情感。红豆集团以其富有人情味、质量上乘、款式多样的红豆衬衫，在市场竞争中脱颖而出。红豆集团的崛起与其拥有一个令人倍感亲切的商品名称有关。唐代诗人王维有诗云："红豆生南国，春来发几枝，愿君多采撷，此物最相思。"正是由于"红豆"二字能勾起人们的相思之情，以红豆命名的产品一经问世，便受到不同层次的消费者的青睐：老年人把红豆衬衫看作吉祥物，海外华人看到它倍感亲切。由此可以看到商品命名中的情感魅力。

2. 商品设计情感定位

商品设计情感定位是指将商品所要传达的情感、氛围、感受等特点明确并有效地传达给消费者的过程。通过合适的设计，商品能够在视觉、听觉、触觉等方面给消费者留下深刻的印象，从而引发消费者的购买欲望。

例如，某品牌的家居用品设计以温暖、舒适为主要情感定位，选用柔软的材料、温暖的色彩和舒适的外观，给消费者带来家庭温暖的感受，使消费者愿意购买和使用该品牌的产品。

品牌需要分析目标消费者的心理特点，以确保设计的情感定位与目标消费者的情感需求相匹配，从而有效地吸引消费者并提升销售额。

美国著名的制鞋商塞浦路斯公司，在企业濒临倒闭时，聘请了一位叫弗兰克·罗里的心理学家担任总经理，成功运用了情感设计使企业起死回生。弗兰克·罗里认为，消费者买鞋不单是为了防寒和防湿，廉价与高质已不足以打开销路，为了促销，唯有使鞋子像演员一样，赋予其不同的个性，不断以鲜明的形象参加演出。于是，塞浦路斯公司便致力于设计各种富有情感色彩的鞋子，推出"男性情感型""女性情感型""优雅情感型"等各类鞋子。这种别出心裁的定位设计为该公司创造了前所未有的销售高峰。

3. 商品宣传情感定位

商品宣传情感定位是指在宣传活动中，通过情感元素的塑造，表达出商品所带给消费者的情感体验和情感价值。情感定位可以瞄准消费者的情感需求，增强消费者对商品的认同感，进而促使消费者产生购买意愿。在商品宣传中，情感定位可以有多种形式。

（1）温暖与关怀。强调商品对消费者的关怀和呵护，让消费者产生被关心的情感体验，提高消费者对商品的忠诚度。例如，保健品广告中展示家庭温馨和亲情关怀的细节。

（2）自信与成就感。展示商品使用后带来的自信和成就感，让消费者感受到自己的价值和成就，增强其对商品的认同感。例如，服装品牌七匹狼广告中展示了精心搭配的服装和成功人士在各种场合自信的形象。

（3）创新性与独特性。展示商品的创新性与独特性，让消费者有与时俱进的情感体验。每年世界各地出品的手表款式数不胜数，就连一些著名的制造商也备感推销不易。然而，20世纪80年代中期，瑞士梅花手表公司推出的"梅花情侣表"却大受欢迎。梅花手表公司认为：要想在日新月异的手表市场上赢得消费者的青睐，必须赋予商品一种新思想、新定位，让消费者对企业的宣传心悦诚服。于是，该公司选择了情侣配对的广告诉求。这种巧妙的诉求定位能引起相恋的青年男女的心理共鸣，并由此对商品一见钟情，进而在朋友圈内形成营销推广的效应。

4. 情感营销的作用

（1）情感营销能营造更好的营销环境。随着情感消费时代的到来，消费行为从理性走向感性，消费者在购物时更注重环境、气氛、美感，更追求品位，要求舒适，寻求享受，因而，致力于营造一个温馨、和谐、充满情感的营销环境对企业树立良好形象、建立良好人际关系、实现长远目标是非常重要的。

（2）情感营销能提高消费者的品牌忠诚度。情感营销以攻心为上，把消费者对企业品牌的忠诚建立在情感的基础之上，满足消费者情感上的需求，使之得到心理上的认同，从而使其对该品牌产生偏爱。

（3）情感营销是战胜竞争对手的强有力武器。情感营销通过展现出对消费者真诚、尊重、信任，处处为消费者着想的态度，从而赢得消费者的好感和信任；通过优质的服务，不断提高企业声誉，树立企业良好的形象，这样，企业在市场竞争中必然取胜。

二、情感营销的常用方式及策略

（一）利用好社交关系形成认同感

品牌进行情感营销时，常用的方式是通过捆绑消费者的社交关系，来与消费者产生交流并形成认同感。当产品被打上了与消费者息息相关的情感的标签时，产品就转变成了消费者进行情感沟通的媒介。这种营销方式通常包含以下几种社交关系。

（1）亲情。即通过亲人之间关系的描绘，将产品赋予"关爱""呵护""孝顺"等标签，以促进消费者购买。例如，唯品会在父亲节之际推出亲情广告《爸爸的求职信》，呼吁年轻人给予父亲更多关注，引发共鸣。

（2）友情。朋友是每个人生活里都不可或缺的角色，因此，友情也是品牌进行情感营销的一个热门主题。2020新年之初，OLAY发布闺蜜情主题的营销视频，通过三则故事来展现闺蜜之间的情谊，引发网友共鸣。网友们也纷纷参与讨论，分享自己与闺蜜的故事，使话题热度不断持续。

（3）爱情。关于爱情的情感营销常发生于七夕节等节日，将品牌化身为爱情的象征，使产品的使用过程变成浪漫的体验，将产品和品牌与消费者的爱情紧密关联。

此外还有师生情、同窗情、邻里情等，一切能与消费者产生关联的关系都能成为品牌打动他们的切入点，都能让产品附加上情感交流的价值。

（二）洞察消费者情感需求

与消费者产生情感交流最直接的方式就是调起消费者的情绪变化，通过营销情绪的方式让消费者找到情绪的宣泄口，这是众多品牌进行情感营销的手段之一。

例如，在日益繁重的升学压力和青春期身心变化的双重裹挟下，青少年心理健康问题已成为社会热议话题。在此情形下，巧乐兹将品牌的聚光灯移向了青少年群体，发起巧乐兹青少年心理健康公益行动"快乐兹味 笑容交换计划"，以心理疗愈为核心出发点，用更平等、更贴近青少年情感需求的沟通方式亲近他们，从一支甜甜的巧乐兹开始，帮助他们重新找回阳光灿烂的笑容。

（三）利用怀旧情愫

"不卖产品卖回忆"，人大都有怀旧的情愫，因此，对拥有足够深远历史及怀旧元素的品牌来说，"回忆"是具有优势的。例如，经典国产品牌百雀羚在 2020 年发布一则短片，通过画面呈现在时代变迁中人物衣着、表情等元素的变化，搭建起一个时代记忆的故事，引起诸多消费者的情感共鸣，平台话题持续发酵，形成了更多不同圈层人士对该品牌的认可。

（四）传递品牌的价值观

新生代的消费者是有主见的，是追求自我价值的，他们对世界与人生都有自己独到的看法与见解，并且勇于表达。当品牌的价值理念表现出对他们的观点及看法的认同时，他们更容易对品牌形成强烈偏好。例如，2021 年妇女节，珀莱雅联合《中国妇女报》发布以"性别不是边界线，偏见才是"为主题的短片，迅速火爆出圈，引发观众共鸣，为珀莱雅积累了大量的品牌好感。

（五）打造个性化定制

根据消费者的需求和偏好，提供个性化定制的产品或服务，满足消费者的情感需求，增强品牌的亲和力。

（六）设计品牌声音和形象

设计品牌的声音和形象，使其传达出特定的情感和氛围，让消费者与品牌建立情感连接。999感冒灵公司邀请设计公司 UnigonsOne 为其量身打造了一个新品牌 IP 形象"三舅"，如图 3-17 所示。"三舅"以仙人掌为原型，体现出具有超强的自愈能力的 IP 特征定位，和 999 品牌产品属性具有一定关联。以"三舅"设计出来的表情包，通过搞怪的动作和多变的神情，让 IP 形象更加生动鲜活，深受年轻消费者喜爱。

图 3-17　999 感冒灵公司
新品牌 IP 形象"三舅"

（七）利用社交媒体互动

利用社交媒体平台与消费者进行互动，回应他们的情感表达，传递品牌的情感和关怀，增强品牌与消费者的情感连接。

网易云用情感营销走近消费者

每逢营销节点，许多品牌都将情感作为主战场，用情感营销为自己加分，但如何让自己的广告做到真实感人，从而获得消费者的共鸣，而不是强行煽情，无疑成了一众品牌解决营销问题的重中之重。网易云被称为"情感营销的教科书"，它是如何进行情感营销的呢？

（1）在互动上，在社群之中寻找感情寄托的合理场所

情感营销方面，网易云一直走在前列，从自身强大的音乐功能和社交属性出发，一方面对当代人的生活现状和内心诉求有着精准洞察，另一方面发挥出自身对交互技术的执行力。

早在 2018 年，网易云音乐的"你的使用说明书"一经推出，迅速传播，占领了朋友圈的半壁江山。获得这份说明书的方式很简单，只要输入自己的名字就可以进行测试，根据对几段音乐的感觉，做出选择，最后选择性别，就可以生成一张属于自己的网易云音乐使用说明书。网易云音乐"你的使用说明书"如图 3-18 所示。

图 3-18　网易云音乐"你的使用说明书"

广告教父大卫·奥格威说过"做好用户洞察，抓住用户的关注点，让用户感知到，你接下来要说的事情是跟他有关的，甚至是关系到他的切身利益的，才会吸引用户的注意"，这也是为什么网易云音乐这个 H5 要将标题取为"你的使用说明书"，强调"你的"这两个字。

（2）在传播上，和用户建立情感对话

正如网易云音乐创始人的创建初衷——当你听到一首好歌时，满腔的感动、快乐、悲伤却无人可述。翻开每一首歌，都可以找到一条切中你、唤醒某种共通情感的评论，它用一种隐喻式的顾左右而言他的方式，完成了一次情感投射和共鸣。网易云音乐的乐评很快成为网易云音乐的特色，也成为其营销的创意原点。它被先后放在不同节点的对应场景下，让听歌人的情绪都能够得到回应、得到安放。

2017 年，一辆红白颜色的地铁驶入大众眼帘，也走进大众心中。网易云音乐将社区中高赞且带有浓郁情感的评论置于地铁内，借助封闭的空间和夜晚的场景让情绪感染加速。同年 9 月，在郑州连心里胡同，网易云音乐用 20 条乐评组成一本《爱情词典》，从暧昧、相知到婚姻，这些感人瞬间被印刻在红墙上，陪着人们找到爱情的答案。

有时即使没有文案也能打动用户。2020 年，网易云音乐就在厦门地铁 2 号线投放了没有任

何广告、乐评、文案的 24 张海报，却依然打动了许多人。此次投放的 24 张海报，均来自网易云音乐 2016 年到 2019 年在微信公众号上发布的壁纸，把画面内容与壁纸名称结合在一起，无疑格外治愈，而且其中还藏着一个小惊喜：把 24 张海报名字的第一个字连起来就是网易云想对用户说的话，"你就像一朵云，想到你我就笑得很甜，真想每天都能看见你"。这样暖心的藏头诗，获得了大批用户的喜爱。

长久以来，网易云音乐通过持续的情感输出，已经在广大用户心中成功地树立了一个暖心的品牌形象，这背后也是网易文化圈层对情感营销的精准把握。

任务七　跨界营销

↘ 一、跨界营销的基本理论

詹姆斯·韦伯·扬说"创意就是旧元素的新组合"。市场竞争日趋激烈，各行各业相互渗透融合已成常态，一个企业或一个品牌的属性逐渐难以界定。在这样的背景下，"跨界"一跃成为当下非常潮流的词汇，它代表一种新锐的生活态度与审美方式的融合。跨界合作对品牌的益处是让原本毫不相干的元素相互渗透、相互融合，从而给品牌带来一种立体感和纵深感。

跨界营销的
基本理论

1. 跨界营销的定义

跨界营销是指将两个或两个以上的品牌灵活地结合在一起，再从中找到消费者的共同之处，接着找准切入点，最后拓宽营销渠道，以创新的形式博得消费者的喜爱并激发他们购买热情的一种营销模式。跨界营销能给品牌带来的好处是通过互补的形式让原本毫不相干的元素融合到一起，从而使企业获得更多的资源和销售渠道。

2. 跨界营销的诞生原因

跨界营销一般是根据不同行业、不同产品、不同偏好的消费者之间所拥有的共性和联系，把一些原本毫不相干的元素进行融合、互相渗透，赢得目标消费者的好感，使得跨界合作的品牌能够实现双赢。会出现这样的营销模式，主要有如下 4 个方面的原因。

（1）市场竞争日益激烈，产品功效和应用范围逐步延伸。比如康王洗发产品，既是日化用品，也属于药品。

（2）市场发展背后，新型消费群体崛起。新型消费群体的消费不再只是追求功能上的基本需求，而是渴望体现一种生活方式或自身品位。

（3）随着产品同质化、市场行为模仿化日趋明显，企业在市场营销过程中，对消费群体细分更加精准化。比如除了按年龄和地域等指标划分外，又增加了生活方式、学历、用户习惯等新指标。

（4）现代市场环境下，品牌间的较量是资本决定实力。一个企业、一个品牌单打独斗的时代早已结束，跨界联合营销能够降低营销成本，拓展更大的传播群体，共享更多的市场资源。

二、跨界营销的形式和多模式渠道打通策略

1. 跨界营销形式

跨界营销发展至今已经非常成熟，进入"万物皆可跨界"的时代。毕竟，跨界营销一方面能够为双方品牌制造热点话题，打造"爆款"；另一方面还能实现病毒营销，打破品牌本身的发展局限，扩大品牌的目标客群，在市场中找到更多、更新的发展方向。以下是常见的跨界营销形式。

（1）产品跨界

产品跨界指品牌双方通过 IP 授权制作定制款产品。具体来说，大致有 3 种产品跨界形式。

一是 A 品牌自主推出非 A 品牌主营业务的产品，比如老干妈推出与某服装品牌合作的老干妈卫衣，这一跨界产品在2019 年春夏纽约时装周期间展出。

二是 A 品牌与 B 品牌跨界推出 A 品牌产品，比如 RIO联名英雄墨水推出联名鸡尾酒，故宫食品与抖音联名的宫廷月饼吉盒（见图 3-19）。

图 3-19　故宫食品与抖音联名的宫廷月饼吉盒

三是 A 品牌与 B 品牌跨界推出 B 品牌产品，比如麦当劳诞生 50 周年联合卡西欧手表推出联名款手表。

（2）内容跨界

内容跨界多是在内容营销上将 A 品牌与 B 品牌进行融合，比如 2023 年 4 月，阿里妈妈和景德镇梦幻联动，在阿里妈妈天猫大牌日推出概念大片《春瓷大赏》，借助新时代的数字技术，将巨型瓷艺与景德镇地标巧妙融合，该片上线 8 小时，全网播放量破 2 400 万次。

（3）概念跨界

概念跨界一般需要有相同的品牌理念，才能让跨界营销达到"1+1>2"的效果，比如卖便携式相机的 GoPro 和卖能量饮料的红牛走到了一起，策划了一场大胆的活动——Stratos（太空跳）。活动邀请极限运动达人费利克斯·鲍姆加特纳（Felix Baumgartner），从距离地面 24 英里（1 英里约为 1.609 千米）的太空舱内带着 GoPro 相机纵身跳下。看似毫无关系，实际上这两个品牌都拥有"冒险、无所畏惧、爱好极限挑战"的个性。因为有这种共通的价值观，再搭配上极限运动的形式，两个品牌的结合反而显得自然。

（4）体验跨界

体验跨界是基于人群特点、消费场景、文化习惯等多位一体的综合跨界，表现形式一般为话题活动或业务结合。在业务合作方面，比如沃尔玛和京东到家的合作，共同推动门店智能升级，实现了最后一公里配送；沃尔玛与腾讯小程序的合作，推出沃尔玛"扫码购"，消费者无需排队结账，直接线上支付就能拿货走人。对消费者而言，购物体验得到了极大优化。

2. 跨界营销的多模式渠道打通策略

（1）线上渠道打通。通过各类电子商务平台、社交媒体和在线广告等线上渠道，提高品牌和产品的曝光度。例如，与知名电商合作开设品牌旗舰店，或与社交媒体达人合作进行产品推广。

（2）线下渠道打通。通过与实体店、零售商或超市等合作，将产品或服务引入线下渠道。可以

通过赞助活动、合作推广等方式与其他行业或品牌进行合作。例如，服装品牌与餐饮店合作，在餐厅中设立特色展示区。

（3）媒体渠道联动。通过与媒体合作，利用其传播力量和资源，进行品牌宣传和推广。可以通过刊登广告、赞助媒体活动、与媒体合作制作专题报道等方式，实现多渠道宣传。例如，在媒体上发布专题报道，介绍品牌合作案例，并在电视、地铁站、网站等媒体平台上推广。

（4）跨界合作活动与其他行业或品牌共同举办活动，吸引目标用户。可以通过合作赛事、主题活动、节日庆典等方式，吸引用户关注并提高品牌知名度。例如，与体育赛事合作举办品牌活动，或与音乐节合作进行品牌推广。

（5）社交媒体营销。利用社交媒体平台，通过内容创作和互动营销吸引粉丝和用户。可以通过发布有趣、有用的内容，与用户进行互动，提高品牌关注度和用户参与度。例如，在社交媒体上发布有趣的合作视频、图片或话题，引发用户参与和讨论。

企业在选择跨界营销策略时，应根据具体的市场环境和产品特点，综合考虑并结合不同策略，以实现最佳效果。

案例链接

喜茶：联名营销界的佼佼者

在跨界营销如火如荼的今天，依然有品牌将跨界玩出新意。在新媒体环境下成长起来的喜茶，就通过跨不同行业、玩不同风格，让年轻人在惊喜之余，看见了更时尚、更有趣的品牌形象。

（1）喜茶与 FENDI 的联名饮品售罄

2023 年，喜茶携手意大利奢侈品牌 FENDI（芬迪）推出的"FENDI 喜悦黄"联名饮品，在社交平台引发了热议，也将"喜茶 FENDI 联名"送上微博热搜。一杯 19 元的售价，让许多网友调侃"这可能是这辈子离奢侈品最近的距离"。

喜茶过去的联名活动通常通过辐射粉丝群体来提升声量，而这次的联名活动却吸引了各界人士的关注。不仅大众消费者对联名活动感兴趣，业界的营销人员和学者也开始就奢侈品牌与饮品品牌的合作进行探讨，使得这次联名活动的热度更上一层楼。联名活动的受关注程度之高和影响力之大，甚至让红米手机市场经理借势营销，通过发微博借用联名的热度为同样是黄色的小米手机做宣传。

在此次合作活动中，关于奢侈品与饮品品牌合作的争议成了众多人关注的焦点。一些人认为奢侈品通常被视为带有光环、难以触及的商品，具备一定的稀缺性。因此，与相对较为平民化的品牌结合，有可能削弱自身的品牌形象。但更多消费者认为，对 FENDI 这个老牌奢侈品牌来说，联名有助于培养年轻的潜在消费者。

（2）喜茶与威猛先生：内服外用完美去油

2021 年喜茶搭上了家喻户晓的清洁品牌威猛先生，来了一场生动有趣的跨界营销。在联名款产品中，威猛先生的"热情黄"与联名产品的"生机绿"形成鲜明对比，让整个跨界产品充满了生态感。喜茶 × 威猛先生联名如图 3-20 所示。

这个被称为"现压现榨"的夏季饮料，原料有油柑鲜果，而威猛先生有清洁的功效，于是，喜茶充分利用联名，表达出此饮品有"去油"的效果。为了实现营销声量与流量的最大化，让整个营销在契合传播主题的基础上，能够让消费者理解品牌营销中的深意，此次跨界联合的宣传主题被定为"内服外用完美去油"，"内服"喜茶，"外用"威猛先生，给人一种清洁的效果。

在现在的年轻人看来，"油腻"是一个贬义词，喜茶的此次联名通过"去油"的方式契合年轻人的喜好，让人看见了一个清爽、有趣的喜茶。以此来看，喜茶的这波营销更像是针对当代年轻人而进行的营销。

（3）喜茶与多芬：芝芝桃桃"泡"个澡

如果说喜茶与威猛先生的合作，是抓住了年轻人讨厌"油腻"这个营销点，以便品牌能够获得更多年轻人的青睐，那喜茶与多芬的跨界合作就是品牌宠粉的方式。喜茶充分抓住了女性用户追求浪漫与梦幻的特点，将女孩子幻想的粉色泡泡浴变成了现实。

芝芝桃桃原本是喜茶的季节限定产品，产品的淡粉色与清新自然的桃子香，让该产品有着超高的人气。而喜茶将这款人气产品与多芬沐浴露进行联名，其粉嫩的颜色与产品特点相结合，给人无限的想象空间，打造出充满粉色泡泡的沐浴体验。喜茶 × 多芬联名如图 3-21 所示。

在市场瞬息万变的今天，品牌想要在激烈的市场竞争中站稳脚跟，就需要用自己的方式去不断吸引用户，而喜茶选择用跨界的方式，就是想给消费者留下一个更年轻时尚的品牌形象，这是让喜茶一直保持高流量的原因之一，也是喜茶进行跨界的根本所在。

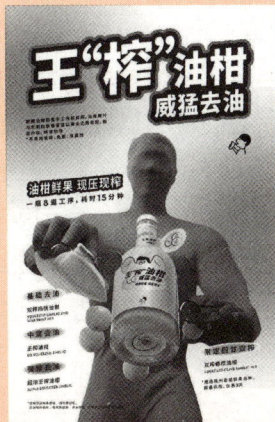

图 3-20　喜茶 × 威猛先生联名

图 3-21　喜茶 × 多芬联名

任务八　借势营销

↘ 一、借势营销的基本理论

牛顿曾说过："我之所以能够看得远一些，是因为站在巨人的肩膀上。"对品牌方而言，借势其实是利用时下热点、事件或趋势来推广产品、服务或品牌，提高品牌知名度和市场竞争力。

借势营销的基本理论

1. 借势营销的定义

借势营销，是将销售的目的隐藏于营销活动之中，将产品的推广融入一个消费者喜闻乐见的环境里，使消费者在这个环境中了解产品并接受产品的营销手段。换言之，便是通过顺势、造势、借势等方式，提高企业或产品的知名度、美誉度，树立良好的品牌形象，并最终促成产品或服务销售的营销策略。

2. 借势营销的三阶段

（1）初级借势：文案借势。只要是有重大事件发生，总有品牌会行动起来，用文案将事件与自己家的产品结合起来。但是这种蹭热点的方式过于初级，大家关注的实际上是热点本身，并没有注意到热点背后的品牌。换句话说，这样做只是在蹭热点的过程中一次次地让受众对热点更加了解，却没有让受众对品牌的认知更加清晰。最后的结果是，热点与品牌缺乏关联度，热点火了，受众对品牌什么也没有记忆。所以，不要为了蹭热点而生拉硬凑。

（2）中级借势：与产品相关联。好的借势营销不是牵强附会，而是寻找贴合自身产品特征的切入点，一击命中，迅速找到好的爆点。比如王老吉紧抓中国人过年讨彩头的传统习惯，围绕"过吉祥年，喝王老吉"持续进行春节礼赠场景教育，孕育出王老吉"吉文化"，沉淀出"姓氏罐"定制款，焕新品牌体验。除此之外，针对当代年轻人喜欢购买吉祥属性产品的行为，王老吉放大特有的传统"吉文化"，上线了高考大吉罐、学科罐（见图 3-22）、高三班吉罐、手写吉愿罐、万试大吉罐等 5 款高考系列定制罐，祝愿所有考生取得高考好兆头。

图 3-22　王老吉学科罐

（3）高级借势：借助人心的势。这个阶段已经不需要借助某种社会发生的潮流热点，它借的是一种人们心中对文化的认同之势。如吉列剃须刀在父亲节发起"与父亲一起剃须"的话题，让网友以此形式秀父爱。简单的宣传就激发了网友大量的热情，该话题迅速成为当日社交网络热点。这一话题让儿子和父亲的距离更近，也拉近了吉列与消费者的距离。

二、借势营销的操作契机与模式

1. 借热点营销

借热点营销，即以热点自带的话题属性、流量属性，让其成为"交通工具"，载着产品，以恰当的速度辐射各区域。

每年的热剧是大众注意力的汇聚点，也是品牌青睐的营销高地。2023 年由王家卫执导、茅盾文学奖获奖小说改编的电视剧《繁花》不负行业期待，赢得了相当热烈的反馈。截至 2024 年 1 月 10 日收官，《繁花》微博热搜热榜总计 2 922 个，微博主榜热搜 362 个，相关话题阅读量破 102.84 亿，豆瓣评分自开播以来更是实现四连涨，拿下 8.5 的高分。美团与大热剧《繁花》深度绑定，借剧集热度与口碑的不断攀升，以彩蛋剧情解析的形式引入创意内容，通过"团到黄河路尽头，让你省个够"的趣味文案与《繁花》强联动，精准加深用户记忆点，强化用户对产品的认知，收获大众一致好评。美团定制《繁花》彩蛋创意广告如图 3-23 所示。

图 3-23　美团定制《繁花》彩蛋创意广告

在后续的营销中，一方面，美团酒店紧追爆剧热点，不仅联合了剧中取景地和平饭店，首发了"繁花"新年礼遇，还借其热度设计必住榜榜单，以"上海"为核心，联动江浙沪区域酒店，发布了"繁花"主题的多类供给。1 月 26 日，平台推出"必住榜繁花盛景直播专场"，为用户带来更实际的营销互动。另一方面，美团外卖借助《繁花》的影视热度，创新性地打造了剧中同款小吃，通过为用户提供与剧中人"买同款，吃同款"的娱乐方式，实现了品牌与电视剧内容的深度结合，这种沉浸式的联动方式为美团外卖带来了更高的用户黏性。

2. 借节日营销

借节日营销就是利用时间点，提高产品的传播度和转化率。每当年末，总会有自媒体出来推销各种营销日历，大到传统节日，小到一位艺人的生日，都标注得仔仔细细，好让品牌方不错过每一个时机。

2022 年，中秋节与教师节"撞了个满怀"，在传统文化复兴和国风崛起的当下，伊利借助中秋节点，联合文化 IP 中国传统色和星球研究所打造了一款中秋限定礼盒，设计秉持"色彩源自传统，致敬未来中国"的理念，区别于常见的国风感中秋礼盒，整个礼盒采用圆桶的纯色设计，时尚简约，新潮大气，不仅仅是月饼礼盒，更是可以潮酷出街的时尚单品。伊利 × 中国传统色 × 星球研究所中秋限定礼盒如图 3-24 所示。

图 3-24　伊利 × 中国传统色 × 星球研究所中秋限定礼盒

借节日营销要注意以下 3 个关键因素。

（1）推陈出新。节日和热点不同，热点是随机的，重复的概率不大，但节日的时间点是固定的，比如每年都会有中秋节、父亲节，仅仅依靠文案概念海报，很难引起受众的关注，要有和往年不同的新颖之处。

（2）醉翁之意不在酒。红旗汽车发布过一则暖心视频《致奋斗路上的每一个你》，致敬那些在奋斗的路上不能与家人团聚的人。表面上，红旗汽车的视频只在片尾展现出品牌理念：红旗，让理想飞扬。但在视频过程中，故事也好，文案也好，并没有直接地体现这一点，可谓醉翁之意不在酒。

（3）有舍有得。有的品牌很贪心，营销日历上被备注的节日都要参与，但其实借节日营销的势头，宜精不宜多，宁缺毋滥。

3. 借话题营销

借话题营销有很大的随机性，通常来说，就是在曝光量大的话题下，产出自己的观点并附带自己的品牌。

自媒体的文案不论是发布在微博、今日头条还是微信公众号，都是想要借话题给品牌带来更大的流量，让受众能够关注品牌。

针对这类借势营销，要注意以下 3 点。

（1）选择合适的话题标签。有的品牌是哪个话题流量大选哪个，但这并不能给品牌带来好处，话题的垂直度和自媒体定位的垂直度一样重要。

（2）目的性不能太明显。有的品牌关于话题只写一句话，卖产品写了 9 句话，这只会被受众认为是混进来的广告。

（3）观点要鲜明。受众希望看到的是观点的碰撞，如果持中立态度，是不会有关注度的。比如某抖音账号在短视频中突出了南方人与北方人对美食的不同理解，借助差异碰撞火花和产出笑点，单条视频观看量破百万次。

4. 借对手营销

借对手营销，就是通过互相调侃、互相对抗等方式，与竞争品牌一来一往，展现自己的品牌价值，争夺受众的注意力。

可口可乐和百事可乐这两家公司自诞生以来，就在相互竞争，百事可乐的品牌总监在接受媒体采访时说过"没有比把这两个品牌放在一起更吸引眼球的了"。百事可乐的很多广告——无论是视频还是海报，都以"黑"可口可乐为趣，两者的"相爱相杀"根本停不下来。

5. 借平台营销

借平台营销，就相当于借水行舟，双方拿出各自的优势，实现某一营销事件的最大化曝光，带来最小成本下的最大参与量。比如 2018 年支付宝锦鲤活动中，支付宝提供平台及品牌背书，各大商家通过微博互动，纷纷为锦鲤提供大奖，热闹非凡，相当有看点。这次借势营销，支付宝和各大商家都达到了自己的目的，消费者也获得了好处，可谓一举多得。

6. 借用户营销

用户每一个关注品牌的动作都有可能成为一个营销点，比如观察、购买等。现在经常会有各种各样的品牌，比如喜茶、鲍师傅等，这些品牌为了推广产品，往往会营造供不应求的景象，其他诸如美团、饿了么 App 的评分举动，其实都是借用户营销的一种手段。

借用户营销，利用了 3 个效应，一是大众效应，二是口碑效应，三是虚假同感偏差。用户通常都会相信，其爱好与大多数人是一样的。如果用户喜欢某位艺人，那么就有可能高估喜欢该艺人的人数。利用好这 3 个效应，就能借好用户的势。

7. 借情绪营销

借情绪营销，也就是戳中用户的情绪，比如愉悦、好奇、惊喜等。

2023 年夏天热词之一当属"多巴胺穿搭"，该词来自时尚心理学家道恩·卡伦的《穿出最好的人生》一书，指穿着乐观的服装可以促进释放大量积极情绪的神经递质多巴胺。在"多巴胺"成为新晋网络热词后，霸王茶姬提出"多巴胺粉"的概念，推出粉色奶茶、胸针和口罩三件套，成功引爆社交媒体，微博"霸王茶姬粉了"引发 3 000 多万人关注，全网曝光量已经超过 3 亿次。

借势营销需要精心策划和对当前热点和受众的准确把握。重要的是保持创意和灵活性，及时抓住机会，将借势营销与品牌价值相结合，以获得最佳效果。同时，要注意在借势营销中遵守法律法规和商业道德，避免过度炒作给品牌带来负面影响。

🔍 案例链接

闲鱼借势杭州亚运会举办运动会

作为当下这个零散、碎片化时代里难得的现象级公共传播 IP，每年的国际体育赛事已经成为品牌营销的必争之地。一向在品牌营销上另辟蹊径的闲鱼，在杭州亚运会品牌营销的"军备"大战中，再一次不走寻常路，以年轻、有趣、生动的方式完成了一次盛大的赛事营销。

（1）另辟蹊径：让闲置物品运动起来

闲鱼成功突破亚运赛事传统体育营销壁垒，找到了平台价值与亚运精神的共通点：运动。闲鱼敏锐地洞察到，在闲鱼上每年都有很多的运动装备因为人们的"三分钟的热度"而被"打入冷宫"。而这些装备，却可能是其他人打开运动之门的一条通道。

于是，2023 年 9 月 12 日，一场别开生面的"闲置运动会"在平台上拉开序幕，每一件堆积在家的闲置物品都能重新化身成为"闲置运动员"，在"运动"中帮助用户积累运动里程，获得绿色低碳荣誉。用户可以在闲鱼站内参与"闲置运动会"，通过发布闲置物品、回收旧衣等"让闲置运动起来"的低碳行为，感受亚运会紧张激烈的比赛氛围，排名靠前的用户还能够获得亚运会比赛门票和闲鱼定制黄金奖牌等大奖。

在"闲置运动会"期间，已经有超过 4 000 万件物品被挂上闲鱼，有超过 200 万个用户在"闲置运动会"中积累了运动里程。

（2）创意传播：让绿色亚运深入人心

优质创意的扩散离不开传播的加持，闲鱼还在线上线下开展了一系列宣传和营销活动，以多维度、多渠道的传播，为此次"闲置运动会"扩大声量。

闲鱼借势上线了一支广告片。短片中，球鞋、手机、扫地机器人等闲置物品纷纷被拟人化，以运动员的身份进入"亚运赛场"，闲鱼还特意将每个闲置物品的流通所带来的具体的减碳数字显示出来，让观众更直观地感受到该活动带来的绿色减碳意义。

在线下，闲鱼借势发布了一组"失物招领"海报（见图 3-25），快速为观看的受众建立闲鱼上有大批闲置运动装备等待流通的认知：106 万辆闲置平衡车、269 万个闲置 AirPods、30 万个闲置筋膜枪、446 万辆闲置自行车等正在等待认领。号召人们上闲鱼买卖闲置物品。

图 3-25　闲鱼"失物招领"海报

在第 19 届亚运会主办城市杭州，闲鱼更是发起了一场旧衣回收活动，让回收的旧衣以环保坐垫的新面貌焕发新风采，以环保坐垫的形式来到运动员和大家身边，为杭州"加座"。活动期间，仅闲鱼用户线上提交的旧衣就已经超过了 300 吨。

不同于传统体育赛事营销的借势，闲鱼发挥其共享经济社区的平台优势为亚运会助力。以"闲置运动会"的创意，在为全民打造参与亚运会的渠道的同时，进行了品牌亚运营销的差异化发声。完成了"全民亚运""绿色亚运""特色亚运"的丰富表达，深化了平台低碳、绿色的品牌形象。

任务九　病毒营销

一、病毒营销的基本理论

病毒营销风头正盛，越来越得到企业重视，国内少数走在营销前列的企业已经尝到了病毒营销的甜头，甚至把病毒营销独立出来，为其成立战略营销部门。

1. 病毒营销的定义

病毒营销又叫病毒式营销、核爆式营销，最初由欧莱礼媒体公司 CEO 提出。病毒营销是利用公众的积极性和人际网络，让营销信息像病毒一样传播和扩散，

病毒营销的基本理论

营销信息被快速复制传向数以万计、数以百万计的用户，它能够像病毒一样快速复制、迅速传播，将信息在短时间内传向更多的用户。病毒营销常用于进行网站推广、品牌推广等。

2. 病毒营销的特征

（1）无成本的营销模式

说病毒营销是无成本的，主要指它利用了用户的参与热情，但渠道使用的推广成本是依然存在的，只不过用户受商家的信息刺激自愿参与到后续的传播过程中，原本应由商家承担的广告成本转嫁到了用户身上，因此，对商家而言，病毒营销是无成本的。

（2）几何倍数的传播速度

大众媒体发布广告的营销方式是一点对多点的辐射状传播，实际上无法确定广告信息是否真正辐射到了目标用户。病毒营销是自发、扩张性的信息推广，它并非均衡、同时、无差别地传给社会上每一个人，而是通过类似于人际传播和群体传播的渠道，将产品和品牌信息被目标受众传递给那些与他们有着某种联系的个体。例如，目标用户看到一条有趣的短视频，他的第一反应或许就是将这条短视频转发给好友、同事，这样一传十，十传百，无数个参与的用户就构成了传播的主力。

（3）高效率的接收过程

大众媒体投放广告有一些难以克服的缺陷，如信息干扰强烈、接收环境复杂、受众戒备抵触心理严重。以网剧广告为例，观看者接收广告信息是被动的，可能是由于没有充值会员或者平台强制要求观看，但是"病毒"是用户从熟悉的人那里获得或主动搜索而来的，用户在接收过程中自然会有积极的心态。而且这种一对一信息的发送极大地提高了接收者的打开率，提升了传播的效果。

（4）更新速度快

网络产品有自己独特的生命周期，一般都是来得快去得也快，病毒营销的传播过程通常是呈 S 形的，即在开始时很慢，当传播人数扩大至最终受众数量的一半时速度加快，而接近受众人数最大饱和点时又慢下来。针对病毒营销传播力的变化特点，一定要在用户对信息产生免疫力之前，将传播力转化为购买力，方可达到最佳的营销效果。

二、病毒营销的操作技巧与策略

在互联网时代，人人都是信息的接收者，人人都是信息的传播者，那么究竟应如何做病毒营销呢？如果想病毒营销产生爆发式的传播、带来好的营销效果，就得按病毒营销的 6P 法则进行策划。

病毒营销的 6P 法则是指以下 6 个方面，它们代表了在病毒营销中需要考虑和实施的关键因素。

（1）定位（Position）。定位是病毒营销的第一步，也是传播和聚粉的前提，定位不准确，营销就没有方向。定位包含竞争与触媒分析、用户定位、预期营销目标定位等内容。如健康饮品品牌主要面向年轻消费者，特别是那些注重健康、追求时尚和生活品质的人群。这种品牌可以制作一系列富有创意和趣味性的短视频，以展示产品的独特口感、健康成分和时尚包装，视频内容可以结合年轻人的生活方式和兴趣爱好，如健身、旅行、音乐等，以精准定位目标用户，引发他们的共鸣，从而实现病毒营销。

（2）关联（Parallel）。关联是传播内容本身与可利用的各种元素相结合的过程，包括借势点、传播渠道等。借势点指的是用户的兴趣爱好和生活方式与时事热点或预见热点结合。传播渠道主要是在充分考虑传播人群的前提下，所选择的人群活跃、传播速度快、便于参与等对营销效果有着关键影响的渠道。

（3）趣味（Pleasure）。趣味主要是针对传播内容而言的。在整个传播过程中，需要对内容的趣味性进行有效把控，使内容具有搞笑、惊艳、亲民等关键点。另外，有争议也可以带来用户的广泛讨论，但一般不建议将具有争议的内容作为传播内容，因为争议本身就有不确定性，它极容易给最终传递的价值带来损伤，且不利于控制。

（4）传播（Push）。传播分为有效的传播形式和传播内容两个方面。常见的传播形式是借助互联网传播，特别是借助新媒体传播。但不论选择哪种传播形式，都需要考虑用户特点及他们的触媒习惯等。病毒营销常见的传播内容是视频、趣味海报、漫画、H5等，以这些具有吸引力的内容匹配不同的传播渠道和传播人群。

（5）参与（Play）。鼓励用户参与到内容创作和传播中来。用户可以参与活动、评论、发布内容等，并与其他用户互动，使其产生参与感和归属感，提高他们传播的意愿。

（6）转化（Promote）。转化是最终营销成果的验收环节，病毒营销真正的价值其实在传播信息之外，比如冰桶挑战，它表面上展现的是接受冰水灌顶，但实际的核心价值是通过冰桶挑战事件，引起大家对一种罕见病的关注，并为公益筹集善款。转化的最终目的，是使核心价值获取美誉度、知名度、粉丝、浏览量、转发量等。

🔍 案例链接

蜜雪冰城主题曲的病毒营销

"你爱我，我爱你，蜜雪冰城甜蜜蜜……"2021年茶饮品牌蜜雪冰城推出了主题曲，该主题曲凭借着搞怪的画风、简单重复的歌词、洗脑的旋律，在多个平台冲上热搜，引发大量网友关注。

除了洗脑，这首歌还有实用价值——在部分蜜雪冰城门店里，客户只要唱出蜜雪冰城主题曲，就能获得一杯免费的柠檬水或者一个冰激凌甜筒。那么蜜雪冰城是如何进行病毒营销的呢？

（1）旋律简单，魔性标语

事实上，蜜雪冰城主题曲并非完全原创，很多网友初听旋律都倍感熟悉。这是因为它改编自美国的经典民谣。由于该民谣的作者已去世超过50年，作品的著作权保护到期，已进入公版领域，所以可使用其作品。这首歌旋律简单，节奏轻快，便于记忆；同时，它已经不知不觉在国内流行了很多年，街边的儿童摇摇车经常使用这个曲子，很多人的小学音乐课本上也有它，有着很好的群众基础。

蜜雪冰城营销负责人说："我们的团队还请专业人士对原曲进行了一些改编，去掉一些复杂的部分，让整个旋律更加简化，然后配上一句品牌标语作为歌词，在整首歌里不断重复。简单好记、朗朗上口的特点，是这首歌能火的重要基础。"

（2）话题引爆，全民安利

数据显示，截至2024年3月，蜜雪冰城官方账号发布的该主题曲在哔哩哔哩播放量高达2147万次，抖音相关话题更是坐拥约29.4亿次播放量。蜜雪冰城主题曲抖音播放量如图3-26所示。

图3-26　蜜雪冰城主题曲抖音播放量

随着蜜雪冰城主题曲越来越火，"雪王"走出中国，在意大利、法国开起了分店；"雪王"不仅时尚现代，还穿起了汉服，唱起了京剧。

各种二次创作短视频为蜜雪冰城带来源源不断的热度，而出圈的蜜雪冰城又反哺二创作品，为它们带来极大流量。

（3）售价较低，契合品牌形象

病毒营销虽然助推了蜜雪冰城的人气，但归根结底，其高人气的原因还是产品具有高性价比，在喜茶、奈雪的茶、霸王茶姬平均一杯奶茶价格达到15元时，蜜雪冰城的产品价格可谓一股清流：冰激凌甜筒2元一个，柠檬水4元一杯，大圣代7元一杯。难怪有些消费者坦言：有些品牌关心你飞得高不高、美不美，但蜜雪冰城则关心你飞得累不累、渴不渴。

大俗即大雅，蜜雪冰城这一波出圈的病毒营销，着实让品牌自己"甜蜜蜜"了一把，加上一直以来较低的价格，也给年轻人的生活带来切切实实的"甜蜜蜜"。

素养课堂

鸿星尔克：以社会责任支撑企业品牌建设

自2021年河南公益捐赠事件后，鸿星尔克便凭借公益事件、民族品牌担当、国产品牌自强、优秀企业文化等标签频频"刷屏"。通过一系列的公益捐赠活动，鸿星尔克得到的不仅是国人野性消费的支持和品牌的重焕光彩，而且得到了千万营销广告都买不来的品牌形象和品牌信誉度。

鸿星尔克的公益营销和宣传方向不仅能够弱化大众对品牌营销和广告的排斥，还能大幅提高品牌知名度和活跃度，树立优秀有担当、具备高度社会责任感的品牌形象，提高品牌美誉度和大众信任度。

营销 3.0 时代是企业从以消费者为中心转变为以人为中心、盈利能力与企业责任相平衡的阶段。当千禧一代与"Z 世代"成为消费市场的主力军，品牌文化中展示的企业社会责任甚至已经成为其核心卖点，为品牌争取更高的溢价、更忠诚的用户。如果使用得当，具有社会责任感的营销可以为企业或品牌间接地带来更多的利润，但企业社会责任营销方法论的关键，是真正地去关注消费者福利和全社会的福祉。

项目实战与提升

↘ 一、简答题

（1）请自选一个品牌分析其 IP 营销实施策略。

（2）事件营销的注意事项包括哪些？

↘ 二、实战演练

【品牌简介】

泡泡玛特是成立于 2010 年的潮流文化娱乐品牌，旨在以"创造潮流，传递美好"为品牌使命，成为全球领先的潮流文化娱乐公司。十余年来，泡泡玛特联合全球范围的潮流艺术家共同打造了一系列潮玩 IP，以丰富的 IP 产品线覆盖潮流玩具市场，推出多种产品形态，并以 IP 设计为核心打造衍生品类。

泡泡玛特希望通过不同的 IP 形象来表达年轻人多元的审美和不忘玩心的生活态度，以潮流玩具为载体，让潮流跟艺术文化能够触达多数人的生活。泡泡玛特品牌的存在能够将美好具象化，让年轻人感受到自我陪伴、愉悦心情、疗愈情绪等无形的美好价值。

【主题解析】

泡泡玛特的出现，让玩具这个产品形式不再是儿童的专属，也使得玩具这个品类拥有了新的定义——潮流玩具，而代表潮流玩具的泡泡玛特也日益成为年轻人生活中的重要部分。潮流玩具也许不能改变世界，但它们能点亮年轻人重复单一的日常生活，能带来碎片化的快乐，让年轻人看到理想中的自我，给年轻人带去抚慰及情绪疗愈价值……潮流玩具并非功能性产品，一定程度上也不是成年人生活中的必需品，所以仍有部分消费者并不能感受并理解其带来的情绪价值、情感价值。但一直以来，泡泡玛特希望通过 IP 与潮流玩具结合的方式，让非泡泡玛特粉丝的用户感受到泡泡玛特所带来的情绪价值，理解泡泡玛特"创造潮流，传递美好"的理念，并建立对泡泡玛特品牌美好、潮流、疗愈等无形价值的感知。

【任务要求】

以泡泡玛特潮流玩具的多元价值为主题，设计一个基于竞品分析、目标用户调研的营销方案，构思要体现泡泡玛特与潮流玩具的关联性、传递泡泡玛特品牌理念的营销方案，营销形式参考 IP 营销、情感营销、借势营销等。

模块四
新媒体营销工具应用

学习目标

知识目标
➢ 了解新媒体营销工具的特点
➢ 了解新媒体营销工具的模式
➢ 熟悉新媒体营销工具的运营内容
➢ 熟悉新媒体营销工具的变现方式

能力目标
➢ 能够掌握微信营销工具的营销模式
➢ 能够掌握微博营销的特点与模式
➢ 能够掌握社群营销的特点与模式

素质目标
➢ 在新媒体营销工具的应用中，做到引导正确的社会价值观、道德观、是非观
➢ 具备客户第一、质量为重、服务为上的服务精神

岗课赛证要点

岗	对接新媒体运营岗位需具备的"进行线上活动、营销专题的策划、组织、执行、跟踪、分析和总结能力"
课	对接新媒体营销工具应用需具备的"活动策划、内容推广与引流、活动发布与执行、活动监测与优化的概念、技巧和方法"
赛	对接全国职业院校技能大赛（高职组）"直播营销"赛项
证	对接新媒体技术"1+X"职业技能等级证书（中级）中的"新媒体活动运营"模块

4

引导案例

小红书营销：拆解"一整根人参水"的爆火密码

随着民众健康需求的日益提高，各行各业都刮起了养生风潮，尤其是新茶饮这种与吃高度相关的领域。2022 年，罗森的"一整根人参水"在小红书爆火，引起了网友们关于其味道、功效、吃法等问题的讨论热烈。其实在这之前，多个新茶饮品牌，如书亦烧仙草、椿风、荷田水铺、同仁堂等都推出过"人参水"，但都没有现在罗森的"一整根人参水"火。拆解一下这个小红书营销案例，其背后爆火出圈的流量密码到底是什么？

一、抓住了"轻养生"风潮

在国人的传统认知中，人参一直都是滋补养生的上好佳品，很多年轻人即便没吃过人参，但在耳濡目染下，对人参有着天然的好感。同时，现在年轻群体大多有着熬夜的生活习惯，罗森很好地抓住了目标消费者长期熬夜的生活场景，其产品正好能够满足目标消费者的养生需求。

与传统人参水不同的是，这种开盖即食的人参水更契合年轻人快节奏的生活习惯，很好地平衡了生活与养生，缓解了消费者的养生焦虑，成了很多熬夜人士的共同选择，并且亲切地称呼它为"熬夜水"。

二、充满诚意的包装

"一整根人参水"具有硬核的产品形象。透明的玻璃瓶里面只装一整根 1.3 克的人参，量化的材料和原生态的呈现方式，只需一眼就能给人留下深刻印象。

这种能够把原材料直接展示给消费者的形象，能够很好地满足熬夜人士、养生人士等多种人群的需求，而且还能在消费者心中植入"我们的产品更值得信赖"的心理暗示。

其实回顾很多爆火的小红书营销案例，不难发现这些产品都具备一定的辨识度，具备一定的社交属性。罗森的"一整根人参水"显然也在此列，很多消费者在入手这种产品后，甚至会自发地为品牌传播。正因为产品契合了目标消费者乐于晒生活、表达自我的生活方式，所以其快速出圈，甚至出现卖断货的情况。

三、口号式宣传语

"一整根人参水"的产品定价为 19.9 元，乍一看这个定价在饮品品类中是偏高的，但品牌非常高明地通过宣传口号为消费者打造出"更实惠"的消费体验。

"开盖 8 小时，可续 8 杯水"，这样的口号式的宣传语突出了产品的性价比，同时又能够彰显出产品过硬的品质，赢得消费者的信任，把价格对消费决策的影响降到最低。

1. 延续了原材料的价值

"一整根人参水"与传统的饮品还是有所区别的，因为消费者不会把水喝完，就把瓶子和人参丢了。这时品牌给消费者提供了一个绝佳的处理方案：提倡消费者"开盖之后，可续 8 杯水"，尽可能地利用了原材料的价值，还能给消费者带来物尽其用、价值满满的使用感受。

2. 提倡"上班喝 8 杯水"

同时，品牌还主张上班族一小时喝一杯人参水的生活方式，虽然没有解释为什么要这么做，但却帮助一些消费者解决了"上班喝什么"的难题（与其忍不住喝奶茶，不如试试更健康的人参水），这么做，还顺势把"开盖8小时，可续8杯水"的宣传语进一步植入消费者的印象中。

3. 提供高性价比的消费体验

"一整根人参水"的单价是19.9元，而按照"开盖8小时，可续8杯水"的宣传语，19.9元买到的就不是1瓶水，而是8瓶，这么一算下来，1瓶的价格就变成了2.5元左右，这种化整为零的方式，很巧妙地让消费者感受到产品的高性价比，降低了消费者购买时的心理门槛。

四、KOL营销助力传播

在很多小红书营销案例中，关键意见领袖（Key Opinion Leader，KOL）的力量往往不可忽视。在这个人人都是自媒体的时代，每个人都有发声的机会，而KOL的内容往往能够影响更多的粉丝。尤其是小红书作为一个UGC社区，借助达人营销来引爆话题，会形成连锁反应。

在罗森的"一整根人参水"火了之后，许多自媒体、博主都在蹭它的热点，相关的内容也纷至沓来，甚至不少素人也在分享使用体验，这无疑能为新兴的品牌带来超高的关注度，甚至转化为销量。KOL营销其实和口碑营销的传播原理一样，找到有一定影响力的人来体验产品，从而吸引一波又一波消费者对其产生好奇并进行尝试，并不断辐射扩散到更多人。

【启发与思考】

（1）小红书这一新媒体营销工具的特点有哪些？

（2）"一整根人参水"利用小红书营销获得成功的奥秘在哪里？

任务一 微信营销

↘ 一、微信营销的特点与模式

微信营销是网络经济时代企业或个人营销模式的一种，是伴随着微信的诞生而兴起的一种网络营销方式。微信不存在距离的限制，用户注册微信后，可与周围同样注册的人形成一种联系，用户订阅自己所需的信息，商家通过提供用户需要的信息，推广自己的产品，从而实现点对点的营销。

微信营销的
特点与模式

微信营销主要是针对移动客户端进行的区域定位营销，商家通过微信公众平台，结合微信会员管理系统展示商家微官网、微会员、微推送、微支付、微活动，形成线上线下微信互动营销方式。

（一）微信营销的特点

1. 点对点精准营销

微信拥有庞大的用户群，借助移动终端、天然的社交属性和定位精准等优势，推送信息让每个用户都有机会接收到此信息，继而帮助商家实现点对点精准营销。

2. 形式灵活多样

① 个性签名：商家可以利用"个性签名"这个免费的广告位为自己做宣传，使附近的微信用户看到商家的信息。

② 二维码：用户可以通过扫描二维码来添加朋友、关注商家账号；商家则可以设定自己品牌的二维码，用折扣等优惠来吸引用户关注，开拓O2O（Online To Offline）的营销模式。

③ 开放平台：通过微信开放平台，商家可以接入第三方应用，使用户可以方便地在会话中调用第三方应用进行内容选择与分享。

④ 公众平台：在微信公众平台上，每个人都可以用一个 QQ 号码，打造自己的微信公众号，并在微信公众平台上实现和特定群体的文字、图片、语音的全方位沟通和互动。

3．强关系的机遇

微信的点对点产品形态注定了其能够通过互动的形式将普通关系发展成强关系，从而产生更大的价值。微信通过互动的形式与用户建立联系，互动就是聊天，可以解答疑惑、讲故事等，用一切形式让商家与用户形成朋友的关系。

（二）微信营销的模式

1．草根广告式——查看附近的人

① 产品描述：微信中基于位置服务的功能插件"附近的人"可以使更多陌生人看到这种强制性广告。

② 功能模式：商家点击"附近的人"后，可以根据自己的地理位置查找到周围的微信用户。因商家的个人签名可被附近用户看到，所以商家可以利用个人签名为自己的产品打广告。

③ 营销方式：商家在人流旺盛的地方后台24小时运行微信，如果"附近的人"使用者足够多，广告效果也会随着微信用户数量的上升而增强，将个人签名栏变成移动的"黄金广告位"。

2．O2O折扣式——扫一扫

① 产品描述：二维码商业用途越来越多，微信也顺应潮流结合O2O开展商业活动。

② 功能模式：用户通过扫一扫可以获得折扣等商家优惠抑或一些新闻资讯。

③ 营销方式：移动应用中加入二维码这种O2O方式早已普及开来。在拥有上亿用户且活跃度足够高的微信中使用这种方式展开商业活动，是一种常用的营销方式。

3．互动营销式——微信公众平台

对大众化媒体、艺人及企业而言，如果说微信开放平台＋朋友圈的社交分享功能的开放使得微信成为一种移动互联网上不可忽视的营销渠道，那么微信公众平台的上线，则使这种营销渠道更加细化和直接。

4．微信开店

这里的微信开店（微信商城）并非微信"精选商品"频道升级后的腾讯自营平台，而是由商家申请获得微信支付权限并开设微信店铺的平台。截至2013年底，微信公众号要申请开通微信支付权限需要具备两个条件：第一微信公众号必须是服务号；第二需要申请微信认证，以获得微信高级接口权限。商家申请开通了微信支付权限后，才能进一步利用微信的开放资源搭建微信店铺。

微信开店运营方式包括：

① 大小号助推加粉

很多商家在尝试做微信营销的时候都是采用小号，大小号助推加粉是商家修改个人签名为广告语，然后再寻找附近的人进行推广的方式。通过这种新兴的营销方式，商家完全可以借用微信打造自己的品牌和客户关系管理（CRM）。建议采用注册公众号，在粉丝数达到 500 之后申请认证的方式进行营销，这样更有利于商家品牌的建设，也方便商家推送信息和解答消费者的疑问，更重要的是可以借此免费搭建一个订单平台。小号则可以通过主动寻找附近的用户来推送大号的引粉信息，以此将粉丝导入大号中进行统一管理。

② 打造品牌微信公众号

注册微信公众号时首先得有一个微信账号，然后登录微信公众平台网站注册即可。申请了公众号之后在设置页面对公众号的头像进行更换，可更换为店铺的招牌或者标志，大小以不变形可正常辨认为准。此外，商家可在账号详情处填写店铺的相关介绍。自动回复设置的添加分为关键词回复、收到消息回复、被关注回复 3 种，商家可以根据自身的需要进行添加。同时，商家需要对每天群发的信息做一个安排表，准备好文字素材和图片素材。比如对于餐饮类商家，一般推送的信息可以是最新的菜式推荐、饮食文化、优惠打折方面的内容。可以针对新老用户推送不同的信息以实现对粉丝的分类管理，同时也方便回复新老用户的提问。一旦这种人性化的贴心服务受到用户的欢迎，触发用户使用微信分享自己的就餐体验进而形成口碑效应，对提升商家品牌的知名度和美誉度效果极佳。

③ 实体店同步营销

实体店是充分发挥微信营销优势的重要场地。在菜单的设计中添加二维码并采用会员制或者给予优惠的方式，鼓励到店消费的用户使用手机扫描。可以为公众号增加精准的粉丝，也可以积累一大批实际消费群体，对后期微信营销的顺利开展至关重要。实体店能够使用到的宣传推广材料都可以附上二维码，也可以独立制作 X 展架、海报、传单等材料进行宣传。

④ 签到打折活动举例

微信营销比较常用的就是以活动的方式吸引目标用户参与，从而达到预期的推广目的。如何根据自身情况策划一场成功的活动，前提在于商家愿不愿意为此投入一定的经费。当然，餐饮类商家借助线下实体店的平台优势开展活动，所需的广告耗材成本和人力成本相对来说并不是不可接受的程度，相反有了缜密的计划和预算之后完全可以以小成本打造一场效果显著的活动。以签到打折活动为例，商家只需制作附有二维码和微信号的宣传海报和 X 展架，配置专门的营销人员现场指导到店消费的用户使用手机扫描二维码。消费者扫描二维码并关注商家公众号即可收到一条确认信息，在此之前商家需要提前设置好被关注的自动回复，即"凭借信息在结账时可享受优惠"。为防止用户消费之后就取消关注的情况出现，商家还可以在第一条确认信息中说明后续的优惠活动，使得用户能够持续关注并且经常光顾。

二、微信营销的内容策划

（一）竞争对手分析

要把有价值的信息写出来，首先写对竞争对手的分析，其次写竞争对手是如何用微信公众号来提供服务或推广产品的。

（二）微信给商家带来的价值

首先，分析目前哪些业务或产品可以放在微信上提供服务或者进行营销推广；其次，在对比竞争对手的微信公众号后，建议商家使用服务号或订阅号时，加入前期运作的数据分析；最后，写上微信营销可以带来什么好处，例如，使用业务更便利、能更好地维护客户、提升业绩等。

（三）活动情况

这里可以把之前结合微信做的活动效果、报名人数、用户转化等信息列出来，然后分析哪里做得好、哪里需要改进、商家以后如何结合微信来做活动等。注意这里的内容是重点，特别是大商家，要写得详细些。

（四）用户最关心什么

通过跟用户交流，总结一些用户关心的话题，例如，用户期望的产品功能、服务环节哪里不完善，用户投诉最多的问题，有哪些地方可以改进等。这是微信给商家带来的另一种价值。

（五）微信公众号运营计划

把微信公众号的内部栏目设计、运营方式、营销方式都写出来，例如每天发什么内容文章，自定义菜单有哪些栏目，对应栏目有什么内容、有什么作用，微信公众号如何推广，活动如何做，等等。最好写出近期会做的几个活动计划，可以做个费用列表，注明哪些是重要的费用、哪些是非重要的费用。

（六）工作分配

列出团队里面每个人负责的工作、每日工作的内容有哪些，以及绩效考核等内容。如果微信公众号只有一位运营人员，也需要写，要把更新、客服、推广的工作写清楚。

（七）微信公众号发展计划

预估未来该微信公众号的粉丝增长量、预估该微信账号对业务和产品的帮助有多少等，并以3个月为间隔，说明公众号会发展到什么程度。

三、微信营销的变现方式

（一）通过 B2C（商家对用户）类广告变现

企业微信通过流量主广告实现微信的变现。达到条件并且申请通过，即可开通流量主，以广告的形式嵌在每个群发消息的底部，按月获取广告收入。原创号的每次点击收益会远远高于非原创号的收益，这是大多数微信公众号的基础变现方式，不需要太多的技巧，增加粉丝数量就能实现一定的广告收入。

（二）通过卖实物产品变现

通过微信文章内的二维码、链接等来卖产品，实现微信变现。

（三）通过卖培训产品变现

通过微信销售一些培训类的特殊产品，如 PPT 培训、办公表格培训等。

（四）通过软文或 B2B（商家对商家）类广告变现

通过写一些文章，或者通过运营本地生活服务类的微信公众号，聚拢大量粉丝，以软文或为广告主推送广告实现微信变现。

（五）通过 C2C（用户对用户）的方式变现

商家通过微信群、微信朋友圈卖产品，以用户对用户的销售方式实现微信变现。

（六）通过赞赏功能变现

开通赞赏功能的前提条件是：此微信公众号已经开通了原创功能，是一个原创微信公众号，且有大量黏性较强的粉丝。赞赏功能有点类似于知识产权变现和超级粉丝变现，不过完全是由粉丝自愿赞赏的，赞赏金额全部归作者所有，微信官方目前不参与分成，这是对原创作者、优质内容的鼓励和扶持。

需要注意的是，大部分商家不适合用以下两种方式实现微信变现。

（1）做"大号"。好好运营微信公众号，将其做成"大号"。要做成"大号"，需要写出较多的优质文章，以聚拢超量的粉丝，这既需要优质的文章内容，又需要进行持续不断的更新以保持粉丝的黏性。对大部分商家来说，成为原创内容的发源地是很难的，所以，这个微信变现的方式不适合大部分商家。

（2）开通广告主。只要具备一定的粉丝数量，就可以开通广告主，每月赚取几十元到上千元的广告费，虽然这样也能实现微信变现，但仍然不能抵消商家所投入的人力、物力等成本。所以，这个微信变现的方式也不适合大部分商家。

↘ 四、微信个人号营销

（一）微信朋友圈包装

多发一些互动式的文案来增加朋友圈的活跃度，刷朋友圈的时候多点赞、多评论别人的动态。点赞会让别人觉得有人在关注他，从而拉近彼此之间的距离。

（二）微信好友管理

在进行微信营销时，可以通过标签归类不同的好友，把朋友和客户分开，不至于引起别人的反感，甚至被别人拉黑。如果有较多的好友和群聊，还可以用到置顶功能，可以把最近的客户、重要的好友或群聊进行置顶，避免错过重要消息，等处理完相关工作后，再取消置顶。

（三）群发短链接

在营销的时候，需要群发一些链接，但是有很多链接都很长，手机屏幕小，长链接会影响美观。可将长链接转化为短链接后再发送。生成短链接的方法有：把链接发到微博，微博会自动生成短链接，然后复制转发；或者直接在搜索引擎搜索"短链接生成"，会有很多生成短链接的网站，在相应网站进行操作即可。

（四）用 QQ 号绑定微信

用 QQ 号绑定微信后，就可以统一推广该 QQ 号，让别人通过 QQ 号加微信，当微信加满，或换新微信时，可以将该 QQ 号与原来的微信解除绑定，重新绑定正在使用的新微信。

（五）定位显示广告语

在发朋友圈时，点击"所在位置"，再点击"搜索附近位置"，然后输入广告语，会出现"没有找到你的位置？创建新的位置：×××××（广告语）"，点击后会出现"创建位置"页面。创建好位置后，再发朋友圈时，就能在"所在位置"里找到之前设计的广告语了。

五、微信朋友圈营销

（一）微信朋友圈的自我定位

在微信朋友圈，营销者的自我定位有 4 个层次，这 4 个层次逐步提升了朋友圈的影响力和营销效果。

1. 推销员

这是一种最基本的营销关系，具有很强的销售目的性，对客户的吸引力最弱。

2. 朋友

这是建立在情感基础上，以人际关系为纽带的营销关系，容易基于情感使客户产生消费行为。

3. 行业专家

这是建立在专业知识和技能基础上的自我定位，客户基于对专业知识的渴求，进而对营销者产生仰慕、钦佩感，最终产生信任而产生购买行为。

4. 生活智者

这是营销者化推销于无形，在向客户展示以上 3 种身份之外，也展示本人丰富的生活智慧和人格魅力，使得营销者的形象趋于完美，加深了客户对其的信任，最终促使客户产生购买行为。

（二）微信朋友圈的内容定位

1. 案例型内容

使用已有客户选购、成交、购后体验的真实案例，这样事实胜于雄辩，避免了客户厌烦的长篇大论式或"打鸡血式"带有压迫感的内容。具体可以"晒出"客户的成交记录、各种反馈回复、各种照片等，作为有力的佐证材料。案例型内容如图 4-1 所示。

图 4-1 案例型内容

2. 专业型内容

这种内容即为常说的"干货"，包括专业知识、专业能力、专业方法、前沿知识、发展趋势、利弊分析、真假辨认等。客户往往不是产品和专业方面的专家，而避免上当的警惕心理又使其对专业型内容的需求度较高，因而这些专业型内容提升了客户的认知，使其学到了知识、增强了识别能力。专业型内容如图 4-2 所示。

图 4-2　专业型内容

（三）微信朋友圈的互动设计

1. 点赞公布答案

点赞公布答案会激发客户的好奇心和探秘心理，如图 4-3 所示。

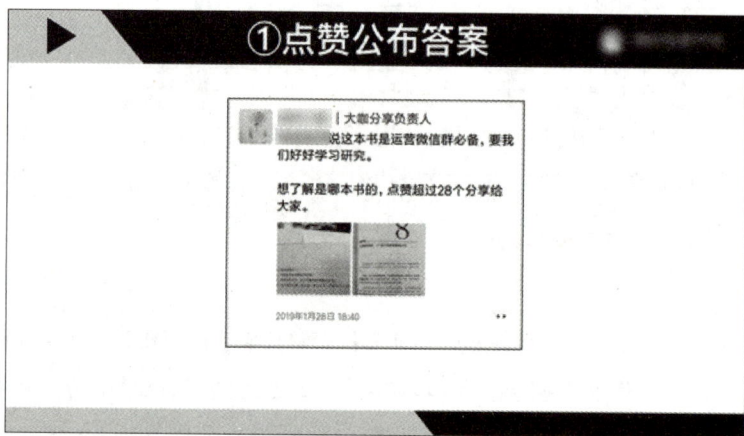

图 4-3　点赞公布答案

2. 猜中答案有奖

猜中答案有奖进一步激发了客户的获益心理，如图 4-4 所示。

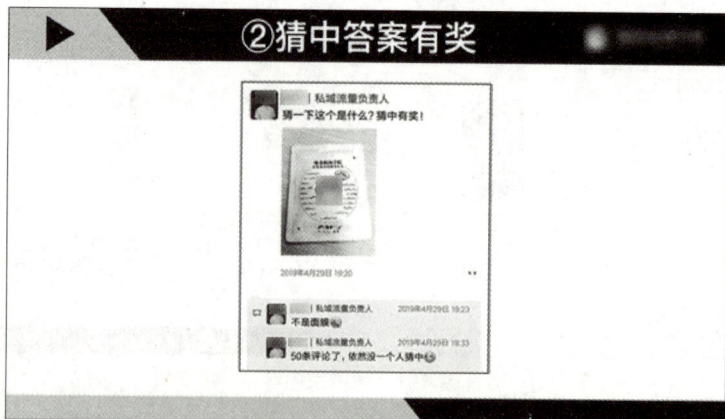

图 4-4　猜中答案有奖

3. 日常问题求助

日常问题求助中所求助的问题往往是一些咨询类问题，以及简单的日常生活技巧类问题，难度不大，所以很多人愿意伸出援手解答问题，这同时也满足了客户的自尊心理和帮助别人的成就感，如图4-5所示。

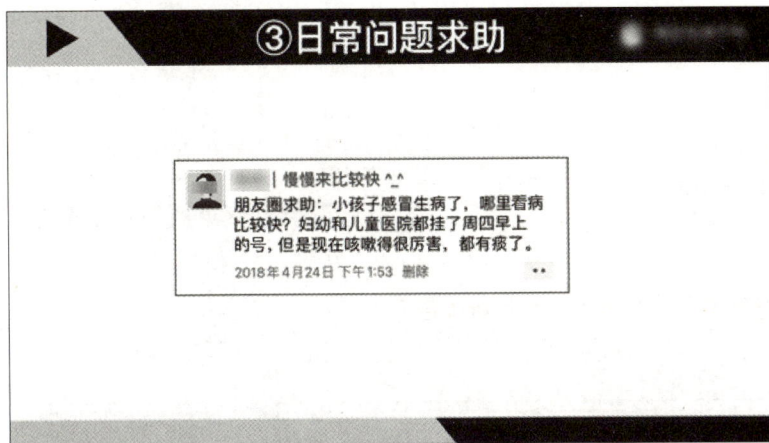

图4-5　日常问题求助

4. 有趣生活"段子"

这些"段子"多是来自营销者自己的生活，比如生活糗事等，让客户感到幽默滑稽，使其获得片刻的轻松愉悦。有趣生活"段子"如图4-6所示。

图4-6　有趣生活"段子"

（四）微信朋友圈营销实操

首先，在微信朋友圈发布时间方面，一般在 7:30—9:00、11:30—13:00、16:30—18:00、20:00—23:00 较为合适。其次，可进一步采用剧本法开展微信营销。

1. 朋友圈剧本1：（第1天）开展调查

根据客户的某种需求开展调查，如图4-7所示。

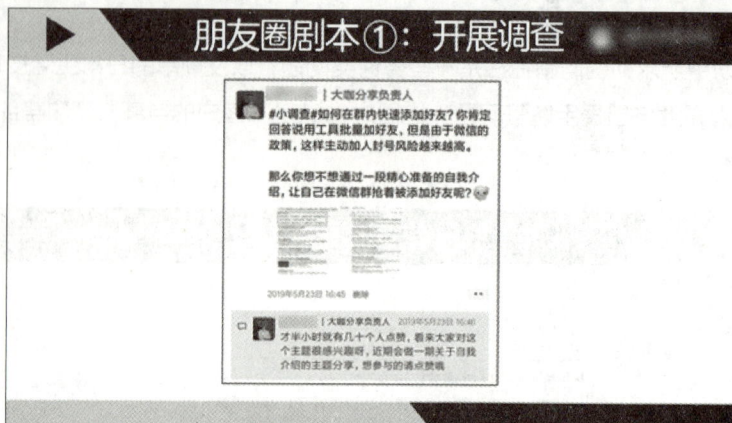

图 4-7　开展调查

2. 朋友圈剧本2：（第2天）上新预告

基于客户的回答，针对较为突出的需求，进行上新预告，如图 4-8 所示。

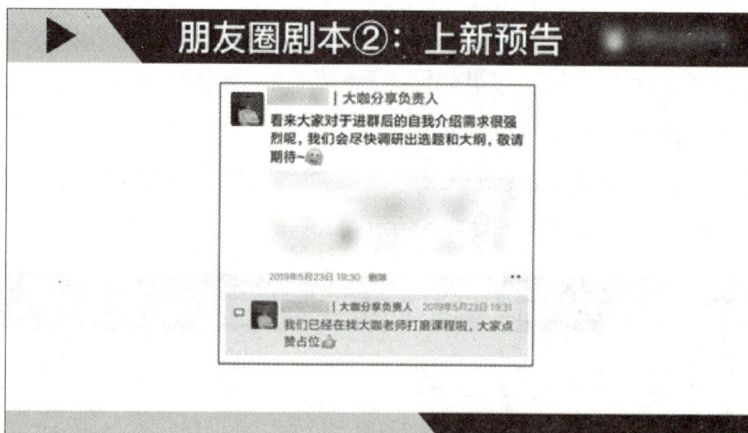

图 4-8　上新预告

3. 朋友圈剧本3：（第3天）产品剧透

在激发客户好奇心和购买欲望的同时，对产品的部分特点和优势进行产品剧透，如图 4-9 所示。

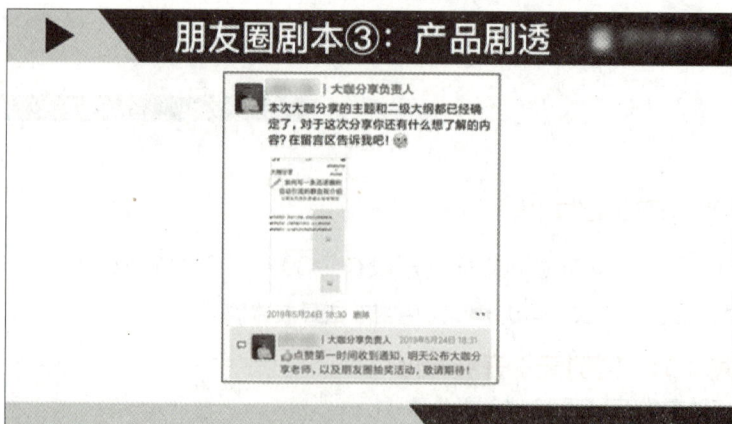

图 4-9　产品剧透

4．朋友圈剧本4：（第4天）开展抽奖活动并公布抽奖结果

通过抽奖活动进一步激发客户对本次营销活动以及产品的兴趣。

通过公布抽奖结果，将营销互动推向高潮，进一步增强客户对本次营销活动的信任，如图4-10所示。

图4-10　公布抽奖结果

5．朋友圈剧本5：（第5天）上架产品

通过前4步的铺垫，客户对产品有了一定的了解，客户的情绪也走向了高潮，此时及时上架产品，不会产生违和感，如图4-11所示。

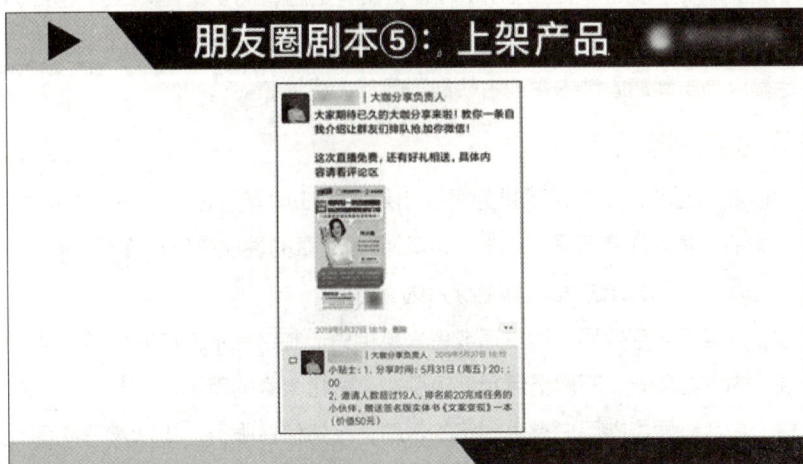

图4-11　上架产品

6．朋友圈剧本6：（第6天）发布产品

发布产品，同时启动朋友圈的提醒功能，提醒曾经点赞和评论的客户关注和浏览发布的产品，如图4-12所示。

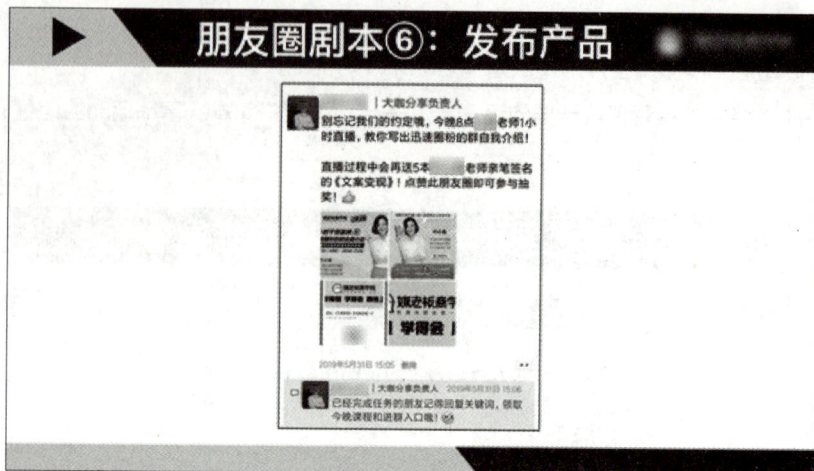

图 4-12 发布产品

↘ 六、微信公众号营销

（一）做好内容定位

首先，需要对微信公众号进行认证。认证的微信公众号有搜索中文的特权，微信公众号认证的门槛相对较低，绑定个人或者商家的认证微信即可。认证后就可以直接在微信的添加好友功能中通过中文搜索查找到，而且还支持模糊查找，只要输入关键词就可以搜索到本商家的微信公众号。

其次，微信公众号吸引粉丝的关键是"内容为王"。必须精耕细作，无价值的内容、纯粹的广告推送，往往会引起用户的反感。内容的形成，建立在满足用户需求的基础上，包括休闲娱乐需求、生活服务类的应用需求、解决用户问题的实用需求等。商家推送的信息应高度尊重订阅用户的意愿。推送的内容一定是以高质量的原创内容或者转载率高的内容为主。

（二）做好内容筛选

制定范围和标准。通常，发布文章是为了吸引用户的注意以增强用户的黏性和适当体现微信公众号的价值。不同的文章可以有不同的特性，可以根据文章的性质来筛选合适的内容。就微信公众号的内容而言，可以从下列 8 个方面对其进行筛选。

（1）关联性：内容要与定位用户的生活或者兴趣相关，并结合平台内容定位撰写。

（2）趣味性：内容要创新，不庸俗且足够吸引人，符合大家的审美。

（3）实用性：内容需要能向用户提供一定的帮助，比如信息服务、生活常识或者折扣信息等。

（4）独特性：需要根据自己的微信公众号特点打造有个性的内容，向用户展示微信公众号的价值。

（5）多元性：内容的形式需要多元化，可以用图片、视频或者语音等形式发布。

（6）一致性：内容需要连贯一致，尽量用单条图文完整表达想要传递的信息。

（7）互动性：经常和用户沟通交流可以形成长久的用户黏性，哪怕是一句简单的问候或者寒暄。

（8）热点话题：了解当前的热门话题，拥有一定粉丝量的平台可以利用热点话题带动用户主动分享个人观点。

↘ 七、微信视频号营销

在抖音和快手这两个有影响力的短视频平台存在的背景下，要有目的、有针对性地运营微信视频号，且要定位明确。具体而言，做微信视频号应当从以下几点做起。

（一）做好定位

当下，不管是自媒体平台还是视频平台，不管准备定位哪个领域，都有一个要求：在力所能及的范围垂直定位。如果从平台的角度出发，目前微信视频号还是处于启动阶段，定位选项范围比较广泛，选择比较多，简单的定位有音乐 MV、情感语录、影视剪辑、书单等，或者以当下比较主流的个人 IP、美食制作分享、教学教程分享、干货知识分享为定位，或者根据自己的特长、爱好、兴趣点来定位（只要能持续输出内容即可）。

（二）视频启动推广

从创作者角度出发，视频在制作好后可以分享到朋友圈、社群等，让好友帮忙点赞、评论、转发，达到流量冷启动。

如果经常在几十个社群活跃，微信好友有 5 000 人，那么初始流量还能差吗？这不是互赞带来的流量，纯属自然流量。如果有自己的私域流量池和社群，那么用户也就相对精准，分享出去的内容也是用户感兴趣的内容。

初期的启动流量解决完毕，接下来就靠内容自然推荐，如果内容优质，那么最后效果不会很差。一句话总结，微信视频号在传播过程中要结合"社交启动流量＋优质内容"。

（三）内容制作

内容制作要根据定位操作，主要是 3 个领域：文案＋剪辑＋拍摄。文案方面主要是看做哪个领域，如果做干货分享型，那就需要自己知识过硬，并且总结到位、善于表达；如果做音乐 MV 或者影视号，可以原创，也可以先借鉴其他人的内容，再去找素材。

剪辑方面主要是结合工具，目前，用得很多的手机剪辑 App 是剪映和快影；PC 端的工具是 Premiere Pro 和 After Effects，上手快、可直接操作。

拍摄方面，有居中构图、三分法构图、三角形构图、黄金分割构图、景别层次（前景、中景、远景）构图等构图方式。技巧主要有 3 点：与被拍摄主体平行或垂直、让被拍摄主体完全居中、保持水平线水平。

拍摄时的景别可分为以下几类。

（1）特写：只展示局部，其他都虚化掉或不显示，如果拍人，只拍局部。

（2）近景：较近的取景，如果拍人，只拍肩膀以上。

（3）中景：适中的取景，如果拍人，拍上半身。

（4）远景：较远的取景，如果拍人，拍全身。

（5）广角：较大视角范围的取景，边缘的物体会变形。

（6）鱼眼：超广角，物体变形非常严重。

任务二　微博营销

↘ 一、微博营销的特点与模式

（一）微博营销的特点

1. 传播——开放性

微博信息支持各种媒介传播，包括手机、计算机与其他传统媒介。利用名人效应能够使事件的传播量呈几何级放大。一条微博在触发微博引爆点后，短时间内其互动性转发就可以抵达"微博世界"的每一个角落，达到短时间内最多的观看人数。

几乎什么话题都可以在微博上探讨，而且没有什么拘束，微博就是要将平台最大化地开放给用户。

2. 互动——针对性

微博信息发布者可以在手机上发布信息，与用户即时沟通，及时获得用户反馈。微博营销是投资少、见效快的一种新型的网络营销模式，其营销方式和模式可以在短期内获得非常大的收益。

3. 操作——经济性

发布微博信息的门槛低，只需简单构思，即可利用文字、图片、视频等多种展现形式，完成一条信息的发布，操作简单、发布便捷。

与传统的大众媒体（报纸、流媒体、电视等）相比，微博的受众同样广泛，前期一次投入，后期维护成本低。

（二）微博营销的模式

1. KOL营销

各个垂类 KOL 的微博直发内容，是现在很多品牌方会选择的打通微博市场的营销方式之一，品牌方会委托媒介向 MCN 机构采买最适合品牌产品调性的微博 KOL，使 KOL 围绕该产品 / 品牌进行博文内容的输出。发布的相关内容以图文结合、视频口播为主，辅以品牌在宣推环境下提供的奖品（评论 / 转发抽奖形式），在吸引更多用户的同时维护了与原有粉丝之间的互动，粉丝基数大、黏性高的微博 KOL 自带高收益流量，用户会自发评论 / 转发 KOL 发布的内容，提升产品曝光度，形成转化。

2. 信息流广告投放

（1）超级粉丝通

信息流通过广告产品超级粉丝通精准定位博文投放人群，以多种博文内容形式呈现，适用于在微博全场景投放营销。信息流广告投放是品牌维持长期曝光及累积收益的选择，效果广告出现于博文下方植入 / 相关博文推荐等位置。

（2）垂类账号

人群触达精准，搭配 KOL 内容宣发，投放给相关垂类的账号，拓宽更多营销场景，提高博文曝光量，将信息精准传递给品牌方所需要的分类人群，有效达到提升互动量、涨粉等作用。垂类账号投放如图 4-13 所示。

正文页	评论流	普搜
内容互动页	**评论流广告**	**搜索内容广告流**
Banner高效转化	**触达高质量活跃用户**	**精准定位兴趣用户**

图 4-13　垂类账号投放

3.　微博固定广告位

微博固定广告位有开机报头（口语化则是微博开屏）、热搜页 Banner、微博热搜固定广告位。微博固定广告位具有强曝光能力，能吸引各类用户关注，产出对应的兴趣博文，达到快速出圈的目的。微博固定广告位如图 4-14 所示。

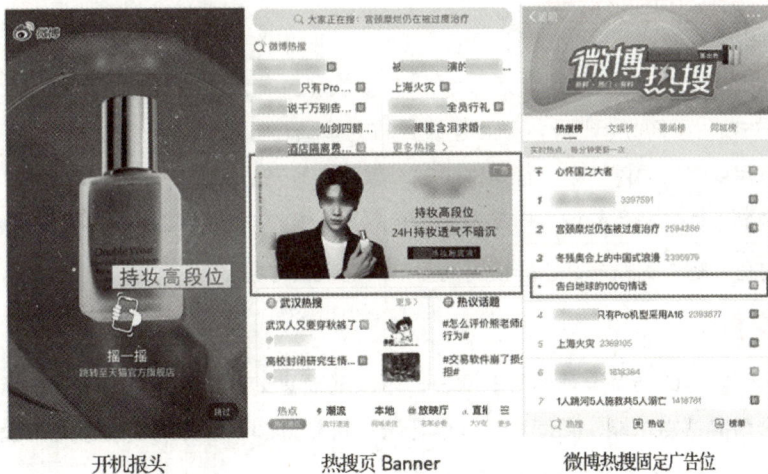

开机报头　　　　　　热搜页 Banner　　　　　微博热搜固定广告位

图 4-14　微博固定广告位

↘ 二、微博营销的内容策划

内容营销就是以文字、图片、视频、动画等介质传达企业相关的推广内容给用户，当用户接收到这类信息之后，再通过传播的渠道进行购买。以微博营销为例，其内容策划的目的是吸引用户的注意，所以在开展营销的时候就必须注重 3 个核心要素：有趣（Interesting）、利益（Interest）、个性（Individuality）。

微博营销的
内容策划

121

（一）有趣

有趣就是用足够新颖的创意来吸引用户，让用户觉得内容非常有意思。可是想要达到这样的效果就需要营销人员花费足够的时间来构造创意，毕竟创意不是生活中的实物，是需要思考的，而且创意和新意是有限的，既要保证微博发布出去的内容不会显得空洞无聊，也要避免营销信息太过于生硬导致用户的流失，所以有趣的内容是微博营销的关键。

（二）利益

利益是指微博营销发出去的广告信息是真实的，且具备一定的实用性，能够为用户乃至隐形的消费者带来实质性的帮助，策划微博内容时就需要考虑到企业可以为用户提供的信息服务、生活常识等。总之，要确保用户能够从微博中获取某种形式的利益，才能够让营销推广变得有利益可赚取。

（三）个性

个性是微博营销当中不可或缺的要素，因为现在部分营销手段非常普遍，所以企业如果想要使自己推广的内容获得大众的认可，那么就必须展现出自己的特点，这样才能够给用户一个系统且直观的感受。

微博作为网络营销平台中的一种，具备广泛的流量，成了众多企业优先选择的平台。在进行微博内容策划时，应当多站在用户的角度取材，考虑的方面应当尽可能完善，只有充分地将有趣、利益、个性3个方面的特征展示出来，才能够获得较为不错的微博推广效果。

↘ 三、微博营销的变现方式

（一）商务推广

这种变现方式适用于成熟账号，一般是领域较为垂直，或者粉丝数多、账号活跃度高的账号。商务推广的价格根据账号的粉丝和活跃度来决定，高则几万元，低则几百元。

要想接到商务推广，首先要保证账号有足够的粉丝数和阅读量，其次就是内容最好具备垂直度，能够成为领域内有影响力的账号，这样接到商务推广的机会才会多。

（二）博文打赏

对自己输出的内容的质量很有信心的博主，可以试试博文打赏这种变现方式。当发布原创文章之后，微博有个博文打赏功能，阅读者可以自行选择打赏金额。这样的变现方式不确定性较大，如果内容质量很高，可能会有很多用户愿意打赏。

（三）付费问答

微博有个付费问答功能，提问者需要支付一定的费用，对博主进行提问。这样的变现方式适用于知识型博主。知识付费现在已经是一种潮流，很多人愿意为了获取想要得到的答案而付出咨询费用。但是想要做付费问答，需要输出有价值的干货。

↘ 四、微博营销的合作推广

微博营销的合作推广可以分为3类：一是利用自己的官方账号推广，二是利用"大V"及普通账号进行矩阵式的推广，三是官方推广。

（一）利用自己的官方账号推广

（1）用有创意的图片来装饰账号顶部，以及设置背景图、昵称与头像。

（2）撰写博文内容、原创选题，定期与用户互动、回答问题等。

（3）根据用户需求，设置关注回复、自动回复等。

（4）设计节日、节气、热点、活动等的新媒体海报。

（5）不局限于形式，发布多元化的优质博文并维护博文数据。

（二）进行矩阵式的推广

（1）可以通过相关行业、资讯内的名人、百万粉丝红人号进行直发、转发，提高品牌知名度。

（2）通过普通账号进行大范围曝光，迅速扩散推广信息，引发高度关注。

（三）官方推广

顾名思义，选择自己的优质博文进行推广。除此之外，还可以洞悉热点，产出话题内容，打造话题热度；利用用户的高度活跃性提升热度，激励用户高度活跃、不断生成优质内容；持续引爆收割核心用户，不断提升话题热度，沉淀核心用户，达成传播效果；监测话题舆论，把控舆论走向。由内容引发情感共鸣，持续互动塑造良好口碑，将普通用户转化沉淀为忠实用户。

任务三　社群营销

↘ 一、社群营销的特点与模式

社群营销又称为网络社群营销，它是基于互联网等移动终端把具有共同兴趣、爱好的人聚集在一起，进行营销传播的过程。在营销过程中，通过引起关注，汇聚人群，达到最终的营销目的。

社群营销是基于圈子、人际关系、六度空间理论而产生的营销模式，它借助虚拟社群中的人际关系来进行营销。通过将有共同兴趣、爱好的人聚集在一起，将一个兴趣圈打造成为消费圈。

（一）社群营销的特点

1. 独特的社群氛围

社群就像社会，社会存在文化，圈子存在氛围，所以社群有自己独特的一种氛围，而这种氛围与成员画像、规章制度息息相关。

2. 社群可相互影响

人都存在从众的心理。在社群中，成员对品牌的赞扬和批评，可以影响其他人对品牌的看法。群主（商家）可以利用这一点，同时也需要避免不好的声音。

3. 社群可映照现实

成员之间可以相互教育，同时也可能出现冲突。其实社群是生活的一种写照，生活中以法律来保障社会稳定，社群中需要完善的制度和及时的干预，来防止不良的群内事件发生。

4．社群个体的影响会被放大

社群是一个高度内聚的广场，由于规模有限，任何特别的发声和行为都会迅速被成员看到。因此，个体的影响会被放大。由于社群的成员可能是高度流动的，所以管理者需要更加严格地把控每一个成员的质量，建立一定的入群门槛。

（二）社群营销的模式

1．社群营销模式一：社区团购

电商有淘宝、京东、拼多多等，而现在非常流行和有潜力的商业模式是社区团购。社区团购基本都是围绕熟客，实现社区的商业化。

2．社群营销模式二：游离群体

游离群体指的是在微商的路上摸索的边缘人群。很多微商都没有专业知识，没有营销概念，他们每天都在朋友圈发布各种护肤、祛痘、减肥类产品，这类人群虽然很努力，但是往往很少赚到钱，因为缺乏专业的知识体系，所以称之为游离群体。微商游离群体有实战经验（指在做微商时失败的实战经验），都渴望能赚到钱，正是因为这个原因，他们是社群营销的目标。

3．社群营销模式三：云店和场景体验

云店属于商家对用户模式，是交易平台，是社群营销赋能的平台。场景体验是一种生活的体验，可以增强用户的认知。在场景体验中，用户的感知超越一切，所以场景体验中充满着社群营销的"细胞因子"，是社群营销的模式之一。

↘ 二、社群营销的技巧与方式

（一）寻找 KOL

社群营销并不是漫无目的的，需要确定目标人群。要想确定目标人群，必须要进行拉新，也可以对新人中的一些重点用户做好跟进，这类用户一般是指 KOL，因为 KOL 具备极强的社交能力和沟通技巧，所以能够带来更好的宣传效果。如果能够把一个 KOL 服务好，就意味着可以直接或间接影响到更多的社群成员，也能够不断吸引新的成员，降低企业进行社群营销的时间成本。KOL 主要包括一些有影响力的人或者具备话语权的人，可以是"网红"或者上过电视访谈节目的人等。

（二）进行高质量的内容输出

要想做好社群营销，必须要进行相应的内容输出，使更多的用户了解到产品的相关信息。输出的内容一定要围绕着具体的营销产品展开，可以包括产品的优势、产品的使用方法及产品的功能等，这样才能够促进社群营销的活跃度，并不断增强用户的黏性，才能不断为后期的用户成单率转化打好基础。

（三）适当进行活动促销和竞品分析

不管在什么时候进行活动促销，都可以起到相应的营销效果。社群营销当然也可以使用活动促销这种方法，通过活动促销增加产品的赠品或者降低产品的价格，从而让更多的用户有购买意愿；也可以通过竞品分析的方法，对产品的使用经验进行总结，不断完善自身的服务和产品。企业可以

使用专业的舆情分析软件，对竞争对手的产品进行分析，实现自我业务能力的提升。

三、社群营销的变现方式

（一）社群产品变现

社群产品变现，是很多产品型社群热衷的一种变现方式，主要是通过分析用户的需求，设计出用户满意的产品进行变现，或者直接让用户参与社群产品的设计研发、营销推广等活动进行变现。

比如小米社群，通过让小米的粉丝参与小米内测、研发、宣传、营销的过程，增强粉丝的参与感、荣誉感、归属感，推出产品，从而实现变现。

（二）社群服务变现

社群服务变现，是通过给社群成员提供更加专属的、更加有效的价值输出而进行变现的一种方式。一般是通过收取会员费、门槛费的方式进行变现。

一旦收取会员费，社群成员对社群服务的要求会进一步增高，要求也会更加精准，所以，社群价值也会进一步拔高。同时，还能把社群中最活跃和最有归属感的成员聚集在一起，通过输出服务的方式，增强社群成员的黏性，进一步促进社群的发展。

选择专业的付费社群管理工具可以帮助运营者在社群变现的道路上取得事半功倍的效果。

把用户链接到同一个地方后，需要关注如何做好用户的留存和转化，在专业的社群管理工具出现之前，更多的是使用微信群做社群运营，微信群本身在日常的交流沟通中没有问题，但用微信群进行专业的社群运营活动就存在很多的弊端，所以推荐使用专业的社群管理工具。

（三）社群广告变现

社群广告变现，也叫流量变现，就是通过在社群内发布广告的方式实现社群变现。一般有两种社群广告变现的模式：一种是替合作方打广告，把社群当作发布广告的渠道，收取广告费；一种是代理产品，通过在社群内发布产品广告，收取佣金。

在社群内发布广告，一是要注意产品质量，要严格把控产品质量，最好进行试用；二是要注意推广频率，推广频率不能过高。

（四）社群合作变现

社群合作变现的方式常见的有：换粉互推、资源交换、合作产品。

社群汇聚了各种各样的主题群、兴趣圈、地域群，可以与当地实体店合作，帮助实体店引流拓客；共同开发、营销知识付费产品；与广告商合作，在相关社群发布广告。

在合作时，要搞好和合作社群之间的关系，一方面，要考虑社群能给对方带来的实际效果，不要盲目夸大效果，坏了名声；另一方面，在合作之前就要敲定好推广、分成的相关协议，尽量避免合作后产生分歧。

（五）社群协同变现

社群协同变现，主要是通过协调社群中的有效资源，并加以整合利用，最终实现变现。

协同变现的基础是强运营，需要社群运营者有能力挖掘、沟通、协调社群中的有效资源。此种变现方式对社群和成员的要求较高，毕竟这相当于对社群资源进行一次全方位的整合。

例如基于商业而建立的社群，在社群成员进行商业合作时，运营者可以充当中介的角色，将两者有效连接起来，再通过收取中介费的方式变现。

任务四　短视频营销

一、短视频营销的特点与模式

（一）短视频营销的特点

1. 病毒式的传播速度，难以复制的原创优势

从当前热门的快手、抖音等短视频平台可以看出，与传统营销模式相比，短视频营销病毒式的传播速度，将互联网的优势发挥得淋漓尽致。重要的是，短视频"短"的特点，在快节奏的生活方式下，尤其受到用户青睐。不管是美拍、梨视频、快手还是抖音，只要内容足够精彩，就能在很大程度上引起大量用户的转发，达到大面积传播的效果。

不仅如此，各类短视频平台还积极地和微博、今日头条这样具有超大用户基础的自媒体平台进行合作，强强联合，吸引更多的流量，进一步推动了短视频传播，达到较强的营销效果。除此之外，区别于图片、文章等容易被复制粘贴的缺点，短视频可以添加水印、原创作者联系方式等，能够保护原创内容创作者的利益。

2. 低成本简单营销

较之于传统广告营销的大量人力、物力、精力的投入，短视频营销入驻门槛更低，成本也相对较低。这是短视频营销的优势之一。

短视频内容创作者，可以是企业，也可以是个人。其内容制作、用户自发传播及粉丝维护的成本相对较低。但是，制作短视频一定要具备良好的内容创意、坚持输出原创的决心，才能打造出优质短视频，吸引用户关注。

3. 数据效果可视化

短视频营销与传统营销相比，一个明显特点就是可以对视频的传播范围及效果进行数据分析，包括有多少人关注、视频有多少人浏览、转载多少次、评论多少条、多少人互动等。不管是哪一类短视频，创作者都能直观地看到播放量、评论量等数据。

可以通过分析对标账号、行业竞争对手等的数据，掌握行业风向，及时调整并优化短视频内容，从而达到更好的营销效果。

4. 可持续发展

当天看到的短视频可能是很早之前发布的，这是因为，该短视频持续受到用户关注和喜欢，系统会持续性地将短视频推送给更多的人，使该短视频一直存活在用户的视线里。它不受外力投入（例如电视广告持续展现需要的资金投入）多少的影响，只要用户喜欢，就有可能一直传播。

除此之外，有数据显示，大部分视频网站和应用的搜索权重比较高，发布的短视频会快速被搜索引擎收录。

5. 高互动性

短视频营销很好地利用了高互动性这一特点，几乎所有的短视频都可以进行单向、双向甚至多向的互动交流，这种优势在于可以迅速获得用户反馈并有针对性地进行调整。

6. 指向明确，用户精准

做短视频运营前，需要进行账号定位。根据账号的垂直定位制作相关视频，针对垂直领域的目标用户制作视频，指向明确。

（二）短视频营销的模式

1. "网红"广告植入式营销

这种营销模式主要是借助"网红"的粉丝来进行推广，因为大多数非公众人物的流量实际上并不大，只有艺人和一些"网红"的流量相对比较大，粉丝也比较多，那么这些"网红"只要发布几个视频口播、贴片广告，就可以引起粉丝的传播，也能够吸引用户进行消费，达到企业做短视频营销的目的。

2. 场景沉浸体验式营销

很多用户都比较关注产品的特性，所以有的广告主就比较喜欢通过产品的特性去塑造特定的场景，去提升产品的趣味体验，激发用户的购买欲。实际上这种方式是让用户可以提前感受产品所带来的好处，让其认识到产品的优势，然后实现产品重要特性的趣味传递。

3. 情感共鸣定制式营销

这种方式主要是借助社会热点来进行传播，但这种传播不是简简单单的短视频宣传，而是借助短视频引发用户情感共鸣与反思，多角度、深层次向大众传递企业价值观，提高大众对企业的认同感。特别是对亲情话题的渲染往往需要比较到位，例如，在父亲节时，很多行业都借助父亲节这个题材去策划短视频营销的内容，突破了惯用的营销卖货思维，将情感和价值融入短视频，这样既符合当下年轻人的情感所需，也实现了企业的营销目的。

二、短视频营销的内容形式

（一）剧情植入类营销

剧情植入，是 KOL 依托相对固定的场景，利用生活中常见的情节及道具，根据自身风格及品牌诉求进行剧情编创及场景化演绎，通过创作与用户息息相关的剧情，引发用户对短剧的关注，加深用户对产品的理解，触达消费终端。情景短剧的故事性较强，是让"故事高潮"变"流量高潮"的一种营销玩法，其主要包括搞笑剧情类、情感剧情类等短剧形式。

短视频营销的
内容形式

搞笑剧情类是娱乐化属性特别明显的一种短剧植入形式。通过"抖包袱""放大尴尬"等手法设置剧情，用搞笑的风格呈现并植入产品信息，轻松做到和品牌的无缝衔接，加速用户种草品牌产品。这种内容营销的传播形式能够覆盖到更广泛的用户，且用户接受度比较高。

情感剧情类是值得信任的一种短剧植入形式，KOL 通过"情理之中，意料之外"等手法设置剧情，以情动人，以亲情、爱情、友情等情感视角创作短剧植入品牌产品，塑造品牌良好形象。这种短剧形式更易传递情感，可快速引发用户产生情感共鸣。

（二）种草类营销

种草类营销是指在同一个视频内，博主介绍一款或一类产品，通过借助不同形式的种草方式对产品进行好评及重点推荐，以激起用户的购买欲，刺激用户下单转化的一种短视频内容营销方式，其主要包括试用种草、测评种草、开箱种草、清单种草等。

1. 试用种草

试用种草是一种高效的种草方式，指的是 KOL 试用产品，通过分享产品的使用体验、产品性能等引导用户购买的一种种草方式。试用种草是基于 KOL 的消费体验和产品试用感受的种草营销，KOL 直接描述产品试用的真实效果，其可信任度更高，且这种植入方式更自然、转化力强且产品信息能够得到全面传递。

2. 测评种草

测评种草是一种客观的种草方式，KOL 通过借助一定理论依据，针对产品性能、外观、功效、成分等进行测试，并根据真实测试结果进行深度点评。这种站在测评的角度来推荐产品，以测评体验让用户感受到产品的使用效果的方式，相对而言更客观，能直接凸显产品优势、更有力地促进转化。

3. 开箱种草

开箱种草是一种直观的种草方式，指的是 KOL 站在新用户的角度，拆开品牌产品包裹，对产品进行开箱体验，并向用户展示、介绍、试用产品，从而激发用户好奇心，提升用户转化率。这种方式在某种意义上是消费后的一种种草体验，KOL 开箱呈现的往往是产品购买后的一种欣喜的感觉，对产品的展示更加直观，更易促成转化。

4. 清单种草

清单种草是一种内容丰富的种草方式。KOL 凭借自身专业知识或经验的积累，通过罗列好物清单的形式多品类集中推荐好物，有效引导用户购买转化。产品清单列表中常会涉及多种类型的产品，推广的产品自然植入其中，是一种广告痕迹弱的营销方式，能有效避免用户的反感情绪。

（三）职场植入类营销

职场类短剧是能引起用户强烈共鸣感的一种短剧。KOL 基于细分的职场场景，如办公室等，演绎职场类短剧，在讲述职场故事的同时植入品牌产品信息。这种短视频内容营销方式再现职场情景，突破场景壁垒，是兼具时尚感强、易引发共鸣、话题感十足等优势的一种营销方式。

（四）才艺技能植入类营销

KOL 围绕自身优秀的才艺技能，制作原创短视频或二次创意作品，并在短视频中植入品牌元素，让"粉丝覆盖"变成"用户覆盖"。这种方式能够充分满足年轻人的喜好，主要包括音乐类、舞蹈类、动画类、手工制作类等才艺技能。

三、短视频营销的主流平台

（一）抖音

抖音是一个旨在帮助用户表达自我、记录美好生活的短视频分享平台。抖音应用人工智能技术为用户创造丰富多样的玩法，让用户在生活中轻松快速产出优质短视频。

（二）腾讯微视

腾讯微视是腾讯旗下的短视频创作与分享平台。腾讯微视用户可通过 QQ、微信账号登录，可以将拍摄的短视频同步分享到 QQ 空间、朋友圈等。

（三）哔哩哔哩

哔哩哔哩是国内知名的视频弹幕网站，其中有及时更新的动漫新番、很棒的 ACG 氛围、有创意的 UP 主（上传者）等。用户可以在其中获得许多欢乐。

四、短视频营销的变现方式

（一）平台补贴

短视频平台会提供补贴政策，只需要在平台上发布原创视频，靠播放量等方式进行计费，平台和博主之间会按不同的比例分配收益。视频播放量越高，收益也就越高。

（二）广告合作

当短视频有一定的播放量、短视频账号有一定粉丝量时，可考虑拍摄广告类短视频、进行产品植入等，赚取资金。短视频广告主要有 3 种形式：贴片广告，通常出现于片头或片尾，主要露出品牌本身标志；浮窗广告，短视频播放中出现于边角位置的品牌标志；创意性软植入，广告和内容相结合，成为内容本身。广告变现是一种比较普遍的变现方式。需要利用短视频的形式将产品进行宣传发布，但是并不是任何一个品牌都可以进行广告合作，选择的合作品牌一定要和自己所做的内容相关。

（三）电商变现

电商变现有两种类型：一种是在种草视频里面插入商品链接，也就是开通"商品橱窗 + 视频"功能，只要有人购买商品就可以获得佣金分成；另一种是直播变现。以抖音为例，抖音直播变现的方法有两种，分别是直播打赏和直播卖货：通过直播可以收获音浪，实行变现；通过直播卖货也可以实现变现。而且直播也是快速涨粉的方法。

（四）知识变现

知识变现常见的类型是网课，就是把自身所掌握的技能通过视频的形式展现出来，做成课程。学法律的可以讲法律知识，做美食的可以讲美食的做法，健身的讲健身方法，做育儿的就讲育儿经，通过知识付费的形式进行变现。

任务五　直播营销

↘ 一、直播营销的特点与模式

（一）直播营销的特点

1. 准确捕捉好奇心

面对一些行业性质较为特殊的企业，如医疗业时，用户对其运作流程都会抱有一定的好奇心理。这时候，文字描述虽然可以答疑解惑，但难免显得有点冰冷，图片虽美观，却也只是一个定格的瞬间，视频虽然形象不少，与直播相比还是少了身临其境感。

若想激发和满足用户对产品的好奇心，可试试直播营销，实现和用户时间、空间、信息的同步，为用户带来更为真实详尽的体验。

2. 消融品牌与用户间的距离感

运用直播营销，全方位实时向用户展示品牌生产流程、企业文化的塑造和交流等信息，让用户对品牌的理念和细节更为了解，直观地感受到产品和企业背后的文化，自然而然地消融品牌与用户间的距离感。

3. 制造沉浸感

直播展示产品、景观特色、实地硬件设置（比如酒店房间配备、景区实景观测等），让用户感受到具体的细节，为用户打造出身临其境的场景化体验，从而为用户制造沉浸感，让用户共享这场感官盛宴，实现辐射范围的最大化。

4. 发出转型信号

企业运用直播营销创造新颖、美观、时尚的直播页面、丰富有趣的打赏方式，加上企业本身塑造的别出心裁的直播内容，就可以使宣传方式焕然一新，消除用户心中的刻板印象，发出转型信号。

（二）直播营销的模式

1. 品牌＋直播＋艺人

艺人自带流量，品牌要想提高直播的安全系数，可以选择艺人站台。

2. 品牌＋直播＋企业日常

相比于包装出来的各种宣传大片，用户有时反而对企业日常更感兴趣。直播可以让企业暂时放下对成本的顾虑，多角度向用户展示企业、展示品牌，调动用户的兴趣。

3. 品牌＋直播＋活动

吃饭可以直播，睡觉可以直播，对品牌来说也是一样，一切皆有可能，所以直播可以附着于任何能够引起用户兴趣的事情，给品牌直播带来更多可能性。

4. 品牌＋直播＋电商

相比各种组合形式，直播＋电商的组合来得更为直接和实际。直播的出现促使传统电商从产品导购向内容导购转型。若电商平台别出心裁，融入一些营销创意，就能为平台找到新的流量入口。

5. 品牌 + 直播 + 发布

直播品牌发布向来不新鲜，而直播平台上的发布直播的地点不再局限于会场，互动方式也更多样和有趣。

二、直播营销的活动策划流程

（一）明确整体思路

在准备直播营销策划方案前，必须先厘清整体思路，然后有目的、有针对性地策划与执行。刚接触直播营销的新手通常认为"直播营销只不过是一场小活动而已，按一般活动策划做好方案然后认真执行就够了"。但事实上，如果没有整体思路的指导，整场直播营销很有可能只是好看、好玩而已，并不能达到实际的营销目的。直播营销的整体思路设计需要包括 3 部分，即目的分析、方式选择和策略组合。

1. 目的分析

对企业 / 品牌而言，直播只是一种营销手段，企业 / 品牌直播营销绝不是简单的线上才艺表演或互联网游戏分享。因此，作为企业 / 品牌直播营销的策划者，需要结合产品特色、目标用户、营销目标，提炼出直播营销的目的。

2. 方式选择

在确定直播营销目的后，需要根据企业 / 品牌的调性，在颜值营销、艺人营销、稀有营销、利他营销等不同的直播营销方式中，选择一种或多种进行组合。

3. 策略组合

在选择好营销方式后，需要对场景、产品、创意等模块进行组合，设计出最优的直播策略。

（二）策划、筹备

首先，需要将直播营销方案撰写完善。其次，在直播开始前，需要将直播过程中需要用到的软硬件设备测试好，并尽可能降低失误率，防止因筹备疏忽而影响最终的直播效果。最后，为确保直播当天的人气，还需要对此次直播活动提前进行预热宣传，鼓励用户提前 / 准时进入直播间。

（三）直播执行

前期的策划、筹备是为了确保直播现场执行流畅。而对用户而言，只能看到当时的直播现场，无法感知前期的策划、筹备。因此，为了达到预期的直播营销目的和效果，主持人及现场工作人员需要尽可能地按照直播营销方案执行，将直播开场、直播互动、直播收尾等环节顺畅地推进，确保直播的顺利完成。

（四）做好二次传播

直播结束并不意味着营销的结束。需要将直播涉及的图片、文字、视频等进行再次包装、加工，通过互联网进行二次传播，让其触及未观看现场直播的用户，实现直播效果最大化。

（五）及时复盘

直播传播完成后，必须进行直播营销复盘。比如：统计直播数据，与之前的营销目标进行比较，判断此次直播营销效果；组织团队讨论，总结此次直播的经验与教训，做好团队经验备份。每一次直播营销结束后的总结与复盘，都可以为下一次直播营销提供优化依据或策划参考。

三、直播营销的主流平台

（一）淘宝直播

淘宝直播具有以下特点。

（1）用户基数大、黏性强。淘宝直播背后有阿里巴巴强大的电商平台支撑，能通过电商平台的流量入口吸引大量用户。

（2）带货规模跨越式发展。

（3）直播主体更多元、场景更丰富。淘宝直播吸引了越来越多的主播和商家加入，社会各界人士及传统品牌商都开始通过直播与用户互动。

（二）京东直播

京东直播具有以下特点。

（1）高流量曝光。京东通过主会场站内搜索推荐或站外联动，形成高流量曝光的全场景直播；携手快手、抖音、腾讯微视、哔哩哔哩等打造直播带货生态，形成全域连麦的热闹景象。

（2）多元丰富的直播内容。以"6·18"直播为例，有100多位艺人轮番直播，以硬核演唱会、草莓音乐节等内容助阵，吸纳多元用户的注意力。

（3）商品端服务升级。京东突出对供应链超强的整合能力，鼓励商家直播发布新品，旗下社交电商平台京喜的入局，丰富了京东在新兴市场、产业带等的直播生态圈。

（三）拼多多直播

拼多多直播为商家提供"现金红包"这一营销工具，通过微信，引导用户邀请好友进入直播间，帮助各个商家引流并提升曝光度，从而达到转化的目的。拼多多直播的特征如下。

（1）多多农园、县长直播、艺人带货，多维度发力支持助农。

（2）流量获取上，主要依赖于私域流量或者以在公域投放广告的方式获取流量。

（四）抖音直播

（1）艺人、"大V"等纷纷在抖音创建带货直播间，进一步推动抖音直播大众化、常态化、规模化发展。

（2）以内容种草为抓手的抖音，聚焦年轻人潮流个性的生活态度，平台调性让"内容种草+直播带货"成为品牌品效合一的最佳组合拳。

（五）快手直播

（1）快手在与企业联合、推动快手红人直播等举措下，逐步拓圈。

（2）众多品牌入驻快手直播，随着新品发布的增多，品牌方越来越认可快手在下沉市场和拉新方面的独特魅力，快手的品牌化进程加快。

（3）快手直播与京东达成战略合作，用户可以将主播作为途径，通过推荐与体验，购买京东商品，享受京东售后服务。

（六）小红书直播

把 KOL/KOC（关键意见消费者）发展为种子用户，通过他们的分享去影响普通用户，积累口碑，完成品牌价值的原始积累。

（七）哔哩哔哩直播

对二次元直播、游戏直播、秀场直播基因较重的哔哩哔哩而言，如何融合特色，从货、人的角度，重塑哔哩哔哩的卖货"场"，将成为哔哩哔哩挑战和突围的关键。

（八）微博直播

微博橱窗是微博的高流量性质产品的展示窗口，除向天猫进行导流之外，也将针对京东购物向微博的用户全量开放。

四、直播营销的变现形式

（一）流量广告

目前，普遍的变现方式还是广告，但是通过广告进行变现具有很多不必要的缺点，主要的缺点就是会伤害到用户利益以及用户容易受到广告的不良影响。广告变现主要的优缺点如下。优点：收益以流量为基础，产品的流量越大，广告的收益就越高。缺点：广告的变现需要考虑到广告质量、广告主品牌、受众契合度等，并且广告的反馈具有滞后性，如果是糟糕的商品或者广告主品牌出了负面消息，会极大破坏产品的口碑，容易对产品造成不可逆的负面影响。

（二）直播带货

直播带货是基于对流量的更深一级的应用，为自己的粉丝提供他们需要的实惠商品，本质上就是一次大型的拼团现场。优点：如果量比较大，直播团队的收益是要高于广告变现的，同时可以加强和粉丝之间的联系。缺点：比较看重直播团队的渠道能力和选品能力，不能持续维持稳定状态。

（三）内容付费

内容付费或许是最好的选择，相对于广告变现，其实短视频、直播类的产品更加适合对内容收费，从而实现盈利。

任务六　自媒体营销

一、头条号营销

（一）头条号推荐机制

要想在头条号上做推广和运营，首先要懂得头条号的推荐机制。内容发布后，第一轮推荐，会给到 1 000 个展现量，如果 48 小时后展现量还没超过 1 000，说明内容质量不高，或者存在违规情况。此时要自查，是否存在标题、内容和图片违规。如果标题、内容和图片都没有违规，展现量依然没有超过 1 000，即可确定内容质量不高。可取的办法是提高内容质量，以及修改标题。

（二）头条号变现产品

头条号变现产品比较丰富，只要发内容，产生了流量就有收益。

（1）图文类：文章、微头条、问答、付费专栏。

（2）音视频类：短视频、小视频、直播、音频。

文章、微头条、问答、短视频都是内容产生了流量，就有收益，几乎零门槛，原创也非常容易。其中，微头条是短内容，相当于微博。

（三）推广和运营策略

头条号需要精耕细作，垂直运营。从头条号上引流精准粉丝，从无产品到有产品的精细化运营，要有意识地开始做个人 IP。从发第一篇内容开始，就要将头条号上的粉丝，转化到私域流量池。

↘ 二、知乎营销

知乎营销的关键在于内容的创作能力和优化技巧。

（一）知乎热榜

策划全新的爆点话题或者营销事件，通过这个话题或事件吸引用户的关注，从而达到营销效果，让品牌可以在短时间内获得大量的曝光；此操作类似于事件营销，关键点在于能使话题或事件成为热点，能与品牌的诉求完美结合。

（二）问答置顶

知乎不同于百度、搜狗、360 等问答平台，知乎没有最佳答案选择这个设计，所有用户可以针对某一话题一直进行回复讨论，关注度最高的回答排在最上面。

在某一领域关注度比较高的话题下做高质量的跟帖回复，然后通过推广维护让回答置顶，获得更多的曝光，对企业品牌的口碑推广不无裨益。这个操作的一个难点在于文案的高质量，质量不高的回答内容是难以排在第一位的，所以很多企业虽然在做知乎营销，但是效果不太理想；另一个难点就是如何把自己的回答顶上第一位，这个要结合知乎自身的一些排序规则进行处理，需要根据具体话题来统筹规划执行方案。

（三）KOL 推广

知乎里有很多厉害的人，他们隐藏在各个角落，拥有大量的关注者，所以他们发声会对大量用户产生影响，业界称他们为"大 V"。与多个行业"大 V"保持合作关系，找到适合自己企业推广的"大 V"，通过账号权重高、粉丝多的"大 V"的推广，迅速提升企业在知乎中的认知度和认可度。

（四）知乎搜索口碑

知乎中常见的推广方式是问答口碑建设，通过问答的形式为企业品牌或产品进行口碑建设或网络推广。一方面知乎的权重比较高，能够在各大搜索引擎上占据显眼的位置；另一方面知乎覆盖主流的互联网群体，是一个单独的互联网生态系统，比较适合做品牌口碑建设方面的推广。

很多时候，知乎上存在一些关于品牌的讨论，而其中的一些内容观点并不利于企业的品牌形象，这时企业采取应对机制，可以通过正面内容的覆盖冲淡反面话题，让其影响变得微乎其微。

三、小红书营销

（一）贴近生活

小红书通过借助典型场景唤起消费者"我也经历过"的好奇心，并通过种草来提供"竟然可以这样做"的解决方案。

（二）干货教学

种种干货教学类话题，或激发用户好奇、契合用户兴趣，或切中用户痛点。帮助用户成长为更美好自己的知识型内容非常容易被热捧。

（三）评测与分析

很多用户的痛点已从"买不起"演进为"怕掉坑"，通过 KOL 亲身体验写就的产品评测往往更具说服力。比如产品使用前后效果对比、同品类不同品牌的产品评测合集、产品成分分析与使用心得等。

项目实战与提升

一、简答题

（1）微信营销的特点和内容是什么？目前微信营销中存在的问题有哪些？

（2）利用微信朋友圈建群进行社群营销有什么优势？存在哪些难点？

（3）短视频营销中如何制作有创意的内容，并如何进行无痕产品推介？

（4）直播营销目前存在的问题有哪些？今后如何发展？

二、实战演练

【任务背景】

一般来讲，短视频营销三部曲是开店、装修、推广。

做好短视频营销的关键，第一是内容要好，第二是创意要好，第三是技术要高。内容制作的目的要明确，需确立想传达什么信息，用好的创意来实现这个内容。关键字是技术环节的核心。受众会搜索什么字有 5 个关键因素，一是定位领域；二是内容填充，视频营销的核心在于内容，内容不精彩很难让用户持续关注；三是视频形式，分为很多种类，PPT 视频、真人视频、手绘视频等；四是推广，花一个小时做视频，就要花数个小时来推广视频，让视频获取最大曝光率；五是转化。

【任务描述】

请以广东茂名荔枝为例，开展以下任务的设计。

第一步：制作视频。制作出与农产品行业相关的视频，在视频中可以分享一些干货技巧等，并且在视频中适当地加入广告，引导用户关注该产品。拍摄视频时需要注意的是，尽量剧情化、娱乐化，以讲故事的形式拍视频。

第二步：上传视频。视频制作好之后可以上传抖音、快手、西瓜视频等平台，上传的视频越多，辐射的范围就越广。

第三步：利用短视频进行广告营销。

（1）广告观看奖励。用户在刷视频的过程中将随机刷到植入的视频广告，在观看完视频广告后，用户可以获得奖励，包括现金、红包、金币等类型。

（2）刷视频得红包。用户在刷视频的过程中有可能遇到宝箱，开宝箱可获得各类奖励，如品牌优惠券、现金红包、商城折扣券等。

（3）裂变分销玩法。利用丰厚的返佣奖励，激励用户主动进行商品或品牌的宣传推广，利用社交能量实现裂变式分销，快速吸引更多用户。

（4）广告"神曲"与 KOL 结合。将广告"神曲"和 KOL 结合，再将品牌内容创新性地与前二者结合，高效地吸引流量，并进行品牌宣传。

模块五
新媒体内容运营

学习目标

知识目标

➢ 掌握确定新媒体内容定位的方法

➢ 熟悉新媒体内容监测工具和数据分析工具

能力目标

➢ 能够创制新媒体内容运营的策略和计划

➢ 具备撰写优质内容的能力，包括文字、图片、视频等形式

➢ 能够运用新媒体平台的功能和工具进行内容发布和管理

➢ 具备数据分析和优化的能力，通过数据反馈进行内容策略调整

素质目标

➢ 培养对新媒体营销与运营的兴趣和热情

➢ 培养创新思维和创造力，能够在新媒体平台上创作独特和有吸引力的内容

➢ 培养团队合作意识和沟通能力，能够与其他团队成员协作进行内容运营

➢ 培养数据意识和分析能力，能够根据数据反馈进行内容优化和决策

岗课赛证要点

岗	对接电商运营岗位需具备的"新媒体内容策划、图文撰写、内容发布、数据分析与优化能力"
课	对接新媒体内容运营课程中内容创作与优化、社交互动与维护、数据分析与决策等能力
赛	对接全国职业院校技能大赛"直播电商"赛项中直播运营模块
证	对接新媒体技术"1+X"职业技能等级证书（中级）中的"新媒体运营"模块

引导案例

一个时尚品牌的成功案例

这个案例是关于一家名为"StyleX"的时尚品牌。该品牌新媒体平台上开展了一系列成功的内容运营活动，通过精心策划的内容，吸引了大量的目标受众，并提高了品牌的知名度和声誉。

StyleX 的品牌故事始于一个年轻而充满激情的时尚爱好者——艾莉。从小，艾莉就对时尚充满了热爱和向往。她经常翻阅时尚杂志，关注国际时装周的最新潮流，同时也对时尚设计和创新充满了好奇心。随着年龄的增长，艾莉决定将自己的激情和才华转化为一种事业。她毕业于一所知名的时尚学院，获得了设计学位，并在一家著名时尚品牌工作了几年。然而，她渐渐感到对这些大牌品牌的创意受限，她渴望创造自己的品牌，展示自己的独特视角和时尚理念。于是，在一个寒冷的冬日，艾莉坐在咖啡馆里，思考着如何打造自己的时尚品牌。她意识到，时尚不仅仅是服装和外观的展示，更是一种表达个性和自信的方式。她决定创立一个品牌，让每个人都能找到自己的时尚风格，展示自己的独特性，并通过时尚来传递个人的故事和价值观。

于是，StyleX 诞生了。StyleX 代表着自由、个性和创新。艾莉希望通过品牌打破传统束缚，鼓励人们敢于表达自己，勇于追求自己的梦想和独特性。她相信每个人都有自己的故事，每个人都值得被听到和看到。

StyleX 的设计灵感来自各文化、艺术和自然元素的融合。艾莉深入研究了不同文化的服饰和传统工艺，将这些元素融入她的设计中，创造出独特而别致的时尚作品。她注重细节和品质，追求卓越的工艺和舒适的穿着体验。StyleX 的设计是一个个独特的故事，让人们能够通过穿着它们来表达自己的个性和风格。

除了独特的设计，StyleX 还注重社会责任和可持续发展。艾莉意识到时尚产业对环境的影响，她希望通过自己的努力推动可持续时尚。StyleX 选择使用环保材料，倡导循环经济，与社会组织合作，支持社区发展和公益事业。StyleX 希望通过自己的品牌影响力，让更多人关注环境保护和社会公益，共同创造一个更美好的未来。

StyleX 时尚品牌在新媒体内容运营方面采用了一系列创新和有效的策略。

（1）定义目标受众。StyleX 清楚地了解它们的目标受众是谁，它们深入研究了目标受众的兴趣、需求和行为习惯。这使得它们能够精确地制定内容策略和创作有针对性的内容，从而更好地吸引和留住目标受众。

（2）建立品牌故事。StyleX 通过讲述品牌故事来吸引受众的关注。它们传达了品牌的独特性、价值观和理念，使受众能够与品牌建立情感连接。这种故事化的内容创作方式使得品牌更加有吸引力和可辨识性。

（3）多样化的内容形式。StyleX 在新媒体平台上采用了多种形式的内容，包括图片、视频、文字等。它们充分利用不同形式的内容来吸引不同类型的受众，并提供多样化的体验。这种多样性使得它们的内容更具趣味性和互动性。

（4）互动和参与。StyleX 注重与受众的互动和参与。它们积极回应受众的评论和反馈，鼓励受众参与到品牌的活动中。通过建立良好的互动关系，它们增强了与受众的连接。

（5）数据分析和优化。StyleX 利用数据分析工具来监测和评估它们的内容运营效果。它们跟踪关键指标，如点击率、转化率和用户参与度，并根据数据反馈进行调整和优化。这种数据驱动的优化过程使得它们能够不断改进内容策略，提升运营效果。

这个成功案例体现了新媒体内容运营的重要性。在新媒体时代，需要通过创新和精心策划的内容来吸引和留住目标受众。

【启发与思考】

（1）StyleX 的品牌故事如何帮助它们吸引目标受众并建立情感连接？

（2）它们通过哪些方式传达品牌的独特性、价值观和理念？

（3）这些传达方式对品牌的知名度和声誉有何影响？

任务一　新媒体内容定位

↘ 一、根据目标用户确定内容定位

在进行新媒体内容运营时，首先需要确定目标用户。分析目标用户的年龄、性别、兴趣爱好等特征，可以确定适合他们的内容定位。

在新媒体运营中，确定内容定位是非常重要的一步。准确地确定目标用户，可以为目标用户提供有价值的内容，吸引他们的关注并建立起良好的互动关系。下面将详细介绍如何根据目标用户确定内容定位。

根据目标用户
确定内容定位

1. 研究目标用户

在进行内容定位之前，需要深入研究目标用户的特点和需求。通过市场调研、用户调研及数据分析等手段，获得以下信息。

（1）用户画像

了解目标用户的基本信息，包括年龄、性别、地域、职业等。这些信息可以帮助运营者更好地了解用户的背景和特点。例如，如果目标用户主要是年轻人，可以采用更年轻化、时尚化的内容风格和语言表达方式。用户画像如图 5-1 所示。

图 5-1　用户画像

（2）兴趣爱好

了解用户的兴趣爱好，包括他们喜欢的领域、关注的话题及他们在网络上的行为。这些信息能体现用户的兴趣点，使运营者提供符合他们需求的内容。例如，如果目标用户对科技和创新感兴趣，可以提供相关的科技资讯、产品评测和创新案例。用户兴趣爱好如图 5-2所示。

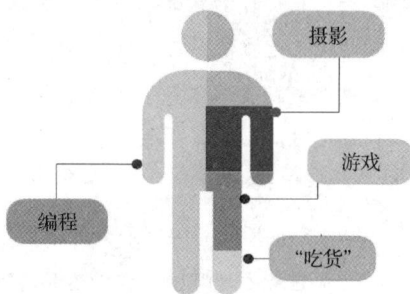

图 5-2　用户兴趣爱好

（3）痛点和需求

了解用户的痛点和需求，找到他们在某个领域中的问题和困惑。解决用户的问题，给用户提供有价值的内容，可以增强用户的信任和依赖。例如，如果目标用户是创业者，可以提供创业经验分享、市场分析和创业资源推荐等内容，帮助他们解决创业过程中的问题和困惑。用户痛点和需求如图 5-3 所示。

图 5-3　用户痛点和需求

研究目标用户，可以确定新媒体的内容定位。根据用户画像、兴趣爱好、痛点和需求，确定内容的风格、主题和形式。同时，还可以确定内容的发布平台和推广渠道，以便更好地与目标用户进行沟通和互动。

2. 确定内容定位

在确定内容定位时，需要考虑以下几个方面，根据对目标用户的研究来满足他们的需求并吸引他们的关注。

（1）领域定位

确定要涉及的领域或行业，选择一个符合目标用户兴趣的领域。深入了解目标用户的兴趣爱好和需求，可以确定合适的领域定位。例如，如果目标用户是年轻的时尚爱好者，可以选择时尚、潮流文化和美妆等领域作为内容定位，提供关于时尚趋势、潮流品牌、美妆技巧等方面的内容，以满足他们对时尚和美妆的需求。

（2）内容类型

确定要提供的内容类型，包括文章、视频、图片等。根据用户的喜好和需求，选择合适的内容类型。例如，可以发布讲解时尚搭配指南的文章、美妆教程的视频、时尚达人的照片和穿搭分享等不同类型的内容，以多样化的内容吸引用户关注。

（3）内容风格

确定内容风格和表达方式，如正式、轻松、幽默等。根据用户的特点和喜好，选择合适的内容风格。例如，如果目标用户是年轻人，可以选择轻松、幽默的风格，使用流行的网络语言来吸引他们的关注，可以在内容中加入幽默的描述、有趣的比喻和搞笑的图片，以增加互动和分享的可能性。

（4）内容发布频率

确定发布内容的频率，如每天发布一次、每周发布一次、每月发布一次等。根据用户的需求和对内容的需求度，确定合适的发布频率。例如，如果目标用户对时尚动态和潮流资讯的需求很高，可以选择每天发布新的时尚资讯和潮流趋势分析。这样可以保持用户的兴趣和参与度，使他们持续关注新媒体平台。

（5）内容深度

确定内容深度和详尽程度。根据用户的需求和对内容的需求度，提供合适的内容深度。例如，如果目标用户对时尚品牌的历史和设计理念感兴趣，可以提供深入的品牌故事和设计师专访等内容，满足他们对深度了解的需求。同时，也可以提供简洁明了的时尚穿搭技巧和美妆小贴士，以满足那些对实用信息感兴趣的用户。

确定目标用户并根据他们的需求来确定内容定位，可以为用户提供有价值的内容，吸引他们的关注并建立起良好的互动关系。在后续的运营过程中，还需要不断地进行数据分析和用户反馈，及时调整内容定位，以适应用户的需求变化。只有不断地与用户保持互动和反馈，才能持续提供符合他们需求的内容，提高新媒体运营的效果和影响力。

3. 提供有吸引力的内容

在确定目标用户后，需要确保所提供的内容具有吸引力，以下是一些可以使内容更加吸引人的方法。

（1）创造性的标题

一个有趣、独特和引人入胜的标题能够吸引用户点击进入文章。通过使用吸引人的词汇、设置悬念或提出问题等形式，可以增加用户对内容的兴趣。例如：揭秘——为什么猫咪总是喜欢玩纸箱？

（2）多样化的内容形式

除了文字，还可以考虑使用图片、视频、图表等多种形式来呈现内容。这样可以提升用户的视觉体验，并提供更丰富多样的信息。

（3）专业可靠的信息来源

确保所提供的信息来源可靠且具有专业性。这将增加用户对内容真实性和权威性的信任。

（4）引用案例和故事

引用真实案例和生动故事，使内容更具亲切感和可信度。这能够帮助用户更好地理解和应用所提供的知识。

4. 个性化定制

不同目标用户群体之间存在差异，可以进行个性化定制来满足他们的需求。

（1）根据不同年龄段设置不同风格。对于年轻人群体，可以采用活泼、时尚的语言风格和图像元素。而对于中年人群体，可以更加注重实用性。

（2）根据不同兴趣爱好提供相关内容。针对用户的兴趣爱好，提供与其关注领域相关的内容。这样能够更好地吸引用户，并提升用户对内容的认同感。

（3）根据不同需求提供解决方案。了解用户的痛点和需求，提供相应的解决方案和建议。这将使用户感到被理解和关心，并提高用户的信任度。

以上方法可用于根据目标用户确定新媒体的内容定位，并为目标用户提供有吸引力且有价值的内容。这将帮助与目标用户建立良好的互动关系，并提升新媒体运营的效果和影响力。

5. 持续优化和更新内容

内容定位并不是一次性的任务，而是一个持续优化和更新的过程。随着时间的推移和用户需求的变化，需要不断调整和改进内容，以保持其吸引力和价值。

（1）监测用户反馈

通过监测用户反馈和互动数据，了解用户对内容的评价和需求。可以通过评论、留言、分享等方式收集用户意见，并根据反馈进行相应调整。

（2）关注热点话题

密切关注行业热点话题和趋势，及时提供相关内容。这能够增强内容的时效性，并吸引更多用户关注。

（3）不断创新和试验

尝试使用新的形式、风格或技巧来呈现内容。不断创新能够给用户带来新鲜感，同时也有助于提升品牌形象和竞争力。

（4）定期更新旧文档

对于一些较为长期有效的内容，定期进行更新是必要的。这样可以保证信息的准确性，并向用户展示运营者对知识积累和发展的持续关注。

6. 与用户互动

建立与目标用户群体之间的良好互动关系是成功运营新媒体内容的关键。以下是一些与用户互动的方法。

（1）回复评论和留言

及时回复用户的评论和留言，表达对用户关注的感谢，并解答他们的疑问或提供帮助。

（2）引导用户参与互动

通过提出问题、征求意见或发起话题讨论等方式，鼓励用户积极参与互动。这能够增加用户对内容的投入感和归属感。

（3）创造社群氛围

建立社群平台或组织线下活动，促进用户之间的交流和互动。这有助于形成一个活跃的社群，并增强用户黏性和提高忠诚度，例如小米社区，如图 5-4 所示。

图 5-4　小米社区

总结起来，根据目标用户确定新媒体内容定位是成功运营的基础。深入研究目标用户特点和需求，提供有吸引力且有价值的内容，并持续优化、更新，与用户建立良好的互动关系，以提升新媒体运营效果和影响力。

↘ 二、根据平台确定内容定位

每个新媒体平台都有其独特的特点和受众。本部分将讨论如何根据不同平台的特性来确定内容定位，将学习如何适应不同平台的用户行为和内容格式，以增强内容的可见性和吸引力。

　　在新媒体运营中，根据不同的平台确定内容定位非常重要。不同的平台具有不同的用户特征、使用习惯和功能特点，因此需要有针对性地制定内容策略，以便更好地吸引和留住目标受众。

根据平台确定
内容定位

1. 平台分析

　　在确定内容定位之前，需要对各个平台进行全面的分析。以下是一些常见的新媒体平台。

　　（1）社交媒体平台

　　① 微博。微博是一个即时信息分享平台，用户以短文本、图片和视频为主要形式进行内容发布。微博用户通常喜欢快速获取信息和参与话题讨论，因此在这个平台上发布有趣、热点和具有争议性的内容能够更容易引起用户的注意。在微博上，可以发布短文本、图片和视频等形式的内容。由于用户对信息获取速度快的需求，可以采用简洁明了的文字表达和吸引人的标题来吸引用户点击。此外，关注热点话题、参与话题讨论及利用互动功能（如投票、转发）也是增强内容可见性和吸引力的方法。微博如图 5-5 所示。

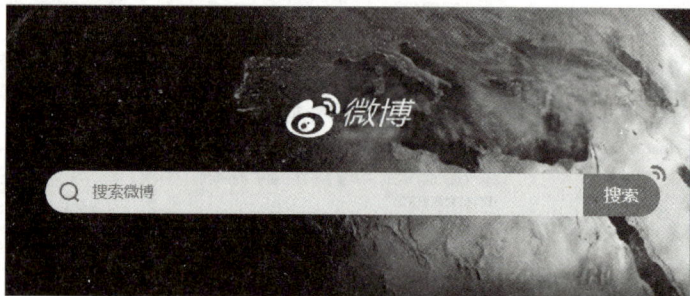

图 5-5　微博

　　② 微信公众号。在微信公众号，可以发布文章、图文消息、音频和视频等多种形式的内容。微信用户更倾向于接收实用性强、生活化的内容，并且对与他们关注领域相关的信息更感兴趣。可在微信公众号上发布有用、实用的内容，如行业知识、生活技巧、专业指导等。发布的文章要言之有物、结构清晰，并且可以配合图文或音视频来增强可读性。

　　微信公众号适合发布长文、图文、音频、视频等多种形式的内容，可以提供专业知识、行业分析、教程等有价值的信息。微信公众号的类型如图 5-6 所示。

图 5-6　微信公众号的类型

（2）短视频平台

抖音和快手是以短视频为主要形式的新媒体平台。用户在这些平台上喜欢观看创意、有趣或有教育意义的视频内容。因此，在这些平台上提供精心制作的短视频能够更好地吸引目标受众。在抖音和快手上，重点是制作有趣、创意且具有视觉冲击力的短视频。运用特效、配乐、剪辑等技巧，能够吸引用户的注意力并给其留下深刻印象。同时，关注流行音乐、潮流元素和具有挑战性内容也能够提升内容在这些平台上的传播效果。抖音和快手的图标如图 5-7 所示。

图 5-7　抖音和快手的图标

（3）视频分享平台

哔哩哔哩是一个面向年轻人群体的弹幕视频网站，以动画、游戏和二次元文化为主要内容。哔哩哔哩用户对高质量、创意性强的内容更感兴趣，因此在这个平台上提供与二次元文化相关的内容能够更好地吸引目标用户。针对哔哩哔哩的特点，可以提供与二次元文化相关的内容，如动画解说、游戏攻略或二次元相关产品评测等。此外，在哔哩哔哩上与粉丝建立互动交流，并参与弹幕评论等活动也是提高内容影响力的方式。

（4）音频分享平台

喜马拉雅是音频分享平台，适合发布有声读物、音乐、电台节目等内容，可以满足用户对音频内容的需求。

首先是有声读物。喜马拉雅用户对有声读物的需求较高，可以选择推出各种类型的有声书籍，如小说等，可以与作者、声优合作，制作高质量的有声读物，吸引用户的关注。

其次是音乐。音乐是另一种受欢迎的音频内容类型。可以发布原创音乐作品、音乐排行榜、音乐评论等，吸引音乐爱好者的关注。同时，可以与音乐人、乐队进行合作，推出专辑、音乐会等活动，提升平台的知名度，增强用户黏性。

最后是电台节目。喜马拉雅具有电台功能，可以制作各种类型的电台节目，如新闻、娱乐、情感、财经等。可以邀请专业主持人、行业专家等参与节目制作，提供有趣、有用的内容，吸引听众的收听。

针对每个平台，需要了解以下信息。

① 用户特征。不同平台的用户群体存在差异，包括年龄、性别、地域、兴趣爱好等。了解目标受众的特征，可以更好地定位内容。

② 使用习惯。不同平台的用户使用习惯不同，有些平台适合发布长文，有些平台适合发布图片或视频。了解用户的使用习惯可以帮助运营者更好地选择合适的内容形式。

③ 功能特点。每个平台都有自己独特的功能特点，如微信的朋友圈、微博的热门话题等。善用这些功能，可以提高内容的曝光度和传播度。

根据不同平台进行定位，可以考虑将内容在多个平台上进行分发。跨平台分发，能够扩大受众范围并提高内容的曝光率。例如，在微信公众号发布一篇文章后，可以在微博、抖音或哔哩哔哩等其他平台上进行转载或引用，并根据不同平台的特点进行适当调整。

总结起来，根据不同平台的特点来确定内容定位是成功运营新媒体的关键之一。深入了解目标受众和各个平台的用户行为习惯、功能特点，以及灵活应用不同形式的内容呈现方式，可以更好地吸引和留住目标受众，并提高内容的可见性和吸引力。

2. 内容定位与平台选择

（1）平台特性定位

根据平台分析的结果，可以确定适合不同平台的内容定位策略。

① 社交媒体平台。社交媒体平台上的用户更注重与他人的互动和社交，因此，可以选择发布有趣、引人共鸣的内容，包括故事、趣闻、搞笑视频等。同时，利用平台的功能特点，如微信的朋友圈，可以定期发布精心设计的图文内容，吸引用户的关注和互动。

② 视频分享平台。视频分享平台上的用户更喜欢观看短视频。因此，可以选择发布搞笑片段、教程短视频等。同时，注意短视频的时长和内容的节奏，以吸引用户的注意力并增加观看时长。

③ 图片分享平台。图片分享平台上的用户更注重视觉享受和美感。因此，可以选择发布高质量的图片内容，包括时尚搭配、美食、旅行风景等。同时，利用平台的标签和描述功能，提高图片的可搜索性和曝光度。

④ 专业社区平台。专业社区平台上的用户更关注专业知识和深度讨论。因此，可以选择发布专业的行业观点、经验分享、问题解答等内容。同时，积极参与平台上的讨论和互动，建立专业形象和口碑。

根据平台特性确定内容定位，可以更好地满足目标受众的需求，提高内容的可见性和吸引力。同时，不断分析用户反馈和平台数据，及时调整内容策略，以适应不断变化的新媒体环境。

（2）其他因素

除了根据平台特性来确定内容定位外，还可以考虑以下因素。

① 目标受众。了解目标受众的特点、兴趣和需求是非常重要的。调研和分析目标受众的人口统计信息、消费习惯、兴趣爱好等，可以更准确地确定内容定位。例如，如果目标受众是年轻人，可以选择发布与他们生活方式和价值观相关的内容。

② 品牌形象。内容定位应与品牌形象保持一致。品牌形象包括品牌的核心价值观、个性特点等。传达品牌独有的声音和故事，可以建立起与目标受众之间的情感连接，并提升品牌认知度和忠诚度。

③ 行业趋势。关注行业内的最新趋势和热门话题是非常重要的。根据行业动态进行内容创作，能够吸引更多关注并提高用户参与度。同时，也需要注意避免过度跟风，保持独立思考和原创性。

④ 内容差异化。在竞争激烈的新媒体环境中，如何与其他竞争对手区别开来是关键。提供独特、有价值且与众不同的内容，可以吸引目标受众的注意力，并建立起自己在行业中的专业形象。

⑤ 数据分析和反馈。对用户行为数据和用户反馈进行分析，可以了解用户对不同类型内容的喜好和反应。根据数据分析结果，调整内容策略，以更好地满足目标受众的需求。

综上所述，确定内容定位需要综合考虑平台特点、目标受众、品牌形象、行业趋势及数据分析和反馈等因素。精确把握这些因素，能够制定出更具针对性和吸引力的内容策略，并取得更好的效果。

3. 内容策略

在确定内容定位之后，需要制定相应的内容策略，以确保内容的质量和持续性。以下是一些常见的内容策略。

（1）定期更新。根据平台的特点和用户的使用习惯，制订定期更新的计划，保持内容的新鲜度和连续性。定期更新可以吸引用户的关注，增强用户黏性。

（2）互动交流。积极与用户互动，回复评论、私信等，提高用户的参与度和忠诚度。与用户的互动可以建立良好的关系，增强用户对品牌或内容的认同感，并且提高用户的参与度和忠诚度。

（3）跨平台传播。将内容在不同的平台上进行传播，增加曝光，扩大传播范围。在多个平台发布内容，可以吸引更多的目标受众，并且提高内容的曝光度和扩大传播范围，进而促进用户的触达和转化。

（4）数据分析。通过对内容的数据分析，了解用户的喜好和需求，及时调整内容策略，提升运营效果。数据分析可以帮助运营者了解用户的行为和偏好，从而有针对性地优化内容，提供更有价值的信息和体验，提升用户的满意度和参与度。

（5）个性化推荐。根据用户的兴趣和偏好，提供个性化的推荐内容。分析用户的历史行为和兴趣标签，可以精准地推送符合用户兴趣的内容，提高用户的点击率和转化率。

（6）创新实验。不断尝试创新的内容形式和互动方式，吸引用户的注意力。创新实验可以帮助运营者与竞争对手区分开来，提供独特的内容和体验，吸引更多的用户关注和参与。

制定适合平台特点的内容策略，可以确保内容的质量和持续性，吸引和留住目标受众，提升新媒体运营的效果和影响力。同时，随着新媒体环境的不断演变，也要及时调整和优化内容策略，以适应用户需求的变化。

任务二　新媒体内容创作

在进行新媒体内容创作之前，需要选择合适的话题并进行策划。本任务将重点讨论新媒体内容选题与策划；将学习新媒体内容素材整理和管理的相关内容；还将探讨如何创作与优化新媒体内容。

一、新媒体内容选题与策划

在新媒体运营中，内容创作是至关重要的一环。精心策划选题能够帮助创作者创作出有吸引力和有价值的内容，吸引目标用户的关注并增加互动。下面将详细介绍新媒体内容选题与策划的过程。

新媒体内容选题
与策划

1. 研究目标用户和市场需求

在进行内容选题和策划之前，深入研究目标用户和市场需求是至关重要的。以下是一些具体的步骤和方法。

（1）用户调研

通过在线问卷调研（见图5-8）、用户访谈、社交媒体互动等方式，与目标用户互动和交流。了

解他们的需求、兴趣和偏好，以及他们在网络上的行为习惯。收集用户的反馈和意见，可以更好地理解他们的需求和期望，为他们提供有价值的内容。

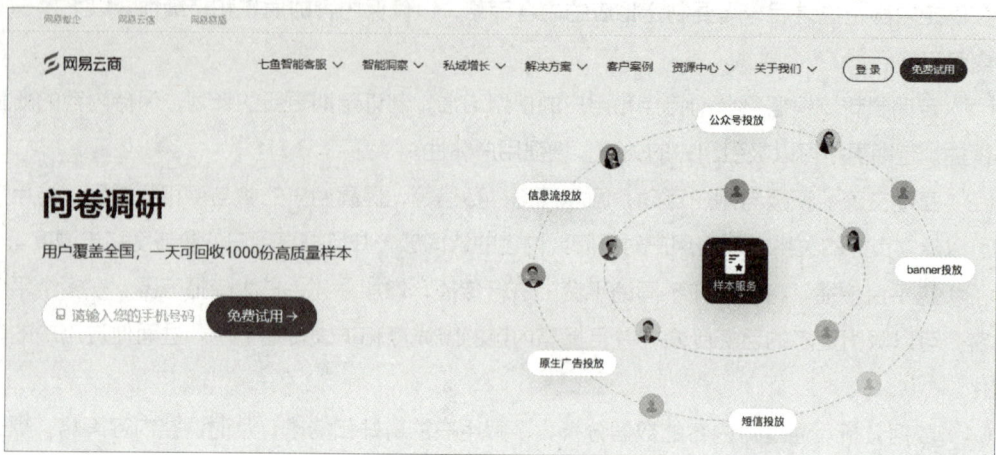

图 5-8　在线问卷调研

（2）数据分析

利用数据分析工具和平台提供的数据，深入了解用户的行为和偏好。分析用户的浏览记录、点击率、转化率等数据指标，可以得出用户的兴趣爱好和需求。同时，也可以通过竞品分析，了解竞争对手的内容形式、话题选择和运营策略，从中发现市场空白和潜在的需求。

（3）市场调研

通过市场调研和趋势分析，了解当前的市场状况和发展趋势。可以通过行业报告、市场调研机构的数据等渠道，了解行业热点、用户需求和竞争情况。这些信息可以帮助创作者把握市场趋势，发现创作内容的机会和差异化点。

（4）社交媒体观察

通过观察社交媒体平台上的热门话题、用户讨论和关注度，了解目标用户的兴趣和需求。可以关注相关话题的标签和关键词，了解用户的讨论和反馈。同时，也可以通过社交媒体的搜索功能，查找和分析与目标用户相关的内容和话题。

深入研究目标用户和市场需求，可以更好地了解用户的兴趣和需求，从而选择合适的内容选题。这有助于提供有价值的内容，吸引目标用户的关注和参与，提升新媒体运营的效果和影响力。同时，也要不断关注市场的变化和用户的反馈，及时调整和优化内容选题和策划，以适应不断变化的用户需求。

2. 确定内容选题

在确定内容选题时，需要结合以下几个关键因素综合考虑目标用户和市场需求。

（1）关联性和热点性

选择与目标用户兴趣相关的内容选题，并关注当前的热点话题。了解目标用户的兴趣爱好和关注领域，可以选择与其相关的内容选题，以提升用户的兴趣和参与度。同时，关注当前的热点话题可以提高内容的关联性和吸引力，吸引更多的用户关注和参与。

（2）价值和实用性

选择具有价值和实用性的内容选题，能够解决用户的问题，满足用户的需求。深入了解目标用户的痛点和需求，选择能够为他们提供帮助的内容选题。这样可以促使用户对内容更加认可和信任，提高用户的满意度和参与度。

（3）创新性和差异化

选择具有创新性和差异化的内容选题，能够与竞争对手区分开来。分析竞争对手的内容形式、话题选择和运营策略，可以发现市场空白和潜在的需求，从而选择具有创新性和差异化的内容选题。这样可以使内容更具独特性和吸引力，吸引更多用户的关注和参与。

（4）持续性和可持续发展

选择具有持续性和可持续发展的内容选题，能够长期吸引用户的关注。分析市场趋势和用户需求的变化，可以选择具有持续性和可持续发展的内容选题。同时，根据用户的反馈和互动情况，及时调整和优化内容选题，以保持用户的黏性和提高用户的忠诚度。

综合考虑以上因素，在确定内容选题时，需要灵活运用市场调研、用户调研和数据分析等方法，不断优化和调整选题策略。提供有关联性、有价值、有创意的内容选题，可以吸引目标用户的关注和参与，提升新媒体运营的效果和影响力。

3. 策划内容创作

在确定内容选题之后，需要进行详细的策划，策划内容包括以下几个方面。

（1）标题和导语

制定引人入胜的标题和吸引人的导语，能够吸引用户的注意力。标题要简洁明确，能够概括内容的核心，同时具有一定的独特性和吸引力。导语要能够引发用户的兴趣，激发他们继续阅读或观看的欲望。

（2）内容结构和章节

制定清晰的内容结构和合理安排章节，能够使内容逻辑清晰、易于阅读。内容结构要有层次感，将主题和子主题进行合理的组织和安排。章节的划分要能够引导用户的阅读流程，并且每个章节要有明确的主题和重点。

（3）多媒体元素

考虑使用图片、视频、音频等多媒体元素来丰富内容，提升用户体验。根据内容的特点和目标用户的偏好，选择合适的多媒体元素插入。多媒体元素能够更直观地传达信息，增强内容的吸引力和互动性。

（4）关键词和标签

选择适当的关键词和标签，能够提高内容在搜索引擎中的排名，提高曝光率。合理运用关键词，使内容更容易被搜索引擎索引和推荐。标签的设置要与内容相关，并且能够帮助用户更好地分类和搜索相关内容。

（5）互动和参与机制

设计互动和参与机制，鼓励用户评论、分享和参与，提高用户的互动度。可以在内容中设置提问、讨论或投票等环节，引导用户参与讨论和互动。同时，及时回复用户的评论和反馈，提高用户的参与感和忠诚度。

精心策划选题，能够创作出有吸引力和有价值的新媒体内容，吸引目标用户的关注并增加互动。

在创作过程中，需要不断进行数据分析和用户反馈的收集，了解用户的需求和反应，及时调整内容选题和策划，以适应用户的需求变化。同时，也要不断关注市场趋势和竞争动态，进行内容优化和创新，保持内容的竞争力和吸引力。

↘ 二、新媒体内容素材整理和管理

本部分将讨论如何有效整理和管理新媒体内容所需的素材，将学习如何收集、筛选和组织各种类型的素材，以便在创作过程中更高效地使用。

在新媒体运营中，内容创作的关键之一是素材的整理和管理。有效地整理和管理素材能够提高创作效率，确保内容的质量和多样性。下面将详细介绍新媒体内容素材整理和管理的相关内容。

1. 收集和筛选素材

通过网络搜索、原创、社交媒体和用户生成内容等方式广泛收集素材。在收集过程中，要注意素材的质量和可信度，选择与内容选题相关的素材。同时，要遵守相关的著作权法律和规定，确保所使用的素材合法。

（1）收集素材

在进行内容创作之前，需要广泛地收集素材。素材可以包括文字、图片、视频、音频等多种形式。通过以下途径可以获得丰富的素材资源。

① 网络搜索。通过搜索引擎、社交媒体等渠道广泛搜索相关素材。使用适当的关键词来缩小搜索范围，找到符合需求的素材。注意选择可信度高的来源，确保素材的质量和可靠性。

② 原创。进行原创，包括撰写文章、拍摄照片、制作视频等。原创素材能够提供独特的视角和内容，增强创作的独特性和吸引力。在原创时，可以根据目标用户的需求和兴趣来确定创作方向。

③ 社交媒体和用户生成内容。关注社交媒体上的热门话题和用户生成内容，挖掘其中的素材资源。用户的评论、转发等都可能包含有趣的素材。通过与用户互动，了解他们的需求和反馈，找到合适的素材。

（2）筛选素材

在收集到素材后，需要进行筛选和评估。筛选素材时，需要考虑以下几个因素。

① 质量和可信度。选择来源可靠、内容真实的素材，确保素材的质量和可信度。

② 合法性和著作权。遵守相关的著作权法律和规定，确保所使用的素材合法。

③ 与内容选题的关联性。选择与内容选题相关的素材，提高内容的关联性和吸引力，素材与选题的关联性越高，越能吸引目标用户的注意。

通过收集和筛选素材，获得丰富、高质量的素材资源，为新媒体内容的创作提供有力支持。同时，要时刻关注用户的需求和反馈，根据反馈调整素材的选择和使用，以提供更加符合用户期望的内容。

2. 素材整理和管理

创建不同的文件夹或分类系统，将素材按照主题、类型、日期等进行分类。这样可以方便后续查找和使用。同时，给每个素材打上标签和关键词，以便于搜索和查找。整理和管理素材是保持创作效率和质量的重要环节。以下是常用的素材整理和管理方法。

（1）文件夹分类。创建不同的文件夹来分类和存储素材。可以按照主题、类型、日期等进行分类。例如，可以创建一个文件夹用于存储文字素材，另一个文件夹用于存储图片素材，便于后续查找和使用。

（2）使用标签和关键词。给每个素材打上标签和关键词，以便于搜索和查找。可以根据素材的特点、主题和用途给其添加适当的标签和关键词。这样在需要找到特定素材时，可以通过搜索关键词快速定位。

3. 更新和补充素材库

定期更新和补充素材库，以保持创作的多样性和新鲜感。可以根据市场趋势、用户反馈和创作需求，不断添加新的素材，并删除过时或不再适用的素材。以下是详细的更新和补充素材库的方法。

（1）关注市场趋势。密切关注市场趋势和行业动态，了解目标受众的喜好和需求。根据市场趋势，及时添加与之相关的素材，以满足受众的需求并保持内容的时效性。

（2）倾听用户反馈。倾听用户的反馈和意见，了解他们对内容的喜好和期望。根据用户反馈，补充符合他们兴趣的素材，以提升内容的吸引力和互动性。

（3）关注创作需求。根据创作需求和内容策略，定期评估素材库中的素材是否满足要求。如果发现缺乏某些类型或风格的素材，及时添加相应的素材，以丰富内容的形式和表达方式。

（4）删除过时素材。定期检查素材库中的内容，删除过时或不再适用的素材。随着时间的推移，一些素材可能会过时或不再符合目标受众的需求，及时清理这些素材，以保持素材库的整洁和素材的有效性。

（5）关注多样性和创新性。在补充素材库时，注重多样性和创新性。不断寻找新的素材来源，探索不同的创作风格和形式。可以通过与其他创作者合作、参加行业活动、关注社交媒体等方式，发现新的素材和创作灵感。

通过有效地整理和管理素材，更高效地进行新媒体内容创作。有了丰富的素材库和良好的管理系统，可以快速找到合适的素材，丰富内容的形式和表达方式，提升内容的质量和吸引力。同时，及时更新和补充素材库，保持内容创作的多样性和创新性。

↘ 三、新媒体内容创作与优化

本部分将深入探讨新媒体内容的创作和优化技巧，将学习如何创作有吸引力的内容、优化内容的可读性、进行数据分析和优化等关键技巧，以提高内容的质量和影响力。

新媒体内容的创作是吸引用户关注和增加互动的关键。然而，仅仅创作内容还不足以确保其能够达到最佳效果。内容的优化是提升内容质量和吸引力的重要手段。下面将详细介绍新媒体内容创作与优化的相关内容。

1. 创作有吸引力的内容

在进行新媒体内容创作时，创作有吸引力的内容是至关重要的。以下是确保内容具有吸引力的关键因素。

（1）独特性和创新性。创作具有独特性和创新性的内容，吸引用户的注意力。避免使用过于普通或陈旧的观点和表达方式。寻找新的视角和创意，提供与众不同的内容，以吸引用户的兴趣和好奇心。

（2）情感共鸣。通过情感共鸣来吸引用户。内容可以引发用户的情感反应，例如，喜悦、愤怒、悲伤等，从而提高用户的参与度和分享度。了解目标受众的情感需求，创作能够触动他们情感的内容，建立情感连接。

（3）故事性和叙事能力。运用故事性和叙事能力来吸引用户。通过讲述故事、展开情节，引发用户的兴趣和好奇心。使用生动的语言和形象的描述，让用户产生共鸣和参与感。

（4）视觉吸引力。使用具有视觉吸引力的元素，例如精美的图片、有趣的视频等。视觉元素能够增加内容的吸引力和可读性。选择与内容相关的高质量视觉素材，让用户在浏览内容时有良好的视觉体验。

（5）多媒体运用。结合不同的媒体形式来创作内容。除了文字，还可以使用图片、视频、音频等多种形式来呈现内容。多媒体的使用可以增加内容的多样性和趣味性，吸引用户的注意力。

注意独特性和创新性、情感共鸣、故事性和叙事能力、视觉吸引力及多媒体运用等方面，可以创作出具有吸引力的内容。这样能够提高用户的参与度和分享度，提升内容的传播效果和影响力。同时，要根据目标受众的特点和喜好，定期评估内容的吸引力，并根据反馈进行调整和优化。

2. 优化内容的可读性

除了创作有吸引力的内容之外，还需要优化内容的可读性，使用户能够更好地理解和消化内容。以下是一些优化内容可读性的方法。

（1）使用简洁明了的语言。使用简单、清晰和易懂的语言来表达内容。避免使用过于复杂或晦涩的词汇和句子结构，以免让读者感到困惑。使用简洁明了的语言可以帮助读者更容易理解和吸收内容。

（2）使用段落和标题。合理分段和使用有吸引力的标题可以帮助读者更好地组织和理解内容。每个段落应该包含一个主题，并使用恰当的转换词语来连接段落。标题应该准确地概括每个段落或章节的主题，吸引读者的注意力。

（3）使用列表和重点标记。使用列表和重点标记（如粗体、斜体等）可以突出关键信息和重要观点，使其更易于被读者注意到。列表和重点标记可以帮助读者更快地浏览和理解内容。

（4）构建清晰的结构和逻辑顺序。内容应该有清晰的结构和逻辑顺序。使用合适的标题和子标题来组织内容，确保每个部分都有明确的目的和主题。内容的逻辑顺序应该符合读者的思维方式，使其更易于理解。

（5）注意段落长度和句子结构。段落的长度应该适中，避免过长的段落造成读者的疲劳。句子的结构应该多样化，避免使用过多的长句和复杂的从句。使用短句和简单句可以增强内容的可读性。

（6）使用图表和图像。在适当的情况下，使用图表、图像和其他可视化元素来辅助内容的理解和阐述。图表和图像可以更直观地呈现信息，提高内容的可读性和吸引力。

优化内容的可读性，读者可以更轻松地阅读和理解内容。同时，根据读者的反馈和数据分析，不断调整和优化内容的可读性，以提供更好的阅读体验。

3. 数据分析和优化

在进行新媒体内容创作与优化时，数据分析和用户反馈是至关重要的。以下是进行数据分析和优化的方法。

（1）关注阅读量和互动数据。关注内容的阅读量、评论量、分享量等数据，这些数据能够反映用户对内容的兴趣和参与程度。分析这些数据，可以了解哪些内容受欢迎、哪些内容需要改进。根据数据分析结果，优化和调整内容创作策略，提供更符合用户需求的内容。

（2）关注用户反馈和评论。积极关注用户的反馈和评论，这些反馈是用户宝贵的意见和建议。用户反馈来自社交媒体平台、评论区、邮件等渠道。仔细分析用户反馈，可以了解用户对内容的喜好、不满意之处及改进建议。根据用户反馈，改进和优化内容的质量，提升用户体验。

（3）进行 A/B 测试。A/B 测试是一种比较不同版本的内容的方法，用于找到最佳的创作方式和表达方式。可以将同一内容以不同形式或角度呈现给用户，通过比较不同版本的数据和用户反馈来确定最有效的方式。进行 A/B 测试，可以了解哪种版本的内容更受欢迎、哪种方式更能吸引用户的注意力。根据测试结果，优化和调整内容，提升内容的吸引力和效果。

进行数据分析和收集用户反馈，可以不断改进和优化内容，以适应用户的需求和喜好的变化。同时，要持续关注新的趋势和技术，及时调整内容创作和优化策略，以保持竞争力和吸引力。数据分析和用户反馈是内容优化的重要工具，能够帮助创作者更好地理解用户需求，提供更有价值和吸引力的内容。

任务三　新媒体内容推介活动

一、活动策划基础知识

本部分将介绍新媒体内容推介活动的基础知识，具体介绍如何制定活动目标和明确活动定位、选择适当的推介方式和制订活动计划，还将讨论如何评估活动效果和调整策略。

新媒体内容推介活动是提升内容曝光度和传播效果的重要手段。策划和执行推介活动，可以吸引用户的关注、提高用户参与度，并提升内容的传播效果。

1. 活动目标和定位

在策划活动之前，需要明确活动的目标和定位。活动的目标应该与内容策略和品牌定位一致，并符合企业的整体营销目标。以下是一些常见的活动目标。

（1）提高内容曝光度。提高内容的曝光度，使更多的用户了解和关注内容。

（2）提升用户参与度。通过活动吸引用户的参与和互动，增强用户与内容的黏性。

（3）扩大用户群体。通过活动吸引新用户，扩大用户群体，扩大内容的传播范围，提高内容的影响力。

（4）提升品牌形象。通过活动提升品牌形象和知名度，提高用户对品牌的信任度和认可度。

活动的定位是指活动在整体营销策略中的位置和作用。活动的定位应该与企业的品牌形象和目标受众相匹配，能够有效地传递企业的核心价值和信息。

2. 推介方式的选择

根据活动目标和定位，选择合适的推介方式是至关重要的。以下是一些常见的推介方式。

（1）线上推介。通过博客、微信公众号等线上渠道进行推介。通过发布文章、制作视频、举办线上直播等形式，吸引用户的关注和参与。

（2）线下推介。通过研讨会、展览会等线下活动进行推介。可以与相关行业合作举办活动，吸引目标受众的关注和参与。

（3）合作推介。与其他相关品牌或个人合作进行推介。可以邀请行业专家、意见领袖或知名博主进行合作，提高活动的影响力和曝光度。

（4）用户参与推介。鼓励用户参与活动并分享内容。可以设置奖励机制，如抽奖、积分等，激励用户参与和分享活动，扩大活动的传播范围。

选择适当的推介方式需要考虑目标受众的特点和偏好、推介成本和效果等因素。不同的推介方式可以相互结合，形成多渠道、多维度的推介策略。

3. 活动计划的制订

制订活动计划是确保活动顺利进行的关键步骤。制订活动计划的基本步骤如下。

（1）明确活动时间和地点。确定活动的举办时间和地点，确保能够吸引到目标受众并方便目标受众参与。

（2）确定活动内容和形式。根据活动目标和推介方式，确定活动的具体内容和形式，可以包括主题演讲、互动游戏、产品展示等多种形式。

（3）制定活动预算。根据活动的规模和需求，制定详细的活动预算，包括场地租赁、设备购买、人员费用、宣传费用等各项开支。

（4）确定活动推广渠道。选择合适的推广渠道，通过线上和线下渠道进行活动宣传。可以使用社交媒体、电子邮件、宣传海报等方式进行推广。

（5）安排活动人员和资源。确定活动所需的人员和资源，包括主持人、讲师、志愿者、技术支持等。确保活动顺利进行所需的人员和资源都得到妥善安排。

4. 评估活动效果和调整策略

在活动结束后，评估活动的效果是必不可少的。以下是一些评估活动效果的方法。

（1）进行数据分析。分析活动期间的数据，如参与人数、分享量、互动次数等。根据数据分析结果，评估活动的效果和影响力。

（2）收集用户反馈。收集用户的反馈和意见，了解他们对活动的评价和体验。通过用户反馈，发现活动中的问题和改进的空间。

（3）对比目标和达成情况。对比活动的目标和实际达成情况，评估活动的成功度和效果。

根据评估结果，及时调整和改进活动策略。针对不同的问题，如宣传渠道、活动形式、参与方式等进行调整，以提升活动的效果和吸引力。

通过合理的活动策划和执行，进行新媒体内容推介活动，提升内容的曝光度和传播效果。同时，通过评估活动效果和调整策略，不断提升活动的效果和吸引力，为用户提供更有价值的内容体验。

↘ 二、活动策划关键内容

本部分将深入探讨新媒体内容推介活动的活动策划关键内容。活动策划是新媒体内容推介活动成功的关键。在策划活动时，有一些关键内容需要特别注意，以确保活动的顺利进行和达到预期的效果。

1. 活动主题和目标

活动主题是活动的核心，它代表了活动的核心概念和意义。在确定活动主题时，需要考虑以下几个因素。

（1）与内容相关。活动主题应与推介的新媒体内容相关联，能够有效地传达内容的核心信息和特点。

（2）吸引目标受众。活动主题应该吸引目标受众的兴趣和关注，促使他们参与和互动。

（3）独特性和创新性。活动主题要具有独特性和创新性，与竞争对手的活动有所区别，能够给用户带来新鲜感和惊喜。

活动目标是指活动期望达到的结果。活动目标应与推介内容和企业整体营销目标一致，并具有明确的衡量标准。

明确活动主题和目标有助于更好地制定活动策略并执行计划，以达到预期的效果。

2. 活动策划关键内容

一旦确定了活动的主题和目标，接下来需要考虑以下关键内容来进行活动策划。

（1）活动形式和内容

活动形式是指活动的方式，可以根据目标受众和活动主题选择适当的形式，例如线上活动、线下活动、社交媒体活动等。活动内容应与主题相关，具有吸引力和互动性，能够引起参与者的兴趣。

（2）活动时间和地点

活动时间和地点的选择要考虑目标受众的方便性和可及性。确定活动时间时，需要避免与其他重要活动或节假日冲突，以确保参与者的充分参与。活动地点的选择应便于参与者到达和参与，可以考虑线上平台或者具有特定意义的场所。

（3）活动预算和资源

活动预算是指活动所需的资金和资源。在策划活动时，需要评估活动所需的费用，并确保预算能够覆盖活动的各个方面，包括场地租用、物料制作、活动推广等。同时，还需要合理安排和分配资源，确保活动的顺利进行。

（4）活动推广和宣传

活动推广和宣传是活动成功的关键。采取适当的推广和宣传措施，可以吸引更多的目标受众参与活动。推广渠道可以包括社交媒体、电子邮件、网站等，宣传内容要具有吸引力和互动性，能够引起目标受众的关注和参与欲望。

（5）活动执行和监测

活动执行是指活动的实际操作和组织。在活动执行过程中，需要确保活动按计划进行、各项准备工作能顺利进行，包括活动场地的布置、活动内容的呈现、参与者的引导等。同时，还需要进行活动的监测和评估，以便及时调整和改进活动策略。

以上是活动策划中的关键内容，进行合理的策划和执行，可以有效地达到活动的目标，提升新媒体营销与运营的效果。

3. 活动参与和互动

活动参与和互动是活动的核心部分，能够提高用户的参与度，增强活动的互动性。以下是一些提高用户的参与度，增强活动的互动性的关键内容和方法。

（1）活动奖品。设置有吸引力的奖品，例如，礼品卡、优惠券、实物奖品等，作为参与活动的激励。奖品的价值和吸引力应与活动的重要性和目标受众的需求相匹配。

（2）互动形式。设计多样化的互动形式，例如问答、投票、抽奖、分享等。多样化的互动形式有助于提高用户的参与度，增强活动的互动性。

（3）用户生成内容。鼓励用户生成和分享相关的内容，例如，评论、图片、视频等。通过用户生成内容，扩大活动的影响范围，提升活动的传播效果。

（4）实时互动。在活动过程中进行实时互动，例如直播、在线问答等。通过实时互动，提高用户的参与度，增强活动的互动性。

通过合理设计活动的参与和互动环节，吸引用户积极参与和互动，提升活动的传播效果。

4. 活动评估和改进

活动评估和改进是活动策划和执行的重要环节。对活动进行评估，可以了解活动的效果和参与者的反应，从而进行相应的改进和优化。

（1）活动效果评估

评估活动的效果是衡量活动成功与否的重要指标。可以通过以下方式进行活动效果评估。

① 收集参与者的反馈和意见。收集参与者的反馈和意见，了解他们对活动的满意度、体验感受等。

② 进行数据分析。分析活动期间的数据指标，如参与人数、活动互动数据、社交媒体曝光量等，以评估活动的影响力和传播效果。

③ 评估目标达成度。对比活动目标设定的衡量标准，评估实际达成的程度，如内容曝光度的提升、用户参与度的提升等。

（2）改进和优化

根据活动评估的结果，进行相应的改进和优化，以提升活动效果和参与者体验。可能的改进和优化措施包括以下内容。

① 调整活动内容。根据参与者的反馈和需求，对活动内容进行调整和优化，使其更符合参与者的兴趣和期待。

② 改进推广和宣传策略。根据数据分析和反馈结果，改进推广和宣传策略，选择更有效的渠道和方式，提升活动的曝光度和参与度。

③ 合理配置资源。根据活动预算和资源情况，合理配置和利用资源，确保活动的顺利进行和高效运作。

④ 优化活动执行流程。根据活动执行中的问题和反馈，优化活动执行的流程和细节，提升活动的组织和执行效率。

不断评估和改进，可以使活动策划和执行更加精准和有效，提高新媒体营销与运营的效果和影响力。

5. 活动后续措施

活动结束后，还需要采取一些后续措施来巩固活动的效果和维持与参与者的互动。以下是常见的活动后续措施。

（1）活动总结和反馈

对活动进行总结和反馈是非常重要的，可以帮助团队了解活动的成功和不足之处。活动总结可以包括以下内容。

① 活动结果汇报。总结活动的参与人数、参与度、社交媒体曝光量等数据指标，展示活动的影响力和效果。

② 活动回顾和亮点。回顾活动的亮点和成功之处，对活动中的精彩瞬间进行回顾和分享。

③ 问题和改进建议。总结活动中出现的问题和不足之处，并提出改进建议，为未来的活动提供参考。

（2）参与者互动和留存

活动结束后，与参与者的互动和留存是非常重要的，可以维持与他们的关系并促进后续的营销和运营。以下是一些参与者互动和留存的措施。

① 发送感谢邮件或短信。向参与者发送感谢邮件或短信，感谢他们的参与和支持，并提供后续的互动和合作机会。

② 进行社交媒体互动。通过社交媒体平台与参与者进行互动，回复他们的留言和评论，分享活动的照片等。

③ 持续提供有价值的内容。定期发送电子邮件、发布博客文章或社交媒体内容，提供有价值的信息和资讯，吸引参与者继续关注和参与。

以上活动后续措施可以巩固活动的效果，维持与参与者的互动，并为未来的活动策划和营销提供有益的经验和反馈。

任务四　新媒体内容推广与监测

本任务将介绍新媒体内容推广的八大技巧，和新媒体内容推广数据监测的相关内容。

一、新媒体内容推广的八大技巧

本部分将介绍新媒体内容推广的八大技巧。学习这些技巧，能够利用社交媒体、搜索引擎优化、影响力营销等手段来提升内容的曝光度和传播效果。以下是八大技巧的详细介绍。

1. 制定明确的推广目标

在进行内容推广之前，制定明确的推广目标是非常重要的。需要明确知道希望通过推广达到什么样的效果，例如增加曝光量、提高用户参与度、扩大用户群体等。明确的推广目标将有助于制定合适的推广策略和执行计划，以达到预期的效果。

2. 选择合适的推广渠道

根据目标受众和内容类型，选择合适的推广渠道非常重要。不同的推广渠道适合不同类型的内容和目标受众。例如，社交媒体平台适合年轻用户，而专业网站则适合特定行业的用户。选择合适的推广渠道能够提高推广效果和目标受众的覆盖率。

3. 制作优质的内容

优质的内容是吸引用户关注和参与的关键。需要确保内容具有独特性、有价值性和可分享性。提供有趣、有用、有深度的内容，能够吸引用户注意力和提升用户的兴趣，从而提升内容的传播效果和用户参与度。

4. 运用多样化的推广形式

在推广过程中，运用多样化的推广形式能够提升用户的参与度。尝试使用文字、图片、视频等多种形式的推广内容，以满足用户的不同需求和喜好。同时，使用问答、投票、抽奖等形式来提升用户的参与度。

5. 制定有吸引力的推广活动

制定有吸引力的推广活动能够激发用户的参与和分享，如设置有趣的互动环节、提供奖品激励、举办线上线下活动等。通过活动的参与和互动，提升用户的参与度和内容的传播效果。

6. 利用影响力用户进行推广

和具有影响力的用户合作进行内容推广是一种有效的策略。与影响力用户合作，借助他们的影响力和粉丝基础，将内容传播给更多的用户，如利用与影响力用户进行合作推广、提供特别福利等方式，提升内容的曝光度和传播效果。

7. 进行定期的推广评估和优化

定期进行推广评估和优化是推广活动的关键环节。分析推广数据和用户反馈，可以了解推广效果和用户参与度。根据评估结果，及时调整和优化推广策略，以获得最佳的推广效果。

8. 监测和分析推广效果

监测和分析推广效果是推广活动的重要环节。监测和分析数据，可以了解推广活动的曝光量、参与度、转化率等指标。根据数据分析的结果，调整推广策略和优化活动执行策略，以提高推广效果和用户参与度。

运用这八大技巧，可以提升新媒体内容的曝光度和传播效果，吸引更多的用户关注和参与。同时，定期进行推广评估和监测分析将有助于优化推广策略，以获取最佳的推广效果。

↘ 二、新媒体内容推广数据监测

在新媒体内容推广过程中，监测数据是非常重要的。监测数据，可以了解推广活动的效果、用户参与度和内容传播情况。本部分将介绍新媒体内容推广数据监测的重要性以及常用的监测指标和工具等。

1. 新媒体内容推广数据监测的重要性

① 评估推广效果。通过监测数据，评估推广活动的效果。了解推广活动的曝光量、参与度、转化率等指标，有助于判断推广策略的有效性，进而优化推广活动。

② 了解用户参与度。监测数据可以体现用户对推广内容的参与程度。分析用户点赞、评论和分享等行为，可以了解用户对内容的喜好和反应，从而调整推广策略和内容。

③ 追踪内容传播情况。监测数据可以体现内容的传播情况。了解内容的传播范围、传播路径和传播速度，有助于评估内容的影响力和传播效果。

④ 支持决策和优化。监测数据能提供决策和优化的依据。分析数据，可以发现推广活动中存在的问题和潜在机会，从而做出相应的决策和优化措施。

2. 监测指标

在进行数据监测之前，需要确定合适的监测指标。根据推广目标，选择相应的指标进行监测。例如，如果目标是增加曝光量，可以监测内容的浏览量和分享次数；如果目标是提高用户参与度，可以监测用户的互动次数，确保监测指标与推广目标相匹配，以便准确评估推广效果。

在进行新媒体内容推广数据监测时，以下是一些常用的监测指标。

（1）曝光量：内容被用户看到的次数，可以通过页面浏览量、阅读量等指标进行衡量。

（2）参与度：用户对内容的互动和参与程度，如点赞、评论、分享等行为。

（3）转化率：用户从内容推广中转化为实际行动的比例，如点击购买链接、填写表单等。

（4）传播范围：内容传播到的用户群体的规模和覆盖率。

（5）传播路径：内容传播的路径和渠道，如社交媒体分享、转发等。

（6）用户留存率：用户在一定时间内保持对内容的关注和参与的比例。

（7）点击率：用户对推广内容的点击次数与曝光量之间的比例。

（8）转发率：用户将内容分享给其他用户的比例。

以上指标可以根据具体推广目标和需求进行选择和调整。

3. 监测工具

在进行新媒体内容推广数据监测时，以下是一些常用的监测工具。

（1）网站分析工具：如百度统计等，可以用于监测网站流量、用户行为和转化情况。

（2）社交媒体分析工具：如社交媒体平台提供的数据分析功能，可以用于监测推广内容在社交媒体上的表现和互动情况。

（3）推广链接追踪工具：如流量渠道标记（Urchin Tracking Module，UTM）参数、短链接生成工具等，可以用于追踪推广链接的点击量和转化情况。

（4）舆情监测工具：如舆情分析平台、关键词监测工具等，可以用于了解用户对内容的反馈和舆论情况。

根据推广渠道和需求，选择合适的监测工具进行数据收集和分析，以便更好地监测和评估推广效果。监测新媒体内容推广数据，可以及时了解推广效果、用户参与度和内容传播情况，从而支持决策和优化推广策略。适当的监测指标和工具有助于提供有力的数据支持，达到预期的推广效果。

4. 数据分析工具

为了有效地监测推广数据，专业的数据分析工具是必不可少的。这些工具有助于收集、整理和分析推广数据，提供详细的报告和图表。常见的数据分析工具包括百度统计、社交媒体平台提供的分析工具等。选择合适的工具，使用它们进行数据监测和分析。

5. 数据报告和分析

定期进行数据报告和分析是推广活动的关键步骤。根据设定的监测指标，定期收集推广数据，并生成详细的报告和分析结果。分析数据，可以了解推广效果，了解哪些方面需要改进，以及哪些策略是成功的。定期的数据报告和分析有助于及时调整和优化推广策略，以获得更好的推广效果。

6. 比较和对比不同推广渠道的数据

如果在多个推广渠道上进行内容推广，比较和对比不同渠道的数据是非常有价值的。对比不同渠道的数据，可以了解各渠道的推广效果和用户参与度。这将有助于判断哪些渠道对目标受众更有效，以及如何分配推广资源和调整推广策略。

7. 关注用户反馈和互动数据

除了监测量化的推广数据，关注用户反馈和互动数据也是很重要的。用户的评论、留言等互动行为能够反映他们对内容的喜好和参与程度。关注用户反馈和互动数据，可以了解用户对内容的意见和需求，从而改进和优化推广策略，提高用户满意度和参与度。

8. 持续优化推广策略

进行数据监测和分析，可以不断优化推广策略，以获得更好的推广效果。根据数据报告和分析结果，调整推广策略，尝试新的推广方法和形式。持续优化推广策略有助于不断提升内容的曝光度和传播效果，吸引更多的用户关注和参与。

进行有效的数据监测和分析，可以更好地了解推广效果并优化推广策略。选择合适的监测指标和数据分析工具，定期进行数据报告和分析，比较不同推广渠道的数据，关注用户反馈和互动数据，持续优化推广策略。这些方法和技巧将有助于提升新媒体内容推广的效果，取得更好的运营结果。

直通职场

一、新媒体内容运营职业发展路径

新媒体内容运营职业发展路径如下。

初级新媒体运营专员—中级新媒体运营经理—高级新媒体运营总监—首席新媒体运营官。

二、新媒体内容运营职位要求与素质要求

对于初级新媒体运营专员而言，其对应的职位要求与素质要求如下。

1. 职位要求

专业背景：新闻、传播、市场营销等相关专业优先。

工作经验：1～3年新媒体运营相关工作经验，熟悉各类新媒体平台运营规则。

技能要求：具备良好的文字功底，熟练掌握图片编辑和视频制作软件。

软实力：具备较强的团队合作和沟通能力，良好的创新意识和执行力。

2. 素质要求

（1）敏锐的市场洞察力：能够及时捕捉行业动态和市场趋势，为内容运营提供有针对性的建议。

（2）出色的创意能力：能够根据品牌定位和市场需求，创作独特且具有吸引力的内容。

（3）数据分析能力：能够运用数据分析工具，对运营数据进行分析和解读，为内容优化提供依据。

（4）用户导向：始终关注用户需求和体验，以用户为中心进行内容运营和优化。

三、新媒体内容运营职业生涯规划建议

（1）建立个人品牌：通过个人社交媒体平台，展示自己的专业能力和见解，提升个人影响力。

（2）持续学习：关注行业动态，学习新的运营策略和技巧，提高自己的竞争力。

（3）拓宽人际关系：积极参加行业交流活动，结识业内人士，拓宽自己的人际关系。

（4）锻炼团队管理能力：在实际工作中，努力提升自己的团队管理能力和领导力。

四、行业动态与趋势分析

（1）新媒体内容形态的变化：从文字、图片到短视频、直播，探讨新媒体内容形态的未来发展趋势。

（2）新媒体平台竞争格局：分析当前主流新媒体平台的竞争态势，以及可能对内容运营带来的影响。

（3）内容营销与广告的融合：探讨内容营销与广告的边界逐渐模糊的现象，以及如何应对这种变化。

（4）人工智能与新媒体内容运营：分析人工智能技术在新媒体内容运营中的应用前景和挑战。

👤 赛场竞技

一、新媒体内容运营实战模拟

（1）模拟任务一：创制新媒体内容运营策略和计划。

学生需要为一家虚构的企业创制一套完整的新媒体内容运营策略和计划，包括内容主题、发布频率、互动策略等。

（2）模拟任务二：创作优质内容。

学生需要根据所创制的策略和计划，创作至少3篇符合主题的内容，形式包括文字、图片、视频等。

（3）模拟任务三：新媒体平台内容发布与管理。

学生需要在模拟的新媒体平台上进行内容发布和管理，包括内容的编辑、排版、发布和推广等。

（4）模拟任务四：数据分析和优化。

学生需要运用模拟平台提供的数据分析工具，对发布的内容进行数据分析，并根据分析结果调整内容策略。

二、团队竞赛

1. 学生分组

将学生分为若干小组，每组3～5人。

2. 竞赛规则

（1）每个小组需要完成上述4个模拟任务，并在规定时间内提交作品。

（2）作品评分：根据完成任务的质量和速度，以及内容的吸引力、创新性等方面进行评分。

（3）团队协作：鼓励团队成员之间积极沟通和协作，共同完成任务。

3. 竞赛奖励

（1）对表现优秀的个人和团队给予奖励，如颁发证书、实物奖品等。

（2）对在竞赛中表现突出的学生，为其推荐相关实习或工作机会。

三、竞赛案例分享

（1）邀请业界专家分享实际新媒体内容运营案例，让学生了解真实赛场上的竞争情况和挑战。

（2）优秀学生作品展示：展示在竞赛中脱颖而出的优秀作品，供学生学习和交流。

（3）竞赛总结与反思：组织学生对竞赛过程进行总结和反思，分享经验教训，提升自身能力。

通过赛场竞技模块，学生可以在实际操作中检验和提升自己的新媒体内容运营能力，培养团队协作和沟通能力。同时，通过竞赛案例分享和优秀作品展示，激发学生的学习兴趣和竞争意识，提升整体教学质量。

素养课堂

一、新媒体内容运营的基本素养

1. 职业道德与法律法规

（1）遵守国家法律法规，不传播违法违规信息。

（2）尊重原创，不抄袭、不剽窃他人作品。

2. 专业素养

（1）熟悉新媒体运营的基本原理和技巧。

（2）具备一定的市场营销、传播学、数据分析等知识。

二、新媒体内容运营的创意素养

1. 创意思维培养

（1）通过启发式思维、头脑风暴等方式，激发学生的创意思维。

（2）鼓励学生多角度思考问题，提出独特见解。

2. 创意表现手法

（1）教授各种创意表现手法，如对比、排比、反转等，提升学生的创意表达能力。

（2）结合案例，让学生了解如何运用创意表现手法打造吸引人的内容。

三、新媒体内容运营的审美素养

1. 审美理论

（1）介绍审美理论，如美学、设计原则等，让学生了解审美标准。

（2）分析优秀作品，让学生理解什么是美的内容。

2. 审美实践

（1）组织学生参加审美实践活动，如参观艺术展览、设计比赛等。

（2）让学生在实际操作中提升审美能力，培养对美的感知和鉴赏能力。

四、新媒体内容运营的沟通与协作素养

1. 沟通技巧

（1）教授有效的沟通技巧，如倾听、表达、说服等，提升学生的沟通效果。

（2）结合案例，让学生了解如何运用沟通技巧进行团队合作。

2. 团队协作

（1）培养学生的团队合作意识，让学生理解团队协作的重要性。

（2）通过小组讨论、项目合作等方式，锻炼学生的团队协作能力。

五、新媒体内容运营的学习素养

1. 自主学习

（1）教授自主学习方法，如时间管理、学习资源利用等，帮助学生养成良好的学习习惯。

（2）鼓励学生自主探索新媒体运营领域，培养自主学习能力。

2. 反思与总结

组织学生对学习过程进行反思和总结，让学生学会从经验中吸取教训，不断提升自身能力。

项目实战与提升

↘ 一、简答题

（1）举例说明一个新媒体内容定位的案例，并分析其目标受众。

（2）简述新媒体内容推广的八大技巧。

↘ 二、实战演练

【任务描述】

选择一个新媒体平台（如微信、微博、抖音等），以该平台为载体，进行一次新媒体内容运营的实践。具体要求如下。

（1）创制内容运营策略和计划。根据所选平台的特点和目标用户群体，创制一份详细的内容运营策略和计划，包括内容主题、发布频率、互动策略等。

（2）创作内容。根据运营策略和计划，创作至少3篇符合主题的内容，形式包括文字、图片、视频等。内容要求具有吸引力、创新性和高质量。

（3）内容发布和管理。运用新媒体平台的功能和工具进行内容发布和管理，包括内容的编辑、排版、发布和推广等。

（4）数据分析与优化。通过平台提供的数据分析工具，对发布的内容进行数据分析，包括阅读量、点赞量、评论量等。根据数据分析结果，对内容策略进行调整，并优化下一阶段的内容创作。

（5）团队协作与沟通。请与其他同学或团队成员协作进行内容运营，培养团队协作意识和锻炼沟通能力。

【任务提交】

提交一份包括以上所有内容的项目报告，报告中需要详细描述实践过程、遇到的问题和解决方法、最终成果等。

模块六
新媒体用户运营

学习目标

知识目标

➢ 理解新媒体用户运营的重要性，包括对企业和品牌的价值和影响

➢ 理解用户增长和用户留存的关键策略和技巧，包括吸引新用户、提高转化率和提升留存率的方法

➢ 了解用户参与和用户互动的重要性，以及如何设计和执行有效的用户参与活动

➢ 了解数据分析在用户运营中的应用，包括如何评估运营效果和了解用户发展情况

能力目标

➢ 能够创建用户画像并进行用户分析，以了解目标用户的需求和行为特征

➢ 能够制定和执行用户增长和用户留存策略，以吸引新用户并提高用户转化率和留存率

➢ 能够设计和执行用户参与活动，以增强用户黏性和提升用户忠诚度

➢ 能够优化用户体验和提升用户满意度，以提升用户忠诚度和口碑传播效果

➢ 能够使用数据分析工具和解读指标，评估用户运营效果和了解用户发展情况

素质目标

➢ 培养市场洞察力和用户导向的思维，以理解用户需求并提供有价值的产品和服务

> ➤ 培养数据分析和决策能力，以基于数据驱动的方法进行用户运营决策和优化
>
> ➤ 培养创新和实践能力，以设计和执行创新性的用户参与活动和用户体验优化方案
>
> ➤ 培养团队协作和沟通能力，以与团队成员和其他部门合作实施用户运营策略

岗课赛证要点

岗	对接新媒体运营岗位需具备的"用户洞察与分析、洞察用户的需求和偏好、用户互动与维护、用户数据分析与优化能力"
课	对接新媒体用户运营课程需具备的用户洞察和分析、制定用户增长与留存策略、提高用户参与度和忠诚度、用户数据分析与优化的能力
赛	对接全国职业院校技能大赛"直播电商"赛项中直播运营模块
证	对接新媒体技术"1＋X"职业技能等级证书（中级）中的"新媒体运营"模块

✎ 引导案例

基于用户画像的新媒体用户运营策略——以某知名化妆品品牌为例

一、案例背景

某知名化妆品品牌（以下简称"品牌"）为了提高其线上销售额，计划开展一系列新媒体用户运营活动。品牌希望通过精准的用户画像和有效的用户运营策略，吸引更多潜在客户，增强用户黏性，并最终实现销售转化。

二、案例目标

（1）建立完善的用户画像体系，深入了解目标用户群体的需求和喜好。

（2）设计有针对性的用户运营策略，提高用户活跃度、留存率和转化率。

（3）优化用户体验，提升品牌口碑。

（4）实现用户数据的收集和分析，为后续的营销策略提供数据支持。

三、案例过程

1. 用户画像构建

（1）收集品牌官网、社交媒体、电商平台等渠道的用户数据，包括基本信息、行为数据和消费习惯等。

（2）对收集到的数据进行深入分析，提炼出目标用户群体的特征和需求。

（3）根据分析结果，形成完整的用户画像，包括年龄、性别、地域、收入、职业、兴趣爱好等多个维度。

2. 用户运营策略制定

（1）根据用户画像，制定有针对性的内容策略和活动策略。例如，针对年轻女性用户，可以发布关于美容、护肤、时尚等话题的内容；针对高端用户，可以推出定制化的产品或服务。

（2）设计吸引用户的互动活动，如线上抽奖、优惠券发放、会员积分兑换等。同时，可以结合社交媒体平台的特点，制定个性化的活动方案。

（3）制定个性化的内容推荐策略，根据用户的兴趣和需求，推送相关的文章、视频或产品信息。通过收集用户反馈，不断优化推荐算法。

3. 用户运营活动实施

（1）在品牌官方新媒体平台（微信、微博、抖音等）上开展用户运营活动，包括发布文章、视频、举办线上活动等。

（2）通过数据分析工具，实时监测活动效果，如关注度、参与度、留存率等指标。根据数据反馈调整运营策略，优化活动方案。

（3）维护良好的用户关系，及时回复用户留言和私信，解决用户问题，提供个性化的服务。同时，通过收集用户反馈，不断完善产品和服务。

4. 用户体验优化

（1）持续优化品牌官方新媒体平台的界面设计和功能布局，提升用户使用体验。例如，简化注册流程、优化购买流程等。

（2）定期收集用户反馈，针对用户提出的问题和建议进行改进。例如，优化产品包装、增加配送方式等。

（3）通过用户满意度调查，了解用户对品牌的满意度和忠诚度，为下一步运营决策提供依据。根据调查结果，制订针对性的改进措施和提升计划。

5. 实现用户数据的收集和分析

（1）在新媒体平台中设置数据收集和分析工具，进行数据跟踪和分析。

（2）对收集到的数据进行深入挖掘和分析，了解用户的兴趣、行为和需求等信息。例如，通过分析用户的搜索记录和浏览记录，了解其购买意向和消费习惯等信息。

（3）根据分析结果调整和优化营销策略，例如调整广告投放策略、优化产品定位等。同时也可以根据数据分析结果进行个性化营销推广方案的制定和实施。例如针对不同用户群体制定不同的促销活动方案或者针对不同地域的用户进行差异化营销推广等。

四、案例总结

通过本次用户运营活动，品牌成功吸引了大量潜在客户，提高了用户活跃度、留存率和转化率。同时，优化了用户体验，提升了品牌口碑。本案例表明，制定有针对性的用户运营策略，关注用户需求和体验，对品牌新媒体运营具有重要意义。同时，借助数据分析工具进行数据分析和挖掘可以为后续的营销策略提供更加精准的数据支持，提高营销效果，进而促进品牌的可持续发展。

【启发与思考】

（1）用户画像对品牌新媒体用户运营的重要性体现在哪些方面？如何根据用户画像制定有针对性的运营策略？

（2）在本案例中，品牌采取了哪些措施来提高用户活跃度、留存率和转化率？请分析这些措施的有效性。

（3）如何根据用户需求和体验优化用户运营策略？本案例中有哪些具体的做法可以借鉴？

任务一　新媒体用户画像

一、筛选目标用户

在新媒体用户运营中，确定目标用户群体是非常重要的一步。只有明确了目标用户，才能有针对性地进行运营和营销活动。本部分将介绍如何确定目标用户群体，并提供筛选目标用户的方法和技巧。

筛选目标用户

1. 确定目标用户群体的步骤

（1）市场调研

进行市场调研，了解目标市场的特点和趋势。通过收集和分析市场数据，确定潜在用户群体的规模、需求和行为特点。通过市场调研，了解目标市场的规模、成长性、消费者行为和竞争情况等信息。这些信息能体现市场的机会和风险，为后续的运营策略提供依据。

（2）用户调查

开展用户调查，直接与目标用户进行沟通和交流。通过问卷调查、访谈或焦点小组讨论，了解用户的需求、喜好、习惯等信息。通过用户调查，了解用户的痛点和需求，获取他们的反馈和建议，为产品或服务的改进提供指导。同时，与用户直接沟通，可以建立与用户的信任和联系，增强用户黏性。

（3）数据分析

利用现有的用户数据进行分析，挖掘用户的行为特征和消费习惯。通过数据分析工具，如社交媒体分析工具等，获取用户的访问量、互动行为、购买记录等数据。进行数据分析，可以更加深入地了解用户的兴趣爱好、行为习惯和消费能力等信息。这些信息有助于更好地定位目标用户群体，制定更加精准的运营策略。

（4）竞争对手分析

研究竞争对手的用户群体，了解他们的特点和优势。通过对竞争对手的用户群体进行调研和分析，找到自己的差异化优势，吸引目标用户。通过对竞争对手的用户群体进行分析，了解竞争对手的用户群体的特点、需求和行为习惯等信息。这些信息有助于更好地定位自己的优势和差异化点，从而吸引目标用户群体。

（5）用户画像

综合以上步骤的数据和信息，进行用户画像的构建。根据用户的年龄、性别、地域、职业、兴趣爱好等特征，形成具体的用户画像，如图6-1所示。用户画像可以更加直观和具体地展示用户形象，有助于更好地了解目标用户群体，为后续的运营和营销活动提供指导。

图6-1　用户画像

2. 筛选目标用户的方法和技巧

在确定了目标用户群体之后，需要筛选目标用户。筛选目标用户是为了更加精准地定位目标用户群体，提高运营效果和营销转化率，以下是一些筛选目标用户的方法和技巧。

（1）根据产品或服务的特性初步筛选出目标用户群体

在确定目标用户群体时，需要考虑产品或服务的特性，初步筛选出符合条件的目标用户群体。例如，对于一款针对职场人士的学习应用，可以初步筛选出年龄在 25 ～ 45 岁、公司职员、对学习和成长有需求的用户群体。

（2）通过市场调研和用户调查深入了解目标用户群体的需求和特点

在初步筛选出目标用户群体之后，需要通过市场调研和用户调查等手段，深入了解目标用户群体的需求和特点。例如，了解他们的收入水平、消费习惯、使用场景、痛点和需求等，以便更好地定位产品或服务的功能和特点。

（3）利用数据分析工具挖掘用户的行为特征和消费习惯

除了市场调研和用户调查之外，还可以利用数据分析工具对已有的用户数据进行挖掘和分析。例如，通过分析用户的浏览记录、购买记录等数据，挖掘出用户的行为特征和消费习惯，以便更好地定位目标用户群体。

（4）对竞争对手的用户群体进行分析，找到自己的差异化优势

除了了解自己的目标用户群体之外，还需要对竞争对手的用户群体进行分析。通过分析竞争对手的产品或服务特点、目标用户群体等，找到自己的差异化优势，以便更好地吸引目标用户群体。

（5）综合以上数据和信息构建出具体的用户画像

整合以上步骤的数据和信息，可以构建出具体的用户画像，描述出目标用户群体的特征和需求。这些用户画像能展示出更加直观和具体的用户形象，有助于更好地了解目标用户群体，为后续的运营和营销活动提供指导。目标用户定位涉及的具体方面如图 6-2 所示。

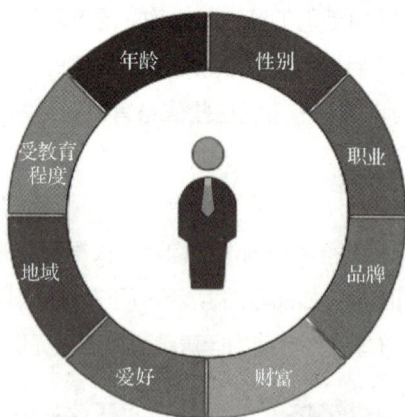

图 6-2　目标用户定位涉及的具体方面

筛选目标用户是新媒体运营中非常关键的一步，需要采取科学的方法和技巧对目标用户进行筛选和分析。只有明确了目标用户的需求和特点，才能更好地进行运营和营销活动，提高转化率和变现效果。以上的方法和技巧，可以帮助运营者更准确地筛选出目标用户群体，并制定针对性的运营

策略和营销方案。同时，需要不断跟进市场变化和用户需求的变化，灵活调整目标用户群体，以适应不断变化的市场环境。

二、用户行为特征分析

用户行为特征分析是新媒体用户运营中的重要一环，分析用户在新媒体平台上的行为特征，可以更好地了解用户的喜好、习惯和需求，从而制定更有针对性的运营策略和营销方案。收集、处理和分析用户行为数据，可以深入了解用户的需求、兴趣和行为特点，为产品或服务的优化提供重要依据。

用户行为特征
分析

1. 用户行为特征分析的基本概念

用户行为特征分析是通过收集和分析用户在产品或服务使用过程中的各种数据，提取用户的行为特征和需求信息的过程。这些数据包括用户点击流数据、页面停留时间、跳出率、搜索关键词等，通过这些数据可以了解用户的使用习惯、购买偏好等。

2. 用户行为特征分析的方法

用户行为特征分析的方法是指通过对用户行为数据的收集、处理和分析，提取用户的行为特征和需求信息的过程，以下是对用户行为特征分析的详细描述。

（1）数据收集

用户行为数据的收集可以通过多种途径实现，包括用户调研、社交媒体分析、网站流量统计、用户行为跟踪等。

在收集数据时，需要注意数据的全面性和准确性，以避免出现数据偏差和误导。

（2）数据清洗和处理

收集到的数据需要进行清洗和处理，以去除噪声和重复信息，保证数据的准确性和可靠性。

数据清洗和处理包括数据去重、填补缺失值、处理异常值等操作。

（3）数据分析

用户行为特征分析的核心是数据分析，通过对处理后的数据进行深入挖掘和分析，提取用户的行为特征和需求信息。

数据分析方法包括统计分析、机器学习、关联规则挖掘等技术，可以借助专业的数据分析工具或编程语言实现。

（4）可视化展示

为了更直观地呈现分析结果，可以使用数据可视化工具将数据分析结果进行展示。

数据可视化可以通过图表、图形等方式展示数据和分析结果，有助于更好地理解和解释数据，发现其中的规律和趋势。

3. 用户行为特征分析的实践技巧

（1）定义目标和确定分析范围

在开始分析之前，需要明确分析的目标和范围，以便更有针对性地收集和分析数据。例如，是为了了解用户的使用习惯还是购买偏好，或者是为了优化产品的设计和功能。明确目标后，可以更有针对性地收集和分析数据。

（2）合理选择数据分析工具

根据需要选择合适的数据分析工具。例如，可以使用 Python 等编程语言结合数据分析库进行数据处理和分析，或者使用 Power BI 等工具进行数据可视化展示和分析。选择合适的工具可以提高数据分析的效率和准确性。

（3）定期更新和监控数据

用户行为是动态变化的，因此需要定期更新和监控用户行为数据和分析结果。这有助于及时发现用户需求的变化和新趋势，以便及时调整产品或服务策略。同时需要注意与用户沟通和互动的渠道是否安全可靠，避免采用不安全的通信协议和软件插件等带来的安全风险。

4. 用户行为路径分析的实际案例

（1）某电商网站用户行为路径分析

该电商网站通过分析用户在网站内的点击路径、浏览页面的时长、跳出率等数据，发现用户流失率较高，其中用户在购物车环节的流失率尤其突出。经过进一步分析，发现用户在购物车环节中，某些步骤的操作流程过于复杂，导致用户放弃购买。针对这一问题，该电商网站对购物车的操作流程进行了优化，使购物车的使用更加便捷和高效，从而提高了用户的购买率和转化率。

（2）某在线教育平台用户行为路径分析

该在线教育平台通过分析用户的注册流程和购买流程，发现用户的注册流失率较高，其中，用户在填写身份信息时的流失率最高。经过进一步分析，发现用户在该步骤的操作流程过于烦琐，需要填写的信息较多，且涉及个人隐私。针对这一问题，该在线教育平台简化了填写身份信息的流程，并加强对用户隐私的保护，从而提高了用户的注册率和转化率。

（3）某新闻 App 用户行为路径分析

该新闻 App 通过分析用户的阅读路径和分享路径，发现用户在阅读新闻的过程中，点击分享按钮的比例较高，但实际分享成功的比例较低。经过进一步分析，发现用户在分享新闻时，需要跳转到其他社交平台才能完成分享，但该新闻 App 没有与这些社交平台进行深度整合，导致分享过程不顺畅。针对这一问题，该新闻 App 加强了与社交平台的深度整合，使分享过程更加顺畅和便捷，从而提高了用户的分享率和转化率。

这些案例说明了用户行为路径分析的重要性和实用性。分析用户的行为路径，可以发现用户在使用产品或服务过程中遇到的问题和痛点，从而针对性地优化产品或服务，提升用户的体验和转化率。

5. 用户画像分析的具体步骤

数据采集。收集与目标用户相关的各种数据，包括但不限于年龄、性别、地理位置、教育背景、职业、收入、婚姻状态、消费习惯等。可以通过用户调研、社交媒体分析、网站流量统计、用户行为跟踪等途径获取数据。

数据治理。将收集到的数据进行分类整理，以便更好地了解用户需求以及兴趣偏好。可以借用数据分析工具或者手动整理数据。

用户行为分析。对用户数据进行分析，寻找用户的共性。例如，用户的年龄、性别、职业、地域等。同时也要留意用户的差异性，例如，不同地理位置的用户可能有不同的文化背景和消费习惯。

创建用户画像。根据用户行为特点和需求创建用户画像。用户画像可以包括用户的基本信息、兴趣爱好、购买习惯、使用偏好、价值观等。

用户画像应用。将用户画像应用于产品服务的设计和营销中，更好地满足用户需求。

在以上步骤中，需要注意以下几点。

（1）明确企业活动的目的。在正式进行用户画像分析之前，要明确一个先后关系。即不是绘制出用户画像后，才能够去接产品任务，而是企业在设定了本次营销推广／产品设计任务后，再进行用户画像绘制。因为只有弄清楚了企业本次活动的目的，才能在用户的众多标签中挑选出符合本次活动需求的标签。

（2）搜集用户数据。在明确企业本次活动任务后，企业便可以开始组织收集用户信息数据。用户数据包含静态数据与动态数据两部分。所谓静态数据就是关于用户的静态信息，这部分信息长时间固定不变，如人口属性、商业属性、消费属性及生活爱好等信息。动态数据，顾名思义这部分信息数据会随着消费者生活的变化而产生变化。具体来说包括访问时长、访问次数、访问频次等。

（3）构建用户画像。在搜集完用户数据信息之后，企业便可以让专业人士进行用户画像分析，对搜集到的信息建模，进行分类汇总。收集到的信息主要可以分类汇总成以下几个部分。Who：区分用户，定位用户信息。When：用户这一消费（浏览）行为主要在什么时间段内发生。Where：用户行为接触点，用户在哪里可以看到这些产品信息。What：用户接触到了关于产品的何种信息，如产品性能、产品定位、产品代言人等。Action：用户在浏览产品信息后，所产生的行动，如打开购买网页、收藏、转发或者查阅更多相关信息。

（4）将数据进行可视化分析。用文字描述用户信息往往并不清晰，因而可以借助一些辅助工具将收集到的用户信息进行数据可视化。可以分析用户的年龄段、生活地区、月收入占比等，从这些数据化基础信息中提取出对企业本次活动有帮助的信息。

（5）结论和建议。根据分析结果，得出结论并提出建议。例如，可以确定目标用户群体的特征和需求，为产品或服务的优化提供指导。此外还可以提出针对性的营销策略和运营活动建议。

（6）定期更新和监控。用户行为是动态变化的，因此需要定期更新和监控用户行为数据和分析结果。这有助于及时发现用户需求的变化和新趋势，以便及时调整产品或服务策略。同时需要注意保护用户的隐私和数据安全，确保数据的合法性和道德性。

↘ 三、用户画像常见标签

用户画像是通过对用户的特征和行为进行分析，形成的对用户的综合描述。常见的用户画像标签包括年龄、性别、地域、兴趣爱好等。这些标签可以帮助运营者更好地了解用户的特点和需求，从而进行精准的营销和运营。

用户画像常见
标签

1. 常见的用户画像标签

（1）人口统计标签包括年龄、性别、婚姻状况、职业、收入、受教育程度等基本信息。这些标签可以帮助企业了解用户的基本特征和消费能力，为产品设计和市场定位提供依据。

（2）行为习惯标签包括用户的浏览历史、购买记录、搜索记录、点击行为、页面停留时间等。这些标签可以反映用户的兴趣爱好、需求和消费习惯，为企业提供更加精准的产品推荐和营销策略。

（3）地理位置标签包括用户的 IP 地址、地理位置信息、城市、地区等。这些标签可以帮助企业了解用户的地域特征和分布情况，为产品推广和市场策略提供参考。

（4）设备标签包括用户的设备类型、操作系统、浏览器等信息。这些标签可以帮助企业了解用户的使用设备和网络环境，为网站优化和移动应用开发提供依据。

（5）兴趣爱好标签包括用户关注的话题、兴趣爱好、品牌偏好等。这些标签可以反映用户的消费心理和价值观，为企业提供更加个性化的产品设计和营销策略。

（6）购买行为标签包括用户的购买记录、购买频率、购买金额等。这些标签可以反映用户的购买能力和购买习惯，为企业提供更加精准的营销策略和产品推荐。

（7）社交关系标签包括用户的社交媒体账号、社交网络关系等。这些标签可以帮助企业了解用户的社交行为和社交圈子，为产品推广和品牌传播提供参考。

这些标签可以单独或组合使用，帮助企业更加全面地了解用户特征和需求，提高产品设计和营销策略的精准度和效果。同时，需要注意保护用户的隐私和数据安全，避免滥用用户数据和侵犯用户权益的行为。

2. 根据用户画像标签进行精准营销的方法实践

假设某电商网站拥有大量的用户数据，包括用户的购买记录、搜索历史、浏览记录等。该电商网站希望根据用户画像标签进行精准营销，提高销售额和用户满意度，以下是进行精准营销的要点。

（1）确定目标受众

该电商网站通过人口统计标签将目标受众定义为年龄在 25 ~ 35 岁、已婚且有孩子的家庭妇女。

（2）分析目标受众的需求和兴趣

通过分析用户的行为数据和购买记录，该电商网站发现目标受众在购买家庭用品时看重的因素是价格、品质和实用性。此外，她们在周末和晚上浏览网站的时间较多。

（3）制定个性化的营销策略

根据目标受众的需求和兴趣，该电商网站制定了个性化的营销策略。例如，在价格方面，可以向目标受众推出一些价格适中但品质优良的产品；在实用性方面，可以推出一些适合家庭使用的多功能产品。此外，可以在周末和晚上加大网站推广和促销活动的力度。

（4）运用数据分析和挖掘技术

该电商网站使用聚类分析将目标受众分成不同的群体，例如价格敏感型、品质追求型和实用主义型等。对于不同群体，可以制定不同的营销策略。此外，还可以使用关联规则挖掘目标受众之间的关联关系，例如购买了某种产品的用户还购买了哪些其他产品，从而制定更加精细的营销策略。

（5）监测和调整营销策略

该电商网站通过分析邮件的打开率和点击率、网站流量和销售额等指标来评估营销策略的效果。例如，如果邮件的打开率和点击率较高，但网站流量和销售额没有明显增长，可能需要调整邮件的内容和发送频率；如果网站流量和销售额较高，但用户满意度不高，可能需要改进产品品质和服务质量。

（6）保护用户隐私和数据安全

该电商网站通过加密技术保护用户的个人信息和交易数据，避免数据泄露和滥用。此外，还需遵守相关的法律法规和规定，保障用户的合法权益。

总之，根据用户画像标签进行精准营销需要深入了解目标受众的需求和兴趣，制定个性化的营销策略，运用数据分析和挖掘技术，监测和调整营销策略，并注意保护用户隐私和数据安全，才能取得良好的营销效果。

任务二　新媒体用户运营

一、新媒体用户拉新运营

新媒体用户拉新运营是指通过各种策略和手段吸引潜在用户关注、注册和使用新媒体平台的运营过程。拉新运营是新媒体用户运营中的重要一环，对平台的发展具有关键作用。

1. 新媒体用户拉新运营的常见方法与注意事项

（1）常见方法

① 定位目标用户群体。在开始拉新运营之前，需要明确目标用户群体，包括他们的年龄、性别、兴趣爱好、需求等方面的特征。这样有助于制定更加精准的拉新策略，提高拉新效果。如果新媒体平台是一个旅游分享平台，那么可以将目标用户群体定位为喜欢旅游的年轻人，他们可能是学生或年轻上班族，对旅游有着浓厚的兴趣和热情。

② 制作有吸引力的内容。提供有价值的、有趣的内容是吸引潜在用户关注和注册的重要手段。内容可以包括文章、视频、图片等多种形式，应针对目标用户的需求和兴趣进行制作，以吸引他们的关注。为吸引潜在用户的关注，可以发布各种旅游攻略、游记、景点推荐等内容。例如，可以制作一系列关于国内外旅游胜地的视频，介绍当地的美食、文化、景点等，以吸引用户的关注和注册。

③ 设定明确的目标和指标。制定可衡量的目标和指标，如点击率、转化率等，以评估拉新运营的效果。这些数据可以帮助团队了解哪些策略有效，哪些需要改进，从而优化拉新策略。例如，可以设定一个目标，每个视频的点击次数要达到 10 万次以上，转化率要达到 2% 以上。

④ 利用社交媒体平台。通过社交媒体平台（如微信、微博、抖音等）宣传和推广新媒体平台，利用平台的流量和影响力来吸引潜在用户关注和注册。可以采取多种方式，如与意见领袖合作、进行社交媒体广告投放等。在社交媒体平台上发布关于旅游的相关内容，以吸引潜在用户的关注和注册。例如，可以在微博上发布旅游相关的短视频，与意见领袖合作进行推广等。

⑤ 优化用户体验。在潜在用户关注和注册后，提供优质的用户体验是留住他们的关键。这包括简化注册流程、提供清晰的用户指南和帮助文档、优化页面设计等。

⑥ 开展活动和互动。通过举办互动活动（如抽奖、投票、问答等）来吸引潜在用户的参与和关注。此外，合理运用评论区、私信等功能，与用户保持互动，提高他们的活跃度和留存率。例如，可以举办一个旅游照片分享活动，让用户分享他们在旅游中的照片和故事，并评选出最佳照片给予奖励等。

⑦ 利用搜索引擎优化（SEO）。通过优化网站结构和内容，提高新媒体平台在搜索引擎中的排名，从而吸引更多的潜在用户关注和注册。例如，可以在网站上添加相关的关键词和描述，提高网站的 SEO 排名等。

⑧ 与其他平台或品牌合作。与其他平台或品牌合作，通过互相推广和宣传来提高新媒体平台的知名度，吸引更多的潜在用户关注和注册。例如，可以和与旅游相关的航空公司、酒店等合作，互相推广和宣传，提高平台的知名度等。

（2）注意事项

在进行新媒体用户拉新运营时，需要注意以下几点。

① 持续优化策略。根据数据和用户反馈持续优化拉新策略，包括调整目标用户群体的定位、优化内容制作、改进用户体验等，以提高拉新效果。

② 关注用户需求。了解潜在用户的需求和兴趣，提供符合他们需求的内容和服务，以提高注册率和转化率。

③ 提供个性化的体验。根据用户的兴趣和行为特征提供个性化的内容和消息推送，提高用户的参与度和留存率。

④ 保持与用户的互动。积极回应用户的反馈和评论，与用户保持沟通和互动，提高用户的忠诚度和留存率。

⑤ 合理利用广告投放。通过广告投放提高新媒体平台的知名度，吸引更多的潜在用户关注和注册。但要注意广告投放的效果和投资回报率。

⑥ 建立良好的社区环境。建立健康的社区环境，鼓励用户之间的交流和互动，从而提高用户的活跃度和留存率。可以通过设置热门话题、举办线上活动等方式来提高社区的活跃度。

⑦ 定期更新内容。定期更新和优化新媒体平台的内容和服务，以满足用户不断变化的需求，增强用户的黏性。

⑧ 利用数据分析工具。运用数据分析工具对用户行为和需求进行分析，了解目标用户的特征和偏好，以便更好地定位内容和活动策略。这将有助于提高拉新效果并优化用户体验。

⑨ 个性化推送和推荐。通过个性化推送和推荐机制向用户提供定制化的内容和消息推送。根据用户的兴趣、行为特征及需求来增强用户的黏性，同时也可以提升用户体验和满意度，进而提高用户的转化率和变现能力，为平台带来更多的收益。

⑩ 提供优质的服务支持。通过提供优质的用户服务和支持来提高用户的信任度和满意度，进而提高用户的转化率和变现能力，同时也可以提高用户的留存率和忠诚度，为平台的长期发展奠定良好的基础。

2. 拉新运营实操案例

（1）美团外卖。美团外卖通过在高校、白领聚集的区域进行地推，提供首单减免、满额减免等优惠活动，吸引潜在用户下载并使用美团外卖 App。同时，美团外卖还通过与知名品牌合作，推出联合营销活动，提高品牌知名度，增强用户黏性。

（2）瑞幸咖啡。瑞幸咖啡通过在社交媒体平台和线下门店进行宣传，提供优惠券、买一赠一等促销活动，吸引潜在用户下载并使用其 App。此外，瑞幸咖啡还通过与第三方平台合作，如美团、饿了么等，提高品牌曝光度，扩大用户群体。

（3）知乎。知乎通过在社交媒体平台和线下活动中宣传其知识分享社区，吸引潜在用户注册并参与讨论。此外，知乎还通过推出会员制度、与知名人士合作等方式，增强用户黏性和品牌影响力。

（4）小红书。小红书通过在社交媒体平台和线下活动中宣传其购物分享社区，吸引潜在用户下载并使用其 App。小红书还通过与品牌合作，推出独家折扣等优惠活动，增强用户黏性和购买欲望。

（5）滴滴出行。滴滴出行通过在街头商铺、公共场所等区域进行地推，提供首单减免、发放优惠券等优惠活动，吸引潜在用户下载并使用其 App。此外，滴滴出行还通过与出租车公司、司机合作，提供更好的服务体验和更广泛的覆盖范围，提高品牌知名度，增强用户黏性。

这些案例都是拉新运营的实操案例，通过不同的策略和方式吸引了大量的潜在用户并提高了品牌知名度。学习案例中的实用的技巧和方法，可以为拉新运营提供一些启示和帮助。

↘ 二、新媒体用户促活运营

用户促活运营是新媒体运营中的重要一环，它通过各种策略和手段提高用户的活跃度和参与度，进而提升品牌影响力，增强用户黏性。

1. 新媒体用户促活运营的策略和方法

（1）开展互动活动

互动活动是通过举办互动性强的活动来吸引用户参与，从而提高用户活跃度和参与度的运营策略。常见的互动活动包括抽奖、投票、问答等。

例如，抽奖活动可以通过设置奖项和参与条件，吸引用户参与抽奖，进而提高用户的活跃度和参与度。投票活动则可以通过设置投票主题，引导用户发表意见和看法，进而提高用户的活跃度和参与度。问答活动则可以通过设置问题，引导用户回答和分享，进而提高用户的活跃度和参与度。

（2）社区建设

社区建设是通过建立健康的社区环境，鼓励用户之间的交流和互动，从而提高用户的活跃度的运营策略。常见的社区建设方式包括建立官方论坛、社群、圈子等。

在社区建设中，需要注意以下几点：

① 设定明确的社区主题和规则，确保社区的健康和稳定；

② 提供有价值的内容和服务，吸引用户参与和留存；

③ 鼓励用户之间的交流和互动，提高用户的参与度；

④ 及时回复用户的问题和反馈，提高用户满意度和忠诚度。

（3）个性化推送

个性化推送是根据用户的兴趣和行为特征，推送个性化的内容和消息，以提高用户的活跃度和参与度的运营策略。常见的个性化推送方式包括基于用户行为的推送、基于用户兴趣的推送等。

在进行个性化推送时，需要注意以下几点：

① 深入了解目标用户的需求和兴趣，以便更好地定位内容和消息；

② 提供有价值的内容和服务，吸引用户的关注和留存；

③ 避免过度推送和骚扰用户，保持推送的质量和频率；

④ 及时调整和优化推送策略，提高推送的效果和用户的满意度。

（4）制订积分奖励计划

积分奖励计划是通过积分奖励来激励用户，同时提高用户的忠诚度和留存率的运营策略。常见的积分奖励计划包括积分兑换礼品、积分兑换优惠券等。

在制订积分奖励计划时，需要注意以下几点：

① 设定合理的积分规则和兑换规则，确保计划的健康和稳定；

② 提供有吸引力的奖品和优惠券，吸引用户；

③ 及时更新和调整积分奖励计划，提高计划的效果和用户的满意度；

④ 保证积分的公正性和透明度，提高用户的信任度和忠诚度。

总之，新媒体用户促活运营是增强品牌影响力和用户黏性的重要手段。开展互动活动、社区建设、个性化推送和制订积分奖励计划等策略和方法，可以有效地提高用户的活跃度和参与度。然而，需要注意的是，不同的策略和方法适用于不同的目标用户群体和品牌需求。因此，在进行新媒体用户促活运营时，需要深入了解目标用户的需求和兴趣，选择合适的策略和方法，并进行持续改进和优化。

2. 新媒体用户促活运营案例

（1）腾讯视频

腾讯视频通过与多家电影公司合作推出独家在线观影活动，吸引用户参与，提高了用户留存率和付费率。腾讯视频是在线视频平台，提供大量的电影、电视剧、综艺节目等视频内容的观看服务。在用户促活运营方面，腾讯视频通过多种手段提高用户的活跃度和参与度。其中，在线观影活动是腾讯视频用户促活运营的重要手段之一。其中的独家影片包括最新的大片、经典的影片及一些特别制作的纪录片等，为用户提供了更加丰富的观影选择。在活动期间，腾讯视频通过社交媒体平台进行了广泛的宣传和推广，通过直播、短视频等形式展示了影片的精彩片段和幕后制作花絮，吸引用户的关注和兴趣。此外，腾讯视频还通过与知名博主或意见领袖合作进行口碑营销，提高了活动的知名度和影响力。为了提高用户的参与度，腾讯视频还推出了一些互动环节和福利。用户可以在观影过程中参与投票、评论和互动问答等活动，并且有机会获得一些特别的奖励和优惠。此外，腾讯视频还根据用户的反馈和意见不断调整和优化活动策略，提高了用户满意度和忠诚度。

（2）知乎

知乎通过推出知乎Live等互动产品，提供有价值的直播和互动功能，提高了用户活跃度。

知乎是一个知识分享和交流的平台，用户可以在上面提问、回答问题、分享知识和见解。为了提高用户的活跃度，知乎推出了Live直播功能，提供有价值的直播内容，增强用户互动性。在Live直播中，知乎邀请了各个领域的专家和知识达人进行直播分享，内容涉及科技、教育、文化、娱乐等各个方面。用户可以在直播中与嘉宾互动、提问和交流，获取有用的知识和见解。同时，知乎还通过积分奖励计划等手段激励用户。用户可以通过参与直播、提问、回答问题等方式获得积分奖励，积分可以用来兑换礼品或虚拟道具等。通过Live直播和积分奖励计划等手段，知乎提高了用户的活跃度，增强了用户互动性。同时，知乎也提供了有价值的内容和服务，提高了用户满意度和忠诚度。

（3）美团外卖

美团外卖通过与微博、微信等社交媒体平台合作，推出优惠券和促销活动，吸引了大量年轻用户的关注和参与。美团外卖是一款在线外卖订购平台，为用户提供便捷的外卖订购服务。为了吸引更多用户的关注和注册，美团外卖利用分发优惠券和促销活动等手段，提高用户的活跃度和参与度。美团外卖的优惠券和促销活动包括多种形式，如满减优惠、折扣优惠、赠品优惠等。用户可以通过完成订单、签到、分享等任务获取优惠券和参加促销活动。美团外卖针对不同地区和不同商家推出特色优惠券和促销活动，吸引用户的关注和消费。美团外卖还通过社交媒体平台进行宣传和推广，吸引更多用户的关注和参与。同时，美团外卖根据用户的行为和反馈进行数据分析和挖掘，不断优化活动策略和促销方案，提高用户满意度和忠诚度。

（4）今日头条

今日头条通过个性化推荐系统和积分奖励计划等手段，提供有价值的内容和服务，提高了用户活跃度。今日头条是一款新闻资讯应用，提供个性化的新闻推荐服务。为了提高用户的活跃度，今日头条推出了个性化推荐系统和积分奖励计划等活动。今日头条的个性化推荐系统根据用户的兴趣和行为数据，推荐符合用户需求的新闻内容。今日头条根据用户的反馈和意见进行数据分析和挖掘，不断优化推荐算法和提高推荐质量。积分奖励计划是今日头条激励用户参与和活跃的重要手段之一。用户可以通过阅读新闻、评论、分享等行为获得积分奖励，积分可以用来兑换礼品或虚拟道具等。今日头条还根据用户的积分排名和荣誉勋章等荣誉机制激励用户。通过个性化推荐系统和积分奖励计划等手段，今日头条提高了用户的活跃度，增强了用户互动性。同时，今日头条也提供了有价值的内容和服务，提高了用户满意度和忠诚度。

这些案例都表明了新媒体用户促活运营的重要性和有效性。通过对用户需求和兴趣的深入了解，选择合适的策略和方法，并进行持续改进和优化，帮助品牌更好地吸引和留住用户，增强品牌影响力和用户黏性。

三、新媒体用户留存运营

提高用户的留存率，让用户持续关注和使用新媒体平台，是新媒体运营的重要目标之一。留存运营策略有助于提高用户的忠诚度和活跃度，延长用户在平台上的停留时间。本部分将介绍如何提高用户的留存率，让用户持续关注和使用新媒体平台，并提供留存运营的策略和实操技巧。

1. 提高用户留存率的方法

（1）了解用户需求和兴趣

了解用户需求和兴趣是新媒体用户留存运营的基础。深入了解用户的需求和兴趣，可以更好地定位和提供符合用户需求的有价值内容。可以通过用户调研、数据分析、竞品分析等方式获取用户反馈，了解用户的需求和兴趣，从而制定更加精准的运营策略。同时，要根据用户的反馈和意见不断优化产品和服务，提高用户的满意度和忠诚度。例如，知乎通过用户调研和数据分析，了解到用户对高质量的知识分享和深度讨论有强烈的需求，因此知乎定位为提供专业、有趣、有深度的内容的问答社区，吸引了大量有求知欲的用户。

（2）提供个性化的体验

提供个性化的体验是新媒体用户留存运营的重要手段之一。分析用户的行为和反馈，可以制定个性化的推荐和定制化的服务，提高用户的满意度和忠诚度。可以利用大数据和人工智能技术，根据用户的兴趣和行为数据，推荐相关的文章、视频、产品等；或者根据用户的地理位置和消费习惯，推荐附近的商家和活动等。同时，要根据用户的反馈和意见不断优化推荐算法和提高推荐质量，提高用户的满意度和忠诚度。例如，亚马逊通过分析用户的购物历史、浏览记录等数据，为用户推荐个性化的商品，同时根据用户的反馈和评价不断优化推荐算法，提高用户满意度和忠诚度。

（3）建立社区氛围

建立社区氛围可以提高用户的参与度。举办线上或线下的活动，如问答、抽奖、讨论等，鼓励用户之间进行交流和互动。同时，建立社区规则和管理机制，维护良好的社区氛围，提高用户的满意度和忠诚度。可以在社交媒体平台上推出话题讨论、线上讲座等活动，吸引用户参与和互动；或者在论坛或微信群中建立规则和管理机制，维护良好的讨论氛围。同时，要注意引导用户参与和互动，鼓励用户发表自己的观点和意见，提高用户的参与度。例如，小红书通过推出话题讨论、直播、短视频等形式，鼓励用户之间进行交流和互动，同时建立社区规则和管理机制，维护良好的社区氛围，提高了用户的参与度。

（4）创新营销方式

创新营销方式可以吸引更多用户关注和留存。运用短视频、直播、社交媒体等形式进行营销推广，或者与知名博主或意见领袖合作进行口碑营销，可以增强品牌影响力和用户黏性。可以利用短视频平台发布有趣的短视频内容，吸引用户的关注和留存；或者邀请知名博主或意见领袖进行直播分享，吸引他们的粉丝参与互动。同时，要根据不同的平台和目标用户选择合适的营销方式，制定有针对性的营销策略，提高营销效果和用户转化率。例如，抖音通过短视频平台发布有趣的短视频内容，吸引了大量用户的关注和留存，同时推出直播功能，邀请知名博主或意见领袖进行直播分享，吸引了他们的粉丝参与互动，增强品牌影响力和用户黏性。

（5）建立用户反馈机制

建立用户反馈机制可以及时收集和处理用户的反馈和问题。分析和处理用户反馈，可以改进产品和服务，提高用户的满意度和忠诚度。可以在社交媒体平台上推出投诉和建议专区，收集用户的反馈和问题；或者通过调查问卷和访谈等方式了解用户的需求和意见，针对性地改进产品和服务。同时，要注意及时回复用户的反馈和问题，积极解决用户的问题和投诉，提高用户的满意度和忠诚度。例如，微信通过推出投诉和建议专区以及调查问卷和访谈等方式了解用户的需求和意见，针对性地改进产品和服务，提高了用户的满意度和忠诚度，同时及时回复用户的反馈和问题，积极解决用户的问题和投诉。

总之，新媒体用户留存运营需要深入了解用户需求和兴趣，选择合适的策略和方法，并进行持续改进和优化。同时，需要注意与用户的互动和收集反馈，建立良好的用户关系和社区氛围。通过不断改进产品和服务，提高用户的满意度和忠诚度，增强品牌影响力和用户黏性。

2. 用户留存运营案例实践

（1）中国移动积分兑换礼品活动

中国移动推出的积分兑换礼品活动是一种常见的用户留存策略。在这种活动中，用户通过积累消费积分，然后可以兑换自己喜欢的礼品。这种活动机制可以有效地提高用户的忠诚度和参与度，因为用户会为了兑换礼品而更多地使用中国移动的服务。同时，这种活动还鼓励用户之间互动。用户不仅可以兑换自己喜欢的礼品，还可以分享自己的兑换经验和心得，这可以吸引更多的用户参与活动。通过这种方式，中国移动不仅提高了品牌影响力，还加强了与用户的互动和联系。

（2）支付宝"集五福"活动

支付宝的"集五福"活动是一种创新性的营销方式，它通过社交媒体平台进行推广，吸引了大量用户参与和留存。在活动中，用户可以通过扫福字、获得好友赠送的福卡等方式收集福卡，最后合成五福即可获得随机金额。这种活动方式具有很强的社交性，它鼓励用户之间的互动和合作。用户不仅可以通过活动获得奖品，还可以通过分享和互动来拓宽自己的社交圈。同时，这种活动还利用了支付宝的支付功能，让用户在参与活动的同时也可以进行线上购物和支付，增强了活动的实用性和吸引力。通过这种方式，支付宝不仅提高了用户的参与度，还提高了品牌影响力和用户忠诚度。同时，该活动也提供了一种创新性的营销方式，为其他企业提供了借鉴和启示。

（3）知乎知识分享活动

知乎的知识分享活动是一种以知识分享为主题的活动，它通过提供有价值的内容和服务来吸引用户参与和留存。在活动中，用户可以在平台上分享自己的知识和经验，同时也可以与其他用户进行交流和互动。这种活动方式可以提高用户的参与度，同时也可以提高品牌影响力和用户忠诚度。通过为用户提供一个分享知识和经验的平台，知乎不仅提高了用户满意度和忠诚度，还加强了与用户的互动和联系。同时，该活动也为知乎提供了一种创新性的营销方式，为其他企业提供了借鉴和启示。

（4）小红书种草活动

小红书的种草活动是一种以产品推荐和真实测评为主题的活动，它通过提供个性化的体验来吸引用户参与和留存。在活动中，用户可以在平台上浏览各种产品推荐和真实测评，同时也可以与其他用户进行交流和互动。这种活动方式可以提高用户的参与度，同时也可以提高品牌影响力和用户忠诚度。通过为用户提供一个个性化的产品推荐和真实测评平台，小红书不仅提高了用户满意度和忠诚度，还加强了与用户的互动和联系。同时，该活动也为小红书提供了一种创新性的营销方式，为其他企业提供了借鉴和启示。

四、新媒体用户转化运营

新媒体用户转化运营是指通过各种手段提高用户转化率和变现能力的运营策略。转化运营在新媒体平台上非常重要，因为随着市场竞争的加剧，用户转化率和变现能力已经成为衡量新媒体平台运营效果的关键指标。

1. 新媒体用户转化运营的方法

（1）优化用户体验。通过优化用户体验，提高用户对产品或服务的信任度和满意度，从而提高用户的转化率和变现能力。具体方法包括：简化操作流程、优化页面设计和交互体验等。华为公司对产品的细节和用户体验的极致追求，使得其产品在市场上持续保持领先地位。例如，华为手机的操作系统，页面简洁、操作流畅，让用户能够轻松上手，同时提供了大量的个性化设置，满足用户的个性化需求。

（2）提供定制化的产品或服务。根据用户的需求和兴趣提供定制化的产品或服务，以满足用户的个性化需求，从而提高用户的转化率和变现能力。具体方法包括：制定差异化的产品或服务方案、提供个性化的推荐和定制化的内容等。京东网站根据用户的购物历史和浏览记录，推荐适合用户的商品，并且提供定制化的购物页面和推送通知，提高了用户的购物体验和转化率。

（3）建立销售渠道。建立线上或线下的销售渠道，将产品或服务推向市场，从而提高用户的转化率和变现能力。具体方法包括：在平台上开设电商板块、建立线下体验店等。星巴克不仅在实体店提供咖啡和食品，还通过线上平台提供多种形式的销售和服务，包括外卖送餐、咖啡豆和咖啡机销售等，从而扩大了销售渠道，提高了用户转化率和变现能力。

（4）提供优惠活动和福利。通过优惠活动和福利计划，吸引用户购买或使用产品或服务，从而提高用户的转化率和变现能力。具体方法包括：推出折扣、赠送小礼品等优惠活动，或者提供免费的试用机会或免费试用等福利。拼多多电商平台通过推出拼团优惠等福利活动，吸引了大量用户参与购物，并且通过分享返利的方式，让用户能够通过社交网络分享商品并获得奖励，进一步提高了用户转化率和变现能力。

（5）加强营销推广。通过广告投放、社交媒体推广、内容营销等手段加强营销推广，提高产品或服务的知名度和美誉度，从而提高用户的转化率和变现能力。具体方法包括：制定营销策略、制作广告宣传素材、开展社交媒体推广等。百事可乐公司通过广告投放、社交媒体推广和品牌合作等方式，提高了其饮料品牌的知名度和美誉度，并且通过推出特别版饮料等创新营销手段，吸引了大量年轻用户的关注和购买。

（6）利用数据分析和挖掘技术。通过数据分析和挖掘技术了解用户的需求、兴趣和行为特征等信息，从而更好地确定产品或服务的定位和营销策略。具体方法包括：利用数据分析工具进行用户画像分析、行为分析等。阿里巴巴旗下的淘宝平台，通过对其用户的购物历史、浏览记录、搜索记录等数据的分析和挖掘，能够准确掌握用户的购物习惯和需求，从而进行精准的商品推荐和营销活动。淘宝平台还通过数据分析和挖掘技术，对商家的经营状况和用户反馈进行分析，为商家提供个性化的经营建议和优化方案，帮助商家提高销售转化率和用户满意度。淘宝平台利用数据分析和挖掘技术，不仅提升了用户购物体验和转化率，也帮助商家提高了销售业绩和用户满意度，实现了双赢。

（7）与其他平台或品牌合作。通过与其他平台或品牌合作，提高产品或服务的知名度，从而提高用户的转化率和变现能力。具体方法包括：与其他平台开展战略合作、与知名品牌进行联合推广等。腾讯和阿里巴巴合作推出的支付宝红包活动，吸引了大量用户的参与和互动。

2. 新媒体用户转化运营案例实践

得到是一款集合了音频、文字、视频等多种形式的移动端学习应用，它提供了丰富的知识付费产品，包括专栏、课程、听书等，为用户提供个性化的学习服务。在用户转化运营方面，得到 App 采取了一系列策略，取得了显著的效果。

（1）用户转化运营策略

① 精准定位用户需求

得到 App 针对不同用户的需求，提供个性化的学习产品。通过分析用户的兴趣、职业、年龄等信息，得到 App 推荐适合用户的学习内容和方式，从而满足用户的个性化需求。

② 提供高质量的学习内容

得到 App 与众多知名专家、学者合作，提供高质量的学习内容。这些内容涵盖了经济、科技、人文等多个领域，为用户提供了丰富的学习选择。

③ 强化社区互动与用户参与感

得到 App 建立了活跃的社区，鼓励用户参与讨论、分享学习心得和经验。通过点赞、评论、私信等方式，用户可以与他人互动，形成良好的学习氛围。

④ 提供优惠活动和福利

得到 App 会定期推出优惠活动和福利，如折扣、赠品等，吸引用户购买和持续使用。此外，得到 App 还会提供免费试听或试用机会，让用户了解产品的价值和优势。

（2）用户转化效果

① 高转化率

得到 App 通过精准定位用户需求、提供高质量的学习内容、强化社区互动与用户参与感、提供优惠活动和福利等策略，实现了高转化率。许多用户从免费试听或试用用户转化为付费用户，并持续使用平台上的付费产品。

② 用户满意度高

由于得到 App 提供了优质的学习内容和良好的用户体验，其用户满意度一直很高。用户反馈表明他们对平台上的课程、专栏等学习产品非常满意，认为这些产品对提高自身素质和能力有很好的效果。

（3）成功经验和不足之处

① 成功经验

精准定位用户需求：通过深入了解用户的需求和兴趣，提供个性化的学习产品，提高了转化率和用户满意度。

与知名专家、学者合作：与众多知名专家、学者合作，提供高质量的学习内容，树立了行业权威性和品牌形象。

强化社区互动与用户参与感：建立活跃的社区，鼓励用户参与讨论和分享学习心得，提高了用户的参与度和忠诚度。

优惠活动和福利：通过优惠活动和福利吸引用户购买和持续使用，提高了转化率和用户满意度。

② 不足之处

学习内容门槛较高：由于平台提供的学习内容较为专业和深入，对一些初学者或知识水平较低的用户来说可能存在一定的学习门槛。

社区管理难度大：随着社区规模不断扩大，平台需要投入更多的人力、物力进行社区管理，以保证讨论氛围和学习环境的健康发展。

任务三　新媒体用户体系构建

在新媒体运营中，用户体系构建是一项至关重要的任务。它涉及对用户进行科学、有效的管理和维护，以确保用户关系的稳定和可持续发展。以下是构建新媒体用户体系的关键步骤。

↘ 一、设计用户管理层级

根据用户的活跃度、贡献值、消费行为等维度，将用户分为不同的层级，如普通用户、活跃用户、核心用户、超级用户等。每个层级都有相应的管理策略和服务，以实现个性化服务和精准营销。

1. 设计用户管理层级的一般步骤

（1）确定划分层级的主要指标。在划分用户层级之前，需要明确划分层级的指标。这些指标可以根据新媒体平台的特点和运营需要进行选择。例如，对于一个电商类的新媒体平台，可以考虑以下指标。

① 活跃度：用户的登录次数、浏览商品次数、浏览时间等。

② 贡献值：用户的购买次数、购买金额、评价次数等。

③ 消费行为：用户的搜索历史、购买历史、浏览历史等。

（2）确定各层级的名称和特点。根据划分的指标，可以将用户分为不同的层级，如普通用户、活跃用户、核心用户、超级用户等。

① 普通用户：活跃度和贡献值较低，消费行为较少。

② 活跃用户：活跃度和贡献值较高，消费行为较多。

③ 核心用户：非常活跃和忠诚，贡献值很高，消费行为非常稳定。

④ 超级用户：最高级别的用户，非常活跃、忠诚和稳定，对平台有着极高的贡献。

（3）制定各层级的权益和服务。针对不同层级的用户，需要制定不同的权益和服务。

① 普通用户：享受基本的购物体验、会员特权、积分兑换等。

② 活跃用户：享受更多的积分兑换、会员特权、优惠券等。

③ 核心用户：享受专属客服、定制化产品、会员专享福利等。

④ 超级用户：享受最高级别的专属服务、定制化产品、会员专享福利等。

（4）制定各层级的晋升机制。为了激励用户不断提高自己的级别，需要制定各层级的晋升机制。例如，设定一定的积分或贡献值门槛，当用户的积分或贡献值达到一定水平时，可以晋升到更高的层级，享受更多的权益和服务。

① 当普通用户的活跃度达到一定水平时，可以晋升为活跃用户。

② 当活跃用户的活跃度和贡献值达到一定水平时，可以晋升为核心用户。

③ 当核心用户的活跃度、贡献值和消费行为都达到极高的水平时，可以晋升为超级用户。

（5）制定各层级的降级机制。为了维护用户的忠诚度和稳定性，需要制定各层级的降级机制。当用户的活跃度降低、贡献值减少或消费金额减少时，可以将其降级到更低的层级。这样可以提醒用户关注自己的行为表现，以保持更高的级别和权益。当用户的消费行为不稳定或对平台的贡献减少时，也可以考虑将其降级。例如，对于一个电商类的新媒体平台，如果一个核心用户一段时间内购买次数减少，或者其购物行为变得不稳定，可以考虑将其降级为活跃用户或普通用户，并为其提供更加个性化的服务和优惠。这样可以提醒该用户关注其购物行为表现，以保持更高的级别和权益。

综上所述，设计新媒体用户管理层级需要确定划分层级的主要指标、确定各层级的名称和特点、制定各层级的权益和服务、制定各层级的晋升机制及制定各层级的降级机制等。科学合理地划分用户层级，可以更好地管理用户关系，提高用户满意度和忠诚度，为新媒体平台的持续发展提供有力保障。

2. 设计用户管理层级案例实践

知乎作为知识分享和交流的平台，非常注重用户管理。在设计用户管理层级方面，知乎关注以下内容。

（1）用户的活跃度和贡献值。知乎根据用户的登录频率、回答问题数量、点赞数量、评论数量等指标，将用户分为不同的活跃度级别。同时，知乎还根据用户的回答质量和数量，将用户分为不同的贡献值级别。

（2）用户的权益和服务。知乎为不同级别的用户提供了不同的权益和服务。例如，对于高级用户和金牌用户，可以享受更多的曝光和引流、专属客服、优先体验新功能等权益。对于中级用户和银牌用户，可以享受更多的互动机会、更多的曝光和引流、专属客服等权益。对于初级用户和普通用户，可以享受基本的问答体验、会员特权、积分兑换等权益。

（3）用户的晋升机制。知乎根据用户的活跃度和贡献值变化，不断调整用户的级别。当用户的活跃度和贡献值达到一定水平时，可以晋升到更高的级别，享受更多的权益和服务。例如，当银牌用户的回答质量和数量达到一定水平时，可以晋升为金牌用户，享受更多的专属服务和权益。

（4）用户的降级机制。为了维护用户的忠诚度和稳定性，知乎也制定了降级机制。当用户的活跃度和贡献值减少时，用户等级可能降到更低的级别。这样可以提醒用户关注自己的行为表现，以保持更高的级别和权益。

知乎的成功经验主要有以下几点。

第一，划分指标明确。知乎根据用户的活跃度和贡献值等指标，将用户分为不同的级别，使得管理更加科学和清晰。

第二，权益和服务差异化。知乎为不同级别的用户提供了不同的权益和服务，使得高级用户和金牌用户更加忠诚和稳定。

第三，晋升机制合理。知乎根据用户的活跃度和贡献值变化，不断调整用户的级别，使得晋升机制更加合理和公正。

第四，降级机制有效。知乎制定了降级机制，使得低级别用户有机会晋升为高级别用户，从而提高用户的活跃度和忠诚度。同时，对降级用户的管理也使得平台更加稳定和可持续。

综上所述，知乎在设计用户管理层级方面的成功经验在于明确划分指标、提供差异化的权益和服务、合理的晋升机制及有效的降级机制等。这些策略使得知乎能够更好地管理用户关系，提高用户满意度和忠诚度，为平台的持续发展提供了有力保障。

二、分级维护用户关系的步骤

分级维护用户关系是一种有效的用户关系管理策略，它根据用户的不同级别和需求，采取不同的维护策略，以保持用户关系的稳定和持续发展。

（1）明确各层级用户的特征和需求

在分级维护用户关系之前，需要明确各层级用户的特征和需求。这可以通过市场调研、用户访谈、数据分析等方式进行。活跃度较高的用户可能对平台的功能和规则比较熟悉，愿意参与讨论和分享经验；贡献值较高的用户可能对平台有更深入的了解，愿意为平台的发展作出贡献；消费行为稳定的用户可能对平台提供的服务比较满意，愿意持续使用平台。例如，知乎的用户分级。知乎根据用户的回答质量和数量，将用户分为不同级别，如初级用户、中级用户、高级用户等。对于不同级别的用户，知乎明确了他们的特征和需求。初级用户可能对平台的功能和规则不太了解，需要更多的引导和帮助；中级用户对平台已经有了一定的了解，可能希望增加更多的互动和社交；高级用户则是平台的忠实用户，可能希望得到更多的专属服务和特权。

（2）制定各层级的维护策略

针对不同层级的用户，需要制定不同的维护策略。例如，对于普通用户，可以通过提供基本的服务和福利来提高其满意度和忠诚度；对于活跃用户，可以通过增加互动、积分兑换等方式来提高其参与度；对于核心用户和超级用户，可以提供更加个性化和高端的服务，如专属客服、定制化产品等。例如，亚马逊的会员制度。亚马逊根据用户的消费额和活跃度，将用户分为不同级别的会员，如普通会员、金牌会员、钻石会员等。不同级别的会员享受不同的权益和服务，如更多的折扣、免费配送、优先客服等。这种分级维护策略有助于提高用户的忠诚度和满意度，同时也能促使用户增加消费额，提高活跃度。

（3）建立各层级的沟通渠道

为了更好地了解各层级用户的需求和反馈，需要建立不同的沟通渠道。例如，可以通过设立官方账号、客服热线、线上社区等方式，与各层级用户进行沟通和交流，及时了解他们的需求和反馈。例如，腾讯游戏的用户沟通渠道。腾讯游戏根据用户的游戏时长、消费额和活跃度等因素，将用户分为不同级别，并为不同级别的用户提供不同的沟通渠道。例如，对于高级用户，腾讯游戏会提供专属的客服和社区讨论区，以便及时解决用户的问题和反馈。这种分级沟通渠道有助于提高用户的满意度和忠诚度，同时也能促进游戏的改进和发展。

（4）制定各层级的服务标准

针对不同层级的用户，需要制定不同的服务标准。例如，对于核心用户和超级用户，可以提供专属的客服和定制化的产品服务；对于普通用户，可以提供基本的客服和标准化的产品服务。这样可以提高各层级用户的满意度和忠诚度。例如，星巴克的会员权益。星巴克根据用户的消费额和活跃度等因素，将用户分为不同级别的会员，并为不同级别的会员提供不同的服务标准。例如，对于银星级会员，星巴克提供基本的积分兑换和生日优惠等服务；对于金星级会员，星巴克提供专属的礼品卡和积分兑换等服务；对于黑星级会员，星巴克提供专属的咖啡豆和礼品卡等服务。这种分级服务标准有助于提高用户的满意度和忠诚度，同时也能促进用户的消费升级。

（5）定期评估和维护

为了确保分级维护用户关系的效果，需要定期评估各层级用户的活跃度、贡献值、消费行为等指标，及时调整各层级的维护策略和服务标准。例如，当发现核心用户的活跃度降低或贡献值减少时，可以及时了解其需求和反馈，并调整相应的服务策略。例如，爱奇艺的用户分级与推荐系统。爱奇艺根据用户的观影历史、评分和活跃度等因素，将用户分为不同级别，并为不同级别的用户提供不同的推荐算法。同时，爱奇艺会定期评估用户的观影行为和反馈，及时调整推荐算法和服务标准。这种分级维护策略有助于提高用户的满意度和忠诚度，同时也能促进爱奇艺的内容改进和优化。

↘ 三、分析用户发展数据

深入分析用户发展数据，可以更好地了解用户的特征、需求和行为，为制定更加精准的用户维护策略提供依据。例如，可以通过分析用户的浏览记录、购买记录等数据，了解其兴趣、偏好和消费习惯，从而为其推荐更加合适的产品和服务；同时，还可以通过分析用户的反馈和建议，及时调整和优化产品和服务，提高用户满意度和忠诚度。

1. 分析用户发展数据的步骤

（1）确定分析目标

明确数据分析的目标是至关重要的。电商平台明确将用户增长趋势和活跃度作为分析目标，同时考虑了用户反馈情况，以更全面地了解用户需求。

注意事项：应明确分析的目标，避免目标过于笼统或过于狭窄，确保目标与业务需求紧密相关，以便为决策提供有力支持。

（2）数据收集

电商平台通过服务器端记录和日志系统收集了大量的用户数据，包括注册信息、购买记录、浏览记录、搜索记录等。数据收集时需要注意数据的全面性、准确性和可靠性，以避免数据分析的结果出现偏差。

注意事项：在收集数据时，应确保数据的来源可靠、数据质量高，并充分考虑数据的多样性和完整性，避免出现数据孤岛或数据冲突的情况。

（3）数据清洗

在数据清洗阶段，电商平台去除重复数据、补充缺失数据、去除异常数据等，以确保数据分析的准确性。

注意事项：在清洗数据时，要关注数据的一致性和逻辑性，对缺失值和异常值要特别关注，并采取适当的方法进行处理，如插值、删除或特殊标记等，避免在分析过程中出现不确定性和偏误。

（4）数据处理

在数据处理阶段，电商平台对清洗后的数据进行分组、聚合和转换，以满足数据分析的需求。例如，按照注册时间分组、按照购买记录分组等。

注意事项：在处理数据时，要确保数据的规范化和标准化，对不同类型的数据要进行适当的转换和聚合操作，以便后续的数据分析。同时，也要关注数据的隐私和安全性问题。

（5）数据分析

在数据分析阶段，电商平台使用趋势分析法、对比分析法和关联分析法等对处理后的数据进行深入挖掘和分析。

注意事项：在进行数据分析时，要选择合适的分析方法和模型，以揭示数据的内在规律和关联性。同时，要关注数据的动态变化和趋势，以便更好地指导业务决策。另外，也要注意避免过度拟合和误导性结论的出现。

（6）结果呈现

电商平台将分析结果以图表和报告的形式呈现，如折线图、条形图等，以清晰地展示数据分析的成果。

注意事项：在结果呈现时，应选择合适的图表和格式，以便更好地突出重点和发现问题。同时，要注意图表和报告的可读性和易懂性，以便相关人员能够快速了解分析结论。

（7）结论和建议

根据分析结果，电商平台得出结论并提出相应的建议，如优化注册流程、加快物流速度等。

注意事项：在总结分析结果时，要确保结论的准确性和客观性。同时，提出的建议要具有可行性和针对性，以便业务团队能够根据建议采取有效的改进措施。另外，也要注意结论和建议的持续更新和优化。

通过详细阐述每个步骤的具体操作和注意事项，读者可以更深入地了解分析用户发展数据的实际应用过程。同时也有助于在实际操作中更好地运用相关工具和方法，提升数据分析的效果和质量。

2. 分析用户发展数据案例实践

小红书是一个成功的社交电商平台，以分享购物体验和时尚搭配而闻名。通过分析用户发展数据，小红书成功地吸引了大量用户，并保持了较高的用户活跃度。

（1）确定分析目标

小红书分析用户发展数据的目标是了解用户需求、优化产品功能和服务，以提高用户满意度和活跃度，并促进用户的增长。

（2）收集数据

小红书通过服务器端记录和日志系统收集了大量用户数据，包括用户的浏览记录、搜索历史、购买记录、评价反馈等。

（3）数据清洗

在进行数据清洗时，小红书去除了重复数据、异常数据和缺失值，确保数据的准确性和可靠性。同时，小红书还对数据进行了一定的预处理，如对文本数据进行分词和词性标注等。

（4）数据处理

小红书对收集到的数据进行分组、聚合和转换。例如，小红书根据用户的购买记录和评价反馈，计算出每个商品的销量、评价数量、评价得分等指标，并对这些指标进行聚合和汇总。此外，小红书还对用户行为数据进行了序列分析，以了解用户的购买决策过程和购物路径。

（5）数据分析

小红书使用多种数据分析方法和模型对处理后的数据进行深入挖掘和分析。例如，小红书使用趋势分析法分析用户数量的增长趋势，使用对比分析法比较不同类型用户的行为差异，使用关联分析法研究用户行为之间的关联关系，等等。此外，小红书还使用机器学习算法对用户行为数据进行预测和分类，以实现精准的推荐和个性化服务。

（6）结果呈现

小红书将分析结果以图表和报告的形式呈现，如折线图、条形图、热力图等，以清晰地展示数据分析的成果。这些图表和报告展示了用户的购买行为、评价反馈、活跃度等信息，为产品团队提供了优化方向和建议。

（7）结论和建议

根据分析结果，小红书得出结论并提出相应的建议。例如，小红书发现某些类型的商品更受用户欢迎，因此建议增加这类商品的推广和展示；小红书还发现某些用户的活跃度较低，可能是由于缺乏互动体验，因此建议改进社区功能，增强用户的互动性。这些建议为小红书的产品团队提供了有力的指导，帮助其不断优化产品功能和服务。

小红书的成功经验在于其将分析用户发展数据贯穿于产品研发、运营和优化的全过程中。通过收集和分析大量用户数据，小红书能够深入了解用户需求和行为模式，从而提供更精准的推荐和服务。同时，小红书还不断优化产品功能和服务，以提高用户满意度和活跃度，并促进用户的增长。这些成功经验为其他社交电商平台提供了借鉴和启示。

总之，构建新媒体用户体系需要从设计用户管理层级、分级维护用户关系及分析用户发展数据等多个方面入手，实现对用户的全面管理和维护，提高用户满意度和忠诚度，为新媒体平台的持续发展提供有力保障。

知识拓展

1. 数据收集

除了通过上述步骤手动收集数据外，还可以利用现有的数据工具或平台获取数据，如微博指数、微信指数、头条指数等。这些指数会根据平台的算法统计出一段时间内的关键词的热度和趋势，有助于快速了解用户的关注点和变化。

2. 数据处理

对于收集到的原始数据，需要进行一系列的数据处理工作，如数据清洗、数据转换、数据聚合等，以便进行后续的数据分析和挖掘。数据处理的过程可以借助 Excel、Python 等工具进行自动化处理，提高数据处理效率。

3. 数据分析

数据分析是用户画像构建的核心环节，通过运用统计学、机器学习等技术，对用户数据进行分析和挖掘。常用的数据分析工具包括 SPSS、Python 等，可以通过自定义模型和算法，对用户数据进行深入的分析和挖掘，发现用户的兴趣、行为、需求等信息。

4. 数据可视化

数据可视化是将数据分析结果以图表、图像等形式呈现出来，以便更直观地理解和分析数据。常用的数据可视化工具包括 Tableau、Power BI 等，可以快速制作各种类型的图表和图像，有助于更好地理解和呈现数据分析结果。

5. 用户画像应用

用户画像可以应用于企业的各个业务领域，如产品策划、市场营销、客户服务等。通过了解用户的需求和行为特征，企业可以制定更加精准的营销策略和运营方案，提高用户满意度和忠诚度。同时，用户画像还可以帮助企业更好地管理用户资源，实现用户价值的最大化。

6. 用户画像更新

用户画像不是一成不变的，随着时间的推移和用户行为的变化，需要不断更新和完善用户画像。因此，企业需要定期收集和分析用户数据，及时调整和完善用户画像，以适应市场的变化和用户需求的变化。

直通职场

随着新媒体行业的快速发展，企业对新媒体用户数据分析人才的需求也在不断增加。本部分将介绍新媒体用户画像与运营岗位的职责、技能要求、工作内容及相应证书，帮助求职者更好地了解该岗位，并为胜任此岗位做好准备。

一、岗位概述

新媒体数据分析中的用户画像与运营岗位主要负责通过数据分析和市场调研，了解用户需求和行为特征，为产品设计和市场定位提供依据。同时，该岗位还负责制定相应的营销策略和运营方案，以提高用户满意度和忠诚度。

二、技能要求

（1）数据分析和挖掘能力：能够通过数据分析工具和技术，对用户数据进行深入的分析和挖掘，发现用户的兴趣、行为、需求等信息。

（2）市场营销能力：熟悉市场营销策略和技巧，能够根据用户需求和市场趋势制定相应的营销方案。

（3）媒体运营能力：熟悉各种新媒体平台的特点和运营方式，能够制定并执行相应的运营策略。

（4）沟通能力：能够与团队成员、用户和其他相关人员进行有效的沟通，协调资源，解决问题。

（5）创新能力：能够根据市场变化和用户需求不断创新和优化工作方式和方法。

三、工作内容

（1）收集和分析用户数据，包括用户的基本信息、行为数据、消费习惯等。

（2）通过数据分析和挖掘，发现用户需求和行为特征，为后续制定营销策略提供依据。

（3）根据用户需求和市场趋势制定相应的营销方案和运营策略。

（4）通过各种活动和互动形式，提高用户的参与度，促进用户的转化和变现。

（5）选择合适的渠道和平台，将内容和服务传递给目标用户，提高运营效果和效率。

（6）定期评估营销方案和运营策略的效果，及时调整和完善方案。

（7）与团队成员、用户和其他相关人员进行有效的沟通，协调资源，解决问题。

（8）根据市场变化和用户需求不断创新和优化工作方式和方法。

四、证书要求

对于新媒体数据分析中的用户画像与运营岗位，"1＋X"新媒体数据分析职业技能证书可能有助于求职者获得更好的职业发展机会。

📖 素养课堂

新媒体用户画像与运营工作需要具备以下能力与素质。

（1）跨学科知识储备。新媒体用户画像与运营工作需要涉及多个学科领域的知识，如心理学、市场营销、数据分析等。因此，学习者需要具备跨学科的知识储备，能够综合运用不同领域的知识和方法，解决实际工作中的问题。

（2）批判性思维。新媒体用户画像与运营人员需要具备批判性思维，能够对信息和观点进行独立思考和判断。在工作中，需要具备对数据的敏锐洞察力和分析能力，能够挖掘出有价值的信息和趋势，为决策提供支持。

（3）创新能力。新媒体行业变化迅速，新媒体用户画像与运营人员需要具备创新能力，能够不断探索新的运营模式和新的产品形态。在工作中，需要关注行业趋势和新技术应用，积极尝试新的方法和思路，提高自身的创新能力和竞争力。

（4）团队合作能力。新媒体用户画像与运营工作需要各部门的协同合作，团队成员之间需要相互信任、互相支持。在学习过程中，需要注重团队合作能力的训练，培养良好的沟通和协作能力，提高团队的凝聚力和工作效率。

（5）自主学习能力。随着新媒体行业的不断发展，新的知识和技能不断涌现。新媒体用户画像与运营人员需要具备自主学习能力，能够不断学习新的知识和技能，适应行业发展的要求。

👤 赛场竞技

为了更好地展示新媒体用户画像与运营的技能和能力，许多企业和机构会组织相应的比赛。本部分将介绍新媒体用户画像与运营比赛的要点和注意事项，帮助参赛者更好地准备比赛和展示自己的技能。

一、比赛概述

新媒体用户画像与运营比赛通常由企业或机构组织，旨在选拔出优秀的新媒体用户画像与运营人才，并为其提供展示和交流的平台。比赛通常包括数据收集与分析、用户画像构建、营销策略与运营方案制定、成果展示与答辩等环节。

二、比赛要点

（1）充分了解比赛规则和要求。在参加比赛前，参赛者应充分了解比赛的规则和要求，明确比赛的主题和目标，确保自己的作品符合比赛要求。

（2）精准把握数据来源和工具。在数据收集与分析环节，参赛者需要熟练掌握数据工具的使用，确保数据的准确性和可靠性。

（3）深入挖掘用户需求与行为特征。在用户画像构建环节，参赛者需要深入挖掘用户需求和行为特征，为用户提供个性化的服务和产品。

（4）制定精细化的营销策略与运营方案。在营销策略与运营方案制定环节，参赛者需要针对用户需求和市场趋势，制定精细化的营销策略和运营方案，提高用户转化率和变现效果。

（5）成果展示与答辩技巧。在成果展示与答辩环节，参赛者需要清晰地呈现自己的作品和方案，并能够准确回答评委的问题，展示自己的专业技能和应变能力。

三、注意事项

（1）遵守比赛规则。参赛者需要严格遵守比赛规则，不得作弊或使用违规手段获取成绩。

（2）注重团队合作。在比赛过程中，参赛者需要注重团队合作，充分发挥每个人的优势和特长，共同完成作品和方案。

（3）充分准备答辩环节。在答辩环节，参赛者需要提前准备相关材料和问题，并能够清晰地表达自己的观点和思路。

（4）关注细节。在比赛过程中，参赛者需要关注细节，确保作品的准确性和完整性。同时要注意时间管理，避免因时间不足而影响作品的质量。

（5）保持积极心态。在比赛过程中，参赛者需要保持积极心态，勇于面对挑战和困难。同时要善于学习和总结经验教训，不断提高自己的技能和能力。

项目实战与提升

一、简答题

请简述新媒体用户运营的主要目标是什么？并列举至少两种新媒体用户运营的策略。

二、实战演练

请以某社交媒体平台为例，具体说明如何通过分析用户发展数据来优化产品功能和服务。

首先，选取一个具体的社交媒体平台，例如抖音。作为一款短视频社交平台，抖音拥有庞大的用户群体和丰富的用户行为数据。然后，通过以下步骤，分析用户发展数据，从而优化产品功能和服务。

（1）数据收集。收集用户在抖音平台上的各种行为数据，包括但不限于观看视频、点赞、评论、分享、关注等。这些数据可以通过抖音的服务器端记录和日志系统获取。

（2）数据清洗和处理。收集到的数据需要进行清洗和处理，以去除重复数据、异常数据和缺失值。同时，还需要对数据进行一定的预处理，例如对时间戳进行统一转换、对文本数据进行分词等。

（3）数据分析。在数据清洗和处理完成后，通过数据分析方法和模型对数据进行深入挖掘。例如，使用趋势分析法分析用户数量的增长趋势，使用对比分析法比较不同类型用户的行为差异，使用关联分析法研究用户行为之间的关联关系；等等。

（4）结果呈现。分析结果可以通过图表、报告等形式呈现，例如折线图、条形图、热力图等。这些图表和报告可以清晰地展示用户行为数据和分析结果，为产品团队提供优化方向和建议。

（5）制定优化策略。根据分析结果，制定相应的优化策略。例如，如果发现某些类型的视频内容更受用户欢迎，可以增加这类内容的制作和推荐；如果发现某些用户的活跃度较低，可能是由于缺乏互动体验，可以改进互动功能，提高用户的参与度。

（6）实施优化措施。根据制定的优化策略，实施相应的优化措施。例如，在产品的页面设计上，可以增加热门视频的推荐，以便用户更容易发现和观看；在互动功能上，可以增加用户反馈的渠道，以便用户更方便地发表评论和与其他用户互动。

（7）评估优化效果。实施优化措施后，需要对产品功能和服务进行评估。可以通过对比优化前后的用户行为数据、满意度调查等方式来评估优化效果。如果优化效果良好，可以继续监测并持续优化；如果优化效果不佳，需要重新审视数据分析结果和优化策略，进行调整和改进。

通过以上步骤分析用户发展数据，从而优化产品功能和服务，提高用户满意度和活跃度，并促进用户的增长。需要注意的是，这只是一个具体的示例，在实际操作时，需要根据不同平台的特点和用户需求进行调整和改进。

模块七
新媒体直播电商运营

学习目标

知识目标

➢ 了解直播电商的定义、直播模式的发展阶段

➢ 了解直播平台的选择

➢ 了解直播模式及直播模式的选择

➢ 了解直播场景的搭建

➢ 了解直播团队的组建

➢ 熟悉直播活动的基本流程

能力目标

➢ 能根据自身条件选择直播平台并进行账号矩阵规划

➢ 能完成开通直播电商平台基础功能的操作

➢ 能完成整场直播脚本的设计和写作

➢ 能撰写简单的单品直播脚本

➢ 能进行主播人设定位

➢ 能在直播团队岗位设置的基础上构建直播团队

➢ 能完成主播场景的基本搭建操作

➢ 能布置直播间的场景和灯光

➢ 能利用直播电商数据分析工具进行直播选品

素质目标

➢ 在直播电商运营工作中，具备正确的价值观、大局观、是非观

➢ 树立遵守法律法规及直播电商平台规则的意识

➢ 培养文明互动、理性表达的良好习惯

➢ 主播人设应真实，不能打造虚假人设，欺骗用户

➢ 培养社会责任意识，发布与传播正能量信息，不发布敏感、低俗信息

> ➤ 杜绝虚假宣传、直播带假货
> ➤ 努力增强专业能力和提高职业素养，成为一名优秀的主播

岗课赛证要点

岗	对接直播电商运营岗位需具备的"进行线上活动、营销专题的策划、组织、执行、跟踪、分析和总结能力"
课	对接"熟知与应用直播电商营销方式"需具备的"了解直播电商方式的基本理论、熟悉直播电商方式策略及应用"
赛	对接全国职业院校技能大赛（高职组）"直播电商"赛项中的"直播策划""直播运营""直播复盘"模块
证	对接新媒体技术"1＋X"职业技能等级证书（中级）中的"直播选品""直播策划""直播推广""直播运营"等模块

✐ 引导案例

鸿星尔克捐赠行动引发销量大幅增长

2021年7月18日，河南郑州遭遇罕见持续强降雨天气，以郑州市为中心的部分县市遭受严重水灾。一方有难，八方支援。为了支援灾区，鸿星尔克捐赠5 000万元，这一举动被网友推上热搜。一家经营状况并不理想的企业，却在灾情降临时慷慨解囊，鸿星尔克收获了网友的一致好评。2021年7月15日—2021年7月21日，鸿星尔克天猫旗舰店的直播间中，观看人数不到1万；2021年7月22日，该直播间的观看人数突破200万，很多商品被购买一空。鸿星尔克的总裁当晚也赶到直播间，劝大家理性消费，但网友们并不"买账"，直播间的留言幽默诙谐，又充满人情味："退什么退，尺码不对那是我脚长了""这双拖鞋69元太便宜了，我要699元的""这一波，不让你们把工厂的缝纫机踩冒烟都是我们这届网友的失职"……不只线上，鸿星尔克的线下实体店也挤满了消费者，大家以穿鸿星尔克的鞋、服为傲。

"鸿星尔克捐赠事件"是一次现象级事件，一家踏实做事的企业在关键时刻展现了自身的社会担当和责任感，赢得了大家的认可、敬重、赞赏。

【启发与思考】

（1）直播电商与传统电商的区别是什么？

（2）直播电商的商业价值是什么？

任务一 初识直播电商

↘ 一、直播电商的定义

直播是一种以直播平台为载体，以视频直播为主要形式，对现场正在发生、发展的事件进行同步播放和双向互动的网络传播方式。与图文相比，直播具有更强的场景表现力，便于主播与用户进行"面对面"的实时互动，从而快速建立起商品与用户之间的连接。直播的强劲发展势头，使其不仅成为当下人们重要的交流方式，也成为个人和企业实现商品营销和

初识直播电商

品牌传播的营销工具。

作为一个新兴领域，业界和学术界对直播电商有不同的定义。中国消费者协会认为，直播电商是一个广义的概念，直播者通过网络直播平台或直播软件来推销相关产品，使受众了解产品各项性能，从而购买商品的交易行为，可以统称为直播电商。还有学者认为，直播电商是电商企业推出的以直播形式销售商品，以强互动性、娱乐性、真实性和可视性为特点，以改善用户购物体验为目的的营销模式。

本书认为，直播电子商务（Live Streaming E-commerce，也可简称为直播电商）是电子商务的衍生模式，是在电子商务环境下使用直播媒介，以促进商品和服务的购买与销售的一种商务模式。需要注意的是，直播电商并不是直播媒介和电子商务的简单叠加，其有着区别于传统电子商务的商业逻辑。

直播电商能够快速提高商品销量，并能够在短时间内提高企业的品牌知名度，且能够快速吸引用户的注意力，是深受用户欢迎的商品营销手段。同时，随着 5G 技术的发展和直播渗透率的持续提升，直播内容日趋丰富，"万物皆可播"的时代即将来临。

直播电商借助直播媒介开展电子商务活动，具有实时性、真实性、直观性、互动性和精准性 5 个特征。

↘ 二、直播模式的发展阶段

网络直播经历了秀场模式、互动模式和带货模式 3 个阶段。

（1）第一阶段：以娱乐为主的秀场模式，其变现形式单一，主要以用户打赏为主。

（2）第二阶段：以宠粉为主的互动模式，也就是所谓的"老铁经济"，这种模式下主播基于粉丝的关注、信任和互动推荐商品，促成交易。

（3）第三阶段：以推荐为主的带货模式，即直播电商，主播直接向用户推荐商品以促成交易。

直播电商关注的焦点是"以人为本"。直播电商是"货找人"模式，"人"是直播电商业务关系中的核心。

直播的效率在于既能满足"货"的动态化展示，更真实有效；又能实现主播的人设经营，积累用户的信任度，最终让用户都变成主播的粉丝。直播转化的关键在于经营"人"，精准匹配粉丝的喜好和需求，因此其是典型的"货找人"模式，也就是主播依据用户的喜好和需求向其精准地推荐商品，降低用户购物决策的难度。

"以人为本"的"人"有两个含义，第一是直播电商中的主播，第二是直播电商的用户。主播要不断地输出内容，让用户认可并成为粉丝，才有可能进一步了解用户的需求，实现产品的精准推荐。在直播电商中，主播并不是帮品牌商卖产品，而是帮用户买产品。

当"人、货、场"的商业关系以"人"为核心时，直播电商的逻辑就不是传统的电商逻辑。

首先，直播电商并不是电商的简单升级，不能单纯地把直播当成电商的新渠道。

其次，直播电商提供给企业另一种经营品牌的路径，借助直播的高效率，企业一方面可以提高渠道效率和销售转化效率，另一方面可以通过经营直播的主播人设，达成粉丝积累和产品销售转化，进而实现品牌的建设。传统线下商业、传统电商、直播电商的特点如图 7-1 所示。

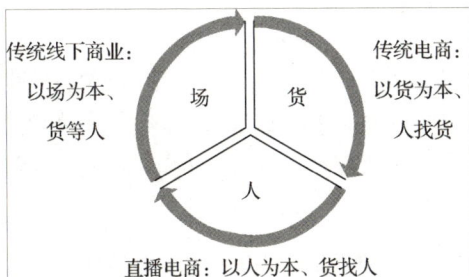

图 7-1　传统线下商业、传统电商、直播电商的特点

任务二　直播平台的选择

对刚进入直播行业的企业来说，厘清公域流量和私域流量的区别，选择合适的直播平台，是开展直播电商的第一步。通过对比分析各个平台的异同得出：在企业既有品牌又有私域流量的情况下，选择快手直播平台；在企业既有品牌又有良好的内容的条件下，选择抖音直播平台；若企业的电商基因足够强、数字化基础足够好，选择淘宝直播平台。

直播平台的选择

直播的火热催生了大量的直播平台，这给打算进入直播领域的个人或企业出了一道选择平台的难题。个人或企业在选择直播平台时，并不能单纯以平台的流量优势作为依据，还要结合自身的实际情况，选择与自身条件和资源相匹配的平台。

一、常见的直播平台类型分析

直播平台是直播产业链中重要的组成部分，是直播内容的输入和输出渠道。每个直播平台的目标用户不一样，直播平台的类型也不一样，个人或企业在选择直播平台时应先了解直播平台的类型及其输入输出内容的特点，这样才能选出适合自己的直播平台。目前常见的直播平台根据其输入输出的主要内容进行划分，可以分为娱乐类直播平台、电商类直播平台、短视频类直播平台等。

（一）娱乐类直播平台

娱乐类直播平台是直播行业中发展较早的平台类型，其入驻门槛低、用户流量大、主播数量较多。娱乐类直播平台的直播内容比较丰富，包括娱乐新闻、才艺展示、生活趣闻、聊天互动、户外活动等，平台主播主要通过流量变现和用户"打赏"等实现盈利。

目前，具有代表性的娱乐类直播平台有 YY 直播、花椒直播、一直播、映客直播、酷狗直播等。

知识拓展

相对于电商类、短视频类直播平台而言，娱乐类直播平台的直播带货往往具有一定的局限性，其用户以男性群体为主，主播能够带货的商品品类较少，通常需要凭借个人影响力引导粉丝产生购买意向，将粉丝转化为电商品牌的消费者。

（二）电商类直播平台

电商类直播平台是指推出直播业务的传统电商平台。电商类直播平台可以实现商家边直播边销售、用户边观看边购买的营销目的。电商类直播平台主要利用电商平台的流量带动直播流量，等拥有充足、固定的直播流量之后，直播平台再利用直播流量反哺电商平台。

电商类直播平台具有较强的营销性质，用户在平台上观看直播的目的十分明确，那就是购买商品，这使得传统的电商平台在直播带货上具有先天优势。与传统电商主要通过商品详情页来引导用户购买商品不同，直播电商采用一对多的实时互动形式。在传统电商的销售模式下，用户只可以预测实物的穿戴或使用效果；直播电商则不一样，商品实物会真实地展示在直播画面中，主播甚至可以把商品的详情、优缺点、使用效果等都基于视频化的媒介展现出来，在对话中与用户实时互动，完成商品导购流程。

目前，电商类具有代表性的直播平台有淘宝直播（见图7-2）、京东直播（见图7-3）、多多直播（拼多多直播平台）、小红书直播、蘑菇街直播、苏宁易购直播等。其中，淘宝直播由于切入电商直播的时间较早，且具备商品供应链体系完善和用户基数大等优势，是直播电商中的领先者。

图7-2　淘宝直播　　　　　　图7-3　京东直播

（三）短视频类直播平台

短视频平台以输出短视频为主，但随着直播行业的蓬勃发展，很多短视频平台适时推出了直播业务，平台上的用户除了可以上传、发布短视频外，还可以开通直播功能。短视频类直播平台的主播可以在直播间添加商品链接，引导粉丝点击链接，由此跳转至电商平台购买商品。但与电商类直播平台专注于直播带货不同，短视频类直播平台的直播场景更丰富，直播内容更多元。

短视频类具有代表性的直播平台有快手直播、抖音直播、美拍直播、秒拍直播、腾讯微视直播等。其中，快手与抖音基于短视频的风靡及平台的海量用户，成为短视频类直播平台的领先者。图7-4所示为快手直播页面，图7-5所示为抖音直播页面。

图 7-4　快手直播页面　　　　　图 7-5　抖音直播页面

↘ 二、选择直播平台的技巧

了解了直播平台的类型后，个人或企业可以根据自身条件和资源对如何选择直播平台有一个大致的方向，也可以在跨类型或同类型的直播平台中通过对比进一步选择适合自己的直播平台，从平台的用户规模、用户画像、入驻门槛、平台调性、流量获取方式等方面进行综合考量。

（一）用户规模

个人或企业在选择直播平台时应考查平台的用户规模。平台的用户规模越大，可能获得的流量也越大。用户规模可以为个人或企业直播业务的后续发展提供保障。例如，中商情报网相关数据显示，截至 2023 年 6 月，我国网络直播用户规模达 7.65 亿人，较 2022 年 12 月增长 1 474 万人，占网民整体规模的 71.0%。

（二）用户画像

由于个人或企业输出的直播内容和销售的商品不同，因此在选择直播平台时需要分析平台的用户画像。例如，游戏类直播平台主要以男性用户为主。在三大直播平台中，淘宝和抖音的用户性别比例较为均衡，快手主要以男性用户为主，男性用户占比约 60%；而抖音与快手相比，主流用户的年龄层更低，平台更年轻化、时尚化。

（三）入驻门槛

不同的直播平台，其入驻门槛是不同的。由于个人或企业自身的条件和资源不同，因此入驻门槛在一定程度上限制了个人或企业对直播平台的选择。例如，娱乐类直播平台的入驻门槛较低，一般面向所有用户；游戏类直播平台和教育类直播平台则需要入驻的个人或企业具备相应的专业技能。在三大直播平台中，淘宝、抖音、快手的直播入驻门槛都较低，只需进行实名认证。但要开启直播带货功能则需要满足一定的条件：开启快手的直播带货功能需要主播进行答题考核，但考题比较简单，主播熟悉平台规则即可；淘宝支持达人直接入驻，实名认证后即可开通直播带货权限，如果以商家身份入驻，则视消费者评价和有无虚假交易、有无店铺违规等情况而定，同时商家还需符合经营类目要求；开启抖音的直播带货功能，要求主播完成实名认证，个人主页的视频数量（公开且审核通过）大于等于 10 条，账号粉丝数量（绑定第三方的粉丝数不算）大于等于 1 000 人。

（四）平台调性

平台调性，简单地讲就是平台对外呈现出的主要的风格。以抖音和快手为例，抖音的大众娱乐属性强，呈现"都市化"生态；快手的电商属性明显，呈现"平民化"生态。不同的平台调性，决定了相同的内容在不同平台上同时投放时会产生不同的效果。

（五）流量获取方式

目前，直播平台主要有两种流量获取方式，一种倾向于从公域流量中获取流量，另一种则倾向于从私域流量中获取流量。例如，抖音主要从公域流量中获取流量，其采用推荐算法机制来分配流量，即将主播投放的内容（包括短视频和直播）推荐给小部分可能感兴趣的用户，如果内容的传播效果较好，则进一步推荐给更多的用户。在这种推荐机制下，只要主播持续输出优质的内容，就能够获得大量用户的关注，从而获得快速成长。快手则倾向于从私域流量中获取流量，主播投放的内容（包括短视频和直播）首先会被平台推荐给关注主播的粉丝。这种流量获取方式让粉丝数量多的主播更容易获得机会，其内容传播、商品转化更依赖粉丝。

总体来看，大多数直播平台的入驻门槛较低。电商类直播平台因具有电商优势，所以更适合平台上已入驻的商家。从流量获取方式来看，主要从公域流量中获取流量的平台更有利于新手主播的快速成长，前提是主播能够持续输出优质的内容；主要从私域流量中获取流量的平台更适合已拥有大量粉丝的主播或能够快速聚集粉丝的 KOL。当然，对规模大、资源丰富的企业而言，其可选择多个直播平台，根据不同直播平台的用户画像与平台调性，有针对性地在平台上投放合适的内容。

任务三　直播模式选择

按照直播主体的不同，直播模式可分为商家自播和达人直播两种模式。

一、商家自播

商家自播是指商家使用自己的品牌或店铺账号，在自己的直播间进行的持续直播带货行为。在这种模式下，商家对直播内容有很强的掌控力，可以持续直播，成本相对可控，有助于与用户建立长期关系，实现稳定、长效的运营。商家自播的主播多是商家的导购人员或领导等。用户多是品牌的粉丝，他们对品牌有一定的忠诚度，比较关注品牌的动态。随着直播电商的成熟，商家自身的直播间开始承担更多的使命，它不但是商家线上流量的综合入口、品牌推广的主要场所，肩负着公关和舆情应对的责任，还是与用户实时沟通的窗口。

商家自播的代表有太平鸟、波司登等。图 7-6 所示为太平鸟商家自播。

直播模式选择

图 7-6 太平鸟商家自播

知识拓展

在商家自播模式下，直播间的主播往往对品牌的商品更加熟悉，在直播讲解、临场反应、节奏把控上都比较熟练，不容易出错。商家对用户的喜好往往也比较了解，知道什么样的主播可以更好地展示商品，并且符合品牌的气质。

↘ 二、达人直播

达人直播是指商家利用达人的粉丝和流量帮自己卖货，是以达人账号为中心的货围绕人的电商直播形式。商家可以在任务平台精选联盟或多频道网络（Multi-Channel Network，MCN）机构寻找合适的达人帮自己带货，但需要支付服务费和佣金。

现在越来越多的网络达人开始通过直播电商平台进行商品营销，他们通过这种方式为企业和品牌带货，并且还通过直播电商平台与粉丝互动，增强粉丝的黏性。这些网络达人大都在直播中直接推介与售卖商品，或以隐性植入的方式对商品进行营销。

例如，某夫妻主播仅用一年半的时间就积累了 5 000 多万名粉丝，成为抖音热门夫妻之一。他们在内容创作的后期不断深耕直播卖货，成为直播电商行业的带货达人。2021 年 12 月 4 日，他们的直播间 6 个多小时的总成交额突破 927 万元。粉丝对达人主播有较高的信任度，达人主播凭借自身积累的庞大粉丝群和较强的内容生产能力来实现流量的转化，在直播中所销售的商品品牌较为多样。达人直播比较适合没有直接货源的主播。由于达人直播销售的不是主播自己的货源，主播只需和商家做好对接，即可在直播间内直播卖货。与商家自播相比，达人直播的直播间内商品上新的速度较快。但是，达人直播在商品选择上处于被动地位，直播间的商品仅限于商家为其提供的款式。从用户的角度来看，在直播间购买商品是受消费欲望驱使的，在看达人直播的时候，容易被达人激发出消费欲望。达人的作用主要是引导下单，以提高转化率。对商家而言，如果商品的目标受众和达人粉丝高度契合，那么带货效果会非常好，否则很难达到理想的效果；并且商家选择合适的达人非常难，需要花费一定的时间和积累一定的经验。商家自播与达人直播的对比如表 7-1 所示。

表 7-1 商家自播与达人直播的对比

对比项目	商家自播	达人直播
直播特性	品牌化	人格化
用户购买商品的驱动力	用户购买商品多是因为对商品有需求	用户购买商品可能是因为对商品有需求，也可能是因为受消费欲望驱使
商品更新速度	较慢	较快
直播商品展示及商品转化率	流水账式地展示商品，商品转化率较低	直播商品展示节奏紧凑，内容表现形式多样，商品转化率较高
主播直播时的心态	工作心态	创业心态
直播时长	可多人24小时在线直播	单人或少数几个人直播，直播时长有限
流量支持	可借助自身流量	需要从零开始积累粉丝
电商运营能力	具有较强的电商运营能力	很多达人主播缺乏电商运营经验

知识拓展

在直播电商发展初期，商家一般选择达人直播或者利用短视频进行广告投放。因此在品牌启动期，找到一个合适的达人，并与其建立深度、稳定的合作关系是很重要的。在达人直播做到一定体量之后，商家或品牌需要通过商家自播来稳定收入。

任务四 直播电商的定位与脚本设计

直播电商的定位就是直播的方向和目标。直播电商的实时性、真实性和直观性等优势，决定了在直播过程中需要快速且精准地向用户传递信息并进行实时互动，所以开展直播电商活动之前必须先找准定位。做好直播电商的定位之后，主播直播时，直播间的用户会更加精准，精准的用户也意味着有较高的成交率，从而容易取得良好的直播效果。

直播电商的定位
与脚本设计

一场成功的直播实际上是一项系统工程，企业和主播首先要做的就是精准识别用户需求，找到

用户的需求痛点，并从直播内容上寻找差异化的突破点，这主要包括以下 4 个步骤。

第一步，深入调研用户。分析用户的基本参数，如性别、年龄、职业、收入水平、地域等，完成用户细分。这一步的目的在于挑选合适的直播对象，以使直播有的放矢。

第二步，选择适合所推荐商品的用户群体，并完成用户画像。在这个过程中，企业需要解决哪些人是企业的直播对象，他们需要买什么商品、为什么买这些商品，哪些人参与购买商品，他们如何购买商品、何时购买商品等问题。这有助于企业了解用户的行为特点，帮助主播做出更有效的直播行为，并为直播相关人员提供工作依据。

第三步，针对用户的需求痛点，有效构建直播的看点、直播商品的卖点，提高直播的商业价值。就目前而言，电商直播不仅头部效应强烈，同质化现象也非常严重，多数直播间的定位都围绕着专业性、性价比、货品丰富等关键词，但这些显然已经很难使其在无数直播间中脱颖而出。如何打造有趣、有料的直播内容，建立直播间特有的直播调性，打造直播间的核心竞争力，这才是主播需要思考的问题。

第四步，企业拥有了清晰的市场定位和商业逻辑之后，还需要对自身形象及特色进行持续塑造，培养与确认用户的心理认知，获得用户的认可、支持和偏爱。

直播脚本是影响直播活动成功与否的关键因素之一。直播脚本的作用是提前规划直播内容和活动、梳理直播流程、把控直播节奏，使直播活动按照直播团队预想的方向有序进行。简而言之，直播脚本可以使主播及直播团队的其他成员明确一场直播的时长，以及自己需要在直播过程中完成的工作，同时明确直播活动的具体流程、活动计划、活动力度等。

对电商直播而言，直播脚本一般包含整场直播脚本和单品直播脚本两种类型。

知识拓展

做好直播电商的定位，商家也会更容易找到合适的主播，主播也可以增加收入。但主播带货的合作佣金与粉丝数量有关，因此若主播想要增加粉丝数量，就要做好直播和短视频的内容，而且这些内容最好是对用户有价值的。

一、整场直播脚本设计

直播方案是对直播流程的整体规划，而整场直播脚本则是对直播方案的执行规划，它的针对性更强，是对直播流程和内容的细致说明，可以让直播团队各岗位人员明确岗位职责、实现默契配合。整场直播脚本通常以表格的形式呈现，如表 7-2 所示。

表 7-2　整场直播脚本

直播脚本要素	内容说明
直播时间	明确直播开始到结束的时间，如2023年5月26日（15:00—19:00）
直播地点	××直播室
直播主题	明确直播主题，使粉丝了解直播信息，如"××品牌秋装新品上市特卖会""××文具旗舰店开学大乐购"
商品数量	注明商品的数量

续表

直播脚本要素	内容说明
主播介绍	介绍主播的名字
人员分工	明确直播参与人员的职责，如主播负责讲解商品、演示商品功能、引导粉丝关注、下单等；助理负责协助主播与粉丝互动、回复粉丝问题等；场控/客服负责商品上下架、修改商品价格、发货与售后等
预告文案	撰写直播预告文案，如"时尚秋装上新，锁定××直播间，××特卖会等您来选购"
注意事项	说明直播的注意事项，如： （1）丰富互动玩法，提高粉丝活跃度，提升粉丝数量； （2）直播讲解节奏为单品讲解＋回复粉丝问题＋互动，直播讲解占比为商品讲解60%＋回复粉丝问题30%＋互动10%； （3）不同的商品契合不同的应用场景； （4）多讲解××系列新品
直播流程	直播流程应规划详细的时间节点，并说明开场预热、商品讲解、粉丝互动、结束预告等时间节点的具体内容

整场直播脚本中的直播时间、直播地点、直播主题、商品数量等应按实际的直播情况进行填写，直播流程则需详细具体，这样才便于主播把控直播节奏。表7-3所示为整场直播脚本示例。

表7-3　整场直播脚本示例

直播脚本要素	内容说明			
直播时间	2023年10月15日15:00—17:00			
直播地点	××直播室			
直播主题	××品牌女装上新促销			
商品数量	10件			
主播介绍	××品牌主理人			
预告文案	秋季女装上新，独一无二的精心搭配！锁定××直播间，我们不见不散			
时间段	直播流程规划	人员分工		
		主播	助理	场控/客服
15:00—15:10（不含）	开场预热	自我介绍，向进入直播间的粉丝问好，介绍开场直播截屏抽奖规则，强调开播时间，简单介绍今日的主推商品 参考话术：粉丝们注意了！今天的奖品真的超级丰厚！要是我没直播，我也好想参与	演示直播截屏抽奖的方法，回答粉丝的问题	向各平台分享开播链接

续表

时间段	直播流程规划	人员分工		
		主播	助理	场控/客服
15:10—15:20（不含）	活动剧透	简单介绍本场直播的所有商品，说明直播间的优惠情况 参考话术：大家千万不要走开！点赞满×××、关注满×××开始抽奖，还没有关注直播间的朋友赶紧关注一下，我们每次直播都会有抽奖活动，只有关注了才能领奖哦	商品配套展示，补充主播遗漏的内容	向各平台推送直播活动信息
15:20—15:25（不含）	商品推荐	讲解、试穿第1款商品，全方位展示商品外观，详细介绍商品特点，回复粉丝问题，引导粉丝下单	与主播完成画外音互动，协助主播回复粉丝问题	发布商品链接，回复粉丝的订单咨询问题，收集在线人数和转化数据
15:25—15:30（不含）	商品推荐	讲解、试穿第2款商品	与主播完成画外音互动，协助主播回复粉丝问题	发布商品链接，回复粉丝的订单咨询问题，收集在线人数和转化数据
15:30—15:35（不含）	红包活动	与粉丝互动，发红包	提示发红包的时间节点，介绍红包活动规则	发红包，收集互动信息
15:35—15:40（不含）	商品推荐	讲解、试穿第3款商品	与主播完成画外音互动，协助主播回复粉丝问题	发布商品链接，回复粉丝的订单咨询问题，收集在线人数和转化数据
15:40—15:45（不含）	商品推荐	讲解、试穿第4款商品	与主播完成画外音互动，协助主播回复粉丝问题	发布商品链接，回复粉丝的订单咨询问题，收集在线人数和转化数据
15:45—15:55（不含）	福利赠送	点赞满×××进行抽奖，中奖者获得新衣一件	提示发送福利的时间节点，介绍抽奖规则	收集中奖信息，与中奖者取得联系

续表

时间段	直播流程规划	人员分工		
		主播	助理	场控/客服
15:55—16:00（不含）	商品推荐	讲解、试穿第5款商品	与主播完成画外音互动，协助主播回复粉丝问题	发布商品链接，回复粉丝的订单咨询问题，收集在线人数和转化数据
16:00—16:05（不含）	商品推荐	讲解、试穿第6款商品	与主播完成画外音互动，协助主播回复粉丝问题	发布商品链接，回复粉丝的订单咨询问题，收集在线人数和转化数据
16:05—16:10（不含）	商品推荐	讲解、试穿第7款商品	与主播完成画外音互动，协助主播回复粉丝问题	发布商品链接，回复粉丝的订单咨询问题，收集在线人数和转化数据
16:10—16:15（不含）	福利赠送	点赞满×××进行抽奖，中奖者获得新衣一件	提示发送福利的时间节点，介绍抽奖规则	收集中奖信息，与中奖者取得联系
16:15—16:20（不含）	商品推荐	讲解、试穿第8款商品	与主播完成画外音互动，协助主播回复粉丝问题	发布商品链接，回复粉丝的订单咨询问题，收集在线人数和转化数据
16:20—16:25（不含）	商品推荐	讲解、试穿第9款商品	与主播完成画外音互动，协助主播回复粉丝问题	发布商品链接，回复粉丝的订单咨询问题，收集在线人数和转化数据
16:25—16:30（不含）	商品推荐	讲解、试穿第10款商品	与主播完成画外音互动，协助主播回复粉丝问题	发布商品链接，回复粉丝的订单咨询问题，收集在线人数和转化数据
16:30—16:35（不含）	红包活动	与粉丝互动，发红包	提示发红包的时间节点，介绍红包活动规则	发红包，收集互动信息

续表

时间段	直播流程规划	人员分工		
		主播	助理	场控/客服
16:35—16:50（不含）	商品返场	对销售情况较好的商品进行返场讲解	协助场控/客服向主播提示返场商品，协助主播回复粉丝问题	收集、分析每款商品的在线人数和成交转化数据，向助理与主播提示返场商品，回复粉丝的订单咨询问题
16:50—17:00	直播间预告和直播福利	简单介绍第二天的新款，引导粉丝关注直播间，强调第二天的开播时间参考话术：明天直播间还会抽出一名幸运免单粉丝，一定要先关注直播间哦，我们会有不定时的惊喜福利	协助主播引导粉丝关注直播间	回复粉丝的订单咨询问题

二、单品直播脚本设计

单品直播脚本即基于单个商品的脚本，它对应整场直播脚本的"商品推荐"部分。单品直播脚本是围绕商品来撰写的，其核心是突出商品卖点。以服装为例，其单品直播脚本设计可以围绕服装的尺码、面料、颜色、款式、细节特点、适用场景、搭配方法等进行说明。

单品直播脚本一般以表格的形式呈现，包含商品介绍、品牌介绍、粉丝互动、引导转化等要素。表 7-4 为某款服装商品的单品直播脚本示例。

表 7-4　某款服装商品的单品直播脚本示例

直播脚本要素	内容说明
商品介绍	介绍商品属性，突出商品卖点。例如，这套A品牌的丝绒套装是今年很流行的风格，兼顾了时尚和舒适感，将丝绒与羊毛相结合，穿起来真的好暖和。再来看看套装的裤子，同样是用了高品质的丝绒和羊毛，到了秋冬季节，有了这条裤子就不用穿秋裤了。而且裤腰是加宽腰带的弹力设计，所以穿起来不勒不紧，非常舒服。另外，这套丝绒套装不仅可以当作休闲装来穿，还可以当作运动装来穿。在运动、做家务时，都非常方便（做伸展动作）
品牌介绍	A品牌相信大家都听说过，它的服装设计理念是内敛、高贵、时尚、年轻。A品牌至今已有50年历史了，性价比很高，其他品牌的套装卖6 000~7 000元，但是这套丝绒套装标价是2 999元
粉丝互动	关注主播并分享直播链接参与抽奖，新增关注数达到2 000人开始抽奖，后续新增关注数每增加200人会派发一次红包

续表

直播脚本要素	内容说明
引导转化	这套丝绒套装的标价是2 999元，在直播间只要499元。惊不惊喜，意不意外？再加100元，你们就可以把两套A品牌的丝绒套装带回家。A品牌的丝绒套装，599元两套。大家准备好了吗？倒数3个数开拍，先到先得，限量600套，3，2，1……

任务五　直播场景的搭建

↘ 一、场景要素

直播间的场景就是主播所处的直播场景，它直接决定了用户在观看直播时的视觉感受和消费体验，影响着整场直播的效率。直播电商的场景要素主要包括设备选择、直播间布置、场地选择。

直播场景的搭建

（一）设备选择

在特殊情况下，利用一部手机也可以完成直播。但更专业的设备与场景布置，可以更有效地提高效率、促进转化、控制流程。直播不受地理位置的限制，其潜在用户数量可能非常大，所以主播最好采用高配置的计算机、独立网线等进行直播，避免在直播过程中出现卡顿现象。如果采用手机直播，则最好准备两部手机，一部手机用来直播，另一部手机用来查看粉丝留言，方便及时与粉丝互动，同时还要特别注意保持电量充足。另外，主播还应选择更专业的摄像头，以保证直播的清晰度，摄像头最好自带美颜、特效滤镜、多镜头切换等功能。

（二）直播间布置

直播间布置包括灯光和背景等的布置。一般来说，直播间应该依照明确和简洁两个原则进行布置。明确就是直播间要通过文字或图片等直接告诉用户"这场直播是做什么的"，或者告诉新用户"如何参与互动"；简洁就是直播间的设置应简单明了，直接告诉用户"这个直播间是什么直播间"。在布置直播间时需要根据品牌定位和商品特点来做出相应的设计，如灯光的明暗程度、色温、色调、背景墙的颜色与风格等。此外，还应该注意直播间的隔音效果、话筒收音效果等。

（三）场地选择

越来越多的商家开始在更多的时间段和更多的场景下展示商品，直播电商的直播场景越来越丰富、多元。直播电商常见的场地选择如下。

1. 产地直播

产地直播是指主播在商品的原产地、生产车间等场地进行直播，以展示场地或者制造工艺为主，突出细节，并通过这样的方式来销售商品。

2. 实体门店直播

实体门店直播是指主播在线下实体门店里进行直播，实体门店就是直播间。这样商家不需要专门选场地搭建直播间，能够节约一定的成本，在销售商品的同时还能为线下实体门店导流。

3. 搭景直播

搭景直播是指商家或达人主播选择合适的场地，并搭建直播间进行直播。商家或达人主播可以根据品牌调性或直播商品的调性来设计直播间的风格。

4. 供应链基地直播

供应链基地直播指主播在供应链基地进行直播。供应链基地直播通常用于自身旗下的主播开展直播。主播可以根据自身需求在供应链基地挑选商品，并在供应链基地提供的直播场地中进行直播。

供应链基地的装修和直播设备一般比较高档，直播时画质比较好，容易使用户下单。供应链基地中的商品通常是经过供应链运营方筛选的，主播在基地选好商品后，将商品链接导入自己的直播间即可。供应链基地提供的商品款式非常丰富，主播不用担心缺少直播商品。

5. 海淘现场直播

海淘现场直播是指主播在国外的商场、免税店进行直播，用户通过观看直播选购商品。海淘现场直播可以让用户产生身临其境的感觉，有利于提升用户对商品的信任度。

二、直播设备配置清单

直播活动离不开直播设备的支持，直播设备的性能直接影响直播内容的输出，从而影响用户的视觉和听觉感受。直播团队要想给用户良好的观看与购物体验，就要本着实用、好用的原则选择直播设备。直播设备配置清单如表7-5所示。

表7-5 直播设备配置清单

设备名称	配置说明
计算机	用于在PC端直播，可以进行直播后台管理、脚本设计，以及修图、剪辑视频等。如果没有特殊需求（如游戏直播），购买目前主流的笔记本电脑即可
摄像头	在PC端直播时，外接摄像头需满足主播对摄像头的美颜、瘦身、清晰度、拍摄角度等方面的需求。一般而言，1 000元左右的摄像头即可满足直播需求
手机	手机是直播的主要设备，适用于室内直播和室外直播。直播用的手机，其运行内存应不低于4GB，摄像头不低于1 200万像素
支架	用于固定手机、摄像头、话筒等设备，以保证直播画面稳定。根据固定设备的数量和大小选购
补光灯	用于为直播提供辅助光线，以得到较好的光线效果。补光灯的类型主要为柔光灯，包括柔光箱或柔光球（见图7-7）与环形灯（见图7-8）。室内直播需要补光时，可以优先选择柔光灯来模拟太阳光对拍摄对象进行补光。如果要拍摄人脸近景或特写，或者需在晚上拍摄，可以选择环形灯，以掩饰人物的面部瑕疵，起到美颜的效果
话筒	用于直播收音，使声音更有层次，音效饱满、圆润。一般可以选择价格为200~1 000元、电压为48V的电容话筒
耳机	耳机可以让主播在直播时监听自己的声音，从而更好地控制自己的音调、分辨伴奏等。一般可选购入耳式耳机或蓝牙耳机
自拍杆	使用手机进行移动直播时，可以用自拍杆进行拍摄，能在一定程度上扩大拍摄范围，提升画面的稳定性
移动电源	一场直播的持续时间往往较长，对手机电池电量的需求较高，因此移动电源是手机直播的必备辅助设备

图 7-7　柔光箱或柔光球

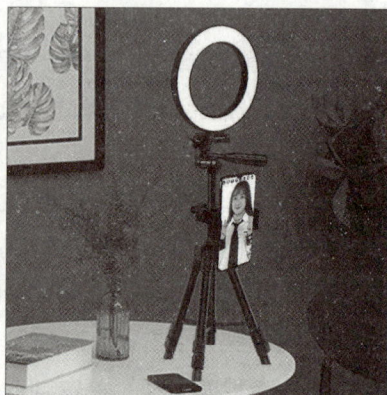

图 7-8　环形灯

知识拓展

应本着实用、好用的原则择优选择直播设备，直播设备在满足直播需求的情况下，其配置以简单为佳。在稳定的无线网络支持下，主播配备手机、支架、补光灯、移动电源等基础设备即可进行简单的手机直播，这一般适用于展示体积小的商品，如珠宝、玩具、文具、饰品、工艺品、手机及其配套商品等。如果是美妆、服装等行业的直播，则可考虑使用外置高清摄像头，在 PC 端进行直播，或升级手机直播配置。

↘ 三、规划直播间场地

与主播、商品一样，直播间场地也是直播中非常重要的因素。好的直播间场地不仅可以带来稳定的直播效果，还可以提升用户的购物体验。直播间场地分为室内直播间场地和室外直播间场地，直播间场地不同，规划要点也不同。

1. 规划室内直播间场地的注意事项

常见的室内直播间场地有办公室、会议室、工作室、线下门店、住所等，如图 7-9 所示。

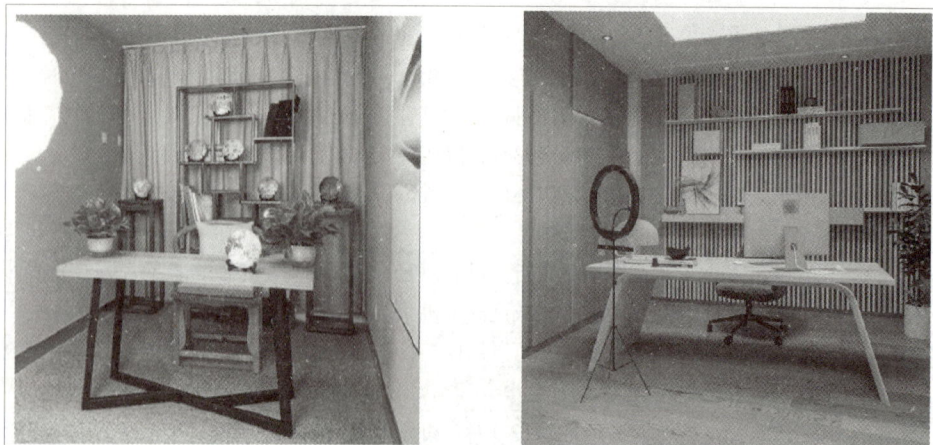

图 7-9　室内直播间场地

室内直播间场地的面积应根据直播的内容进行调整。直播间场地的层高要保证既能给顶光灯留下足够的空间，又不会导致环境光发散、话筒空间不适宜、收音不清晰等问题。此外，直播商品较多时，要为待播商品，以及桌椅、黑板等道具和其他工作人员预留空间，室内直播间场地的隔音效果要好，避免杂音的干扰；要有较好的收音效果，环境安静，避免在直播中产生回音。

室内直播间场地的光照要充足，保证直播画面的真实感和美观度。如果直播间场地较封闭，需要借助灯光设备补充光源，提升直播画面的视觉效果。

2. 规划室外直播间场地的注意事项

常见的室外直播间场地有商品室外产地（如蔬果种植园、茶园等）、室外打包场所、露天集市等。室外直播一般适合直播体积较大的商品，或展示商品采购现场，带领用户近距离观看商品的采购、加工、包装、发货等过程。这不仅能给用户带来有吸引力的沉浸式体验，还能提高用户对商品的信任度。规划室外直播间场地的注意事项如下。

（1）室外直播一般选择在晴朗的天气进行，同时要做好应对下雨、刮风等天气的措施，为了避免因遭遇恶劣天气而导致直播延期，可设计室内直播备用方案。

（2）室外直播需要限制室外场地的范围，便于主播将更多的精力放在产品讲解和与用户的互动上。

（3）室外直播间场地的环境应当干净清洁，让用户观看直播时能保持舒适的心情，特别是对画面美观度要求较高的室外直播，更应保证场地环境的美观。无论是哪种室外直播，直播场地中都不宜出现过多的围观人群或车辆。

素养课堂

需要注意的是，主播在室外直播时，不能破坏或干扰公共秩序，应服从管理。

四、为直播间布置合适的背景

（一）纯色背景

纯色背景是很简单的一种背景布置方法，颜色一般以浅色为主，常用墙纸或幕布搭建，可以带给用户自然的观看感受。纯色背景常见于服装类直播，如图 7-10 所示。

（二）品牌标志背景

品牌标志背景直观简洁，可以增强品牌效应，适用于多数直播场景，如图 7-11 所示。

（三）商品摆放背景

商品摆放背景的应用需要挖掘商品的特色，在背景中融入与直播主题或直播商品相关的特色元素，如图 7-12 所示。

图 7-10　纯色背景　　　　图 7-11　品牌标志背景　　　　图 7-12　商品摆放背景

任务六　打造直播电商团队

在当前的电商零售模式下，直播带货已成为常态，有志于做直播的个人或企业纷纷入局。然而，要想在直播行业中突出重围，不能仅仅依靠一个人单打独斗。一场好的直播不仅依赖于主播的专业能力，还需要直播团队成员之间的默契配合，这样才能保证直播有条不紊地进行。可见，组建一个高效的直播团队尤其重要。

随着直播的日益火热，越来越多的人进入直播行业，这无疑使直播行业竞争越来越激烈，而筹划组建高效的直播团队则成为个人或企业提升直播竞争力的重要前提。那么，应如何组建一个高效的直播团队？这就需要个人或企业在明确直播团队岗位设置的基础上，根据自身的需求和预算确定直播团队的岗位设置及人员配置。

一、直播团队的岗位设置

直播团队的组织结构及岗位设置因业务需求的不同而不同。在组建直播团队之前，应了解直播团队的主要岗位设置。一般而言，一个直播团队会涉及主播、副播（副主播）、助理、场控、策划、数据运营、客服、商务拓展等岗位。

（一）主播

主播是直播的直接执行者，其工作职责可细化到直播的各个阶段。

（1）直播前。主播需要对直播脚本的内容、商品的特性与卖点、活动、粉丝福利等内容了然于心。只有这样，主播才能在直播过程中更好地发挥个人能力，统筹全场，流畅地进行商品介绍并与粉丝互动，引导粉丝关注和下单。

（2）直播中。直播过程中，主播需要掌控直播节奏，时刻注意自己的个人形象和直播表现，活跃直播间的氛围，促进销售等。

（3）直播后。主播需要参与直播内容的复盘，分析和总结直播的效果，并通过微博、微信等渠道对直播进行二次宣传，或不时向粉丝分享福利，以树立个人、店铺及品牌的良好形象，提升个人、店铺及品牌的曝光度，增强粉丝的黏性。

（二）副播

一些规模较大的直播团队，有时会专门设置副播岗位。副播通常负责在直播间内辅助主播开展直播。例如，主播暂时离开直播间时，由副播继续完成直播；直播时间较长时，还可以由多名副播来轮流替播；或者副播在直播间内与主播配合，协助主播说明直播活动的规则，介绍商品并与粉丝互动，引导粉丝关注和下单等。

（三）助理

助理即直播助理，主要负责辅助主播开展直播，是直播前端运营中不常出镜的一个角色。助理的工作内容包括在开播前通过各种渠道发布直播预告，确认商品和道具的准备是否到位，在直播过程中配合场控提醒主播直播活动的关键时间节点。有时，助理也承担副播的工作。

从表面上看，主播、副播及助理的工作主要是面向直播间内的，实际上，他们也可能会参与直播活动的整个运营环节，包括直播间的搭建、直播前的准备、直播后的数据复盘甚至是选品和制定营销策略。另外，他们也需要给直播团队提供一些信息反馈，如粉丝的需求和喜好等。

（四）场控

场控主要负责执行直播策划方案，相当于直播的现场导演，要在策划人员和主播之间进行协调。与助理一样，场控也是直播前端运营中不常出镜的一个角色，其具体的工作内容如下。

（1）软硬件设备搭建与调试。在直播前，场控需要搭建与调试直播的软硬件设备。软件的调试内容包括音频效果、摄像头分辨率、视频播放的流畅性与清晰度、声音和画面是否同步、直播中购买及评论链接的安全性等。硬件设备调试的对象和内容包括计算机、手机、音频设备（如话筒、声卡）、背景布置、镜头设置、灯光设置等。

（2）后台操作。在正式开播后，场控需要跟进主播的直播进程，管理好所有相关的后台操作，包括直播推送、红包发放、优惠券发放、活动报名、公告信息发布、商品上下架及价格调整等。例如，在主播提示向粉丝发放红包或优惠券时，场控就需要配合主播在后台进行发放红包或优惠券的操作。同时，场控还需要在后台进行实时的直播间数据监测，掌握在线人数峰值、商品点击率等数据。

（3）监控异常情况。如果直播过程中发生异常情况，场控需要将信息反馈给策划，同时还需要将策划给出的信息传达给助理和主播。例如，当商品库存告急时，场控需要将此信息传达给助理和主播；或者当主播对直播节奏的掌控偏离了原先的计划时，场控需要暗示主播调整节奏，回归预定的直播节奏。

（五）策划

如果场控是直播的现场导演，那么策划就是直播的幕后导演和全局规划者。策划主要负责制定直播的策划方案、策划促销活动、设计直播脚本，以及各种内容的制作与分发，如根据粉丝的不同属性和等级制定不同的福利方案。同时，策划还需要对接企业的其他部门，协调直播团队和企业之间的工作，如组织拍摄预热短视频、进行商品抽样、协调仓库部门的工作等。

（六）数据运营

数据运营主要负责直播数据的收集、分析，并针对数据分析中发现的问题为策划提供直播方案的优化建议，同时可以为直播复盘提供数据支撑。数据收集和分析的工作也可以直接由策划完成，策划通过直播数据分析反映的情况，直接对直播方案进行优化，从而避免在与数据运营沟通交流过程中产生信息损耗的情况。不过，由策划承担数据收集和分析的工作，会增加策划的工作量。

（七）客服

直播间的客服主要起辅助的作用，负责与粉丝互动并为粉丝解答疑惑，配合主播的直播，处理商品发货及售后问题。客服需要熟悉商品信息，以便向粉丝准确描述商品的卖点与优势，同时客服还应掌握一定的沟通技巧。

（八）商务拓展

商务拓展主要负责商家合作、商品招商等事宜，其主要的工作内容是根据企业业务的发展需求，整合 MCN 机构的资源、寻找合作伙伴、制订合作计划、完成合作谈判、对合作项目的实施进行监督、拓展新的合作渠道、挖掘企业的潜在客户、为企业寻找长期合作伙伴等。商务拓展应具备较强的沟通交际能力、组织协调能力、渠道开拓与管理能力。

二、直播团队的人员配置

组建高效的直播团队需要根据岗位设置进行合理的人员配置。组建直播团队是一个循序渐进的过程，直播团队的人员配置是非常灵活的，可根据个人或企业的业务发展需求和预算来进行合理规划。

（一）基础团队

如果个人或企业的预算不高，那么可以组建一个基础团队，即至少配置 1 名主播和 1 名运营人员。该配置对运营人员的要求较高，运营人员需同时承担助理、场控、策划、数据运营、客服、商务拓展等岗位的工作。也就是说，运营人员既要懂技术、会分析数据，又要会策划、能控场，还要掌握销售技巧，具备商务拓展能力，这样才能保证直播的质量。

基础团队配置 1 名主播存在一定的弊端，即无法实现连续直播，一旦主播无法出镜，就会影响直播的正常进行。同时，基础团队配置下的主播要与运营人员默契配合，参与直播流程中的各个环节，以提高工作效率，从而产生好的直播效果。另外，在 1 名主播和 1 名运营人员的配置基础上，也可增设 1 名策划人员，负责直播方案的策划工作。

（二）标准团队

如果个人或企业的预算充足，或业务规模变大，那么可以组建一个标准团队。个人或企业在组建自营直播团队时，一般会按直播的工作环节来选择和配置标准团队。标准团队可以设置主播、助理、场控、策划、数据运营、商务拓展等6个岗位。标准团队的人员配置及职能分工示例如表7-6所示。

表7-6　标准团队的人员配置及职能分工示例

人员配置	职能分工
主播1名	负责直播，介绍、展示商品，与粉丝互动，引导粉丝关注直播间，参与策划与直播复盘等
助理1名	协助主播工作、准备直播商品与道具、担任临时主播等
场控1名	负责软硬件调试及整场直播的后台操作，负责直播间数据监测与反馈，处理询单、答疑、售后问题等
策划1名	负责策划直播方案，设计商品脚本、活动脚本、话术脚本，负责直播预热宣传策划及粉丝福利方案策划等
数据运营1名	负责直播间的流量采买和数据收集、分析，提供直播方案优化建议
商务拓展1名	负责商务合作、商品招商、商品信息整理、对接店铺等

（三）成熟团队

随着直播业务的发展壮大，业务需求逐渐增多，如果资金充足，那么个人或企业可以组建一个成熟团队，即在标准团队的基础上增设新的岗位或增加原有岗位的配置人数，这样可以细化工作内容，由不同成员完成其对应的工作，团队成员之间相互配合，能有效提高直播的效率和收益。成熟团队的人员配置及职能分工示例如表7-7所示。

表7-7　成熟团队的人员配置及职能分工示例

人员配置	职能分工
主播1名	负责直播，介绍、展示商品，引导粉丝关注与下单，复盘直播内容等
副播1名	配合主播直播，辅助说明直播间的活动规则，介绍商品信息，活跃直播间气氛，担任临时主播等
助理1名	配合直播间的现场工作，摆放商品和道具，发布预热信息，配合主播完成画外音互动等
场控1名	负责调试软硬件，上下架商品，更改商品价格，发送红包和优惠券等
策划2名	负责策划直播方案，策划直播前的预热内容，策划粉丝福利方案，设计商品脚本、活动脚本、话术脚本等
数据运营1名	负责直播间的流量采买和数据收集与分析，提供直播方案优化建议
拍摄剪辑1名	辅助直播工作，负责商品、主播、直播花絮等的拍摄与剪辑
客服2名	负责与直播间的粉丝互动、答疑，解决商品发货等售后问题
直播主管1名	负责主播的日常管理、招聘、培训、心理辅导，以及招商宣传等

↘ 三、打造优秀主播

主播是直播团队的核心人物，打造人设是主播直播带货的先决条件。在直播领域中，那些为大众所熟知的主播无一例外都有自己鲜明独特的人设。

（一）主播自身素质修炼

主播确立人设后，还应具备专业能力，这样才能在直播间内持续地输出内容，吸引新粉丝，留住老粉丝。新手主播要想成长为优秀的成熟主播，都要经历自我修炼的过程，通过不断提升主播自身素质和竞争力来赢得粉丝的喜爱。

要想成为一名优秀的主播，除了要挖掘自身的闪光点，还需要具备一定的基本能力和专业能力。

1．基本能力

基本能力是一名优秀主播所必须具备的能力，只有主播的基本功过硬，主播的人设才能产生影响力。一般来说，主播应具备以下几种基本能力与素质。

（1）形象管理能力。作为公众人物，主播应具备形象管理能力，保证衣着得体、自然大方。个人形象好的主播能得到更多的关注与尊重，同时，如果是电商主播，个人形象还要与商品契合。例如，销售彩妆类商品的主播要保持妆容精致。

（2）语言表达能力。除了具备形象管理能力，主播还要具备良好的语言表达能力。这两种基本能力都能直接展示主播的形象，是主播快速吸引粉丝的关键。好的语言表达往往具有吐字清晰、有亲和力和感染力、能够准确传达信息、能有效地调动现场气氛等特点。如果主播的语言表达还极具幽默感，这无疑会为主播的形象加分。

（3）良好的心理和身体素质。直播间内有时会出现负面、消极、不理智的声音，主播应心平气和地解决问题，要能承受压力，保持良好的心态。另外，一场直播往往会持续较长的时间，这对主播的心理素质和身体素质也是一种考验。

（4）敏锐的反应能力。直播中可能会出现一些突发情况，如网络故障、画面黑屏、直播没有声音等。因此，主播要具备敏锐的反应能力，能随机应变。如某主播曾在直播时遭遇数分钟没有声音的突发情况，他立即与直播团队的其他成员临时表演了一出"哑剧"，化解了尴尬和危机。

2．专业能力

主播是直播团队中素质发展比较全面的人，主播不仅要完成日常的直播工作，还要负责提升直播带货的效果。电商主播除了应具备直播的基本能力，还应掌握直播带货的专业能力，其中，商品介绍能力、互动控场能力和引导成交能力是影响主播带货效果的 3 种关键能力。

（1）商品介绍能力。主播在直播带货时应充分发挥自身意见领袖的作用，为粉丝提供信息、观点、建议并施加影响。这就需要主播在直播前就熟悉商品信息以便能快速准确地用通俗易懂的语言介绍商品的功能、特性和卖点等。

（2）互动控场能力。主播的互动控场能力主要体现在 3 个方面：一是与助理的密切配合，完成商品介绍、引导粉丝关注、回答粉丝提问，并处理好恶意评价等；二是营造直播间的活跃气氛，通过互动话术引导粉丝点赞、关注，调动粉丝的积极性；三是做好商品介绍的排序，并根据实时在线人数、互动情况、营销效果等调整商品的介绍顺序，如在合适的时候用引流款商品引流，促成粉丝下单。

（3）引导成交能力。直播带货的关键在于激发粉丝的购买欲望，这就需要主播运用话术直击粉丝的痛点，迅速促成转化。

（二）主播提升自身素质的方法

为了更好地提升自身的素质，主播应掌握一定的方法。

1. 主播日常训练技巧

"台上一分钟，台下十年功。"主播只有通过日复一日地练习，才能熟能生巧，提升自身的素质。下面介绍几种常见的主播日常训练技巧。

（1）朗读。每天坚持朗读美文，练习发音，保证口齿清晰。同时，朗读时积累的优美语句也可以运用到自己的口语表达中。

（2）速读。速读即保持一定速度朗读文章，让自己在快速表达时也能做到发音准确、吐字清楚。

（3）背诵。背诵练习在于提升主播的记忆力，便于主播快速记住商品的特性和卖点。

（4）对着镜子训练。朗读时，对着镜子训练自己的表情、眼神和肢体动作，培养自己的镜头感。

2. 唇舌练习技巧

主播每天的直播时长基本保持在 2 小时以上，为了能在长时间的直播中保持良好的状态，主播需要掌握唇舌练习技巧。下面介绍几种常见的唇舌练习技巧，它们有助于主播锻炼自己的唇舌力量和灵活度。

（1）双唇练习。双唇闭拢，下巴向前后、左右平移运动。

（2）舌的练习。舌尖伸出口外，向前后、左右、上下运动；舌尖顶下齿，上齿刮舌面，同时舌面顶起，把口腔撑开；舌尖在口腔内顶左右口腔壁；闭口，舌尖在门牙处转圈。

（3）牙关开合练习。做夸张的啃苹果动作及上下颌用力咬合的动作。

知识拓展

主播可以选择读绕口令做发音练习，如："八百标兵奔北坡，炮兵并排北边跑。炮兵怕把标兵碰，标兵怕碰炮兵炮""门口吊刀，刀倒吊着""粉红墙上画凤凰，凤凰画在粉红墙。红凤凰，粉凤凰，红粉凤凰，花凤凰"等。

3. 提升直播礼仪修养

提升直播礼仪修养主要需要注意以下几个方面。

（1）着装。着装能展示主播风采，需干净整洁、自然大方，避免穿着与背景颜色相近的服装，戴耳环、项链或戴帽子时不得遮挡脸部。

（2）妆发。妆发应自然，可重点打造眉毛和眼睛部分的妆容，显得精神饱满。睫毛不宜过密过长，腮红不宜过浓，否则容易显得不自然。

（3）肢体语言与表情神态。在直播展示商品时，主播往往需要辅以丰富的肢体语言与表情神态。此外，应注意的是，主播要时刻保持微笑、态度诚恳，直播中不左顾右盼，不做与直播无关的事情。

4．拜师学艺

主播可以主动联系其他优秀的主播，向他们学习，利用优秀主播的"传帮带"快速提升自己的直播能力。

5．参加培训

参加培训是主播快速提升自身能力的一个重要途径，主播可以在专业的培训机构中学习，也可以在其他的综合培训机构参加演讲技巧、语言表达、沟通交流等方面的培训。

任务七　直播电商运营技巧

↘ 一、直播引流技巧

直播带货的受众是用户，目的是销售商品。为了提高商品的销量，商家要以满足用户需求为中心，在直播中开展各种引流活动。引流策略如下。

（一）社交媒体引流

利用社交媒体平台如微信公众号、微博、抖音等，发布直播预告，提前吸引用户关注。通过公布直播内容、互动环节及特邀嘉宾等信息，激发用户的好奇心和参与欲望。

（二）关键词优化

优化直播关键词，提高其在搜索引擎中的排名。确保直播标题、描述和标签中合理使用关键词，同时保证直播内容与关键词的相关性。这有助于吸引潜在用户，提高直播间的曝光率。

（三）合作推广

寻找具有相似受众群体的品牌或主播进行合作，通过互推互粉的方式，扩大直播的覆盖范围。例如，互相在各自的直播间宣传对方的直播时间、主题等，实现合作，助力推广。

（四）内容创新

不断创造新颖、有趣的直播内容，满足用户的口味和需求。通过引入热门话题、互动游戏等形式，增加直播的看点，提高用户的留存率。同时，关注用户反馈，及时调整和优化直播内容。

（五）付费推广

通过购买广告位、付费推广等方式，将直播间推荐给更多潜在用户。根据预算和目标用户的特点，选择合适的付费推广渠道。同时，合理规划广告投放时间，确保在目标用户活跃的时间段进行推广。

（六）口碑营销

鼓励用户在社交媒体上分享自己的观看体验，为直播间带来口碑。直播间提供优质的直播内容和服务，让用户愿意主动将直播间推荐给他人。同时，积极回应用户的评价和反馈，加强与用户的互动，提高口碑营销的效果。

以上是直播引流推广的六大技巧。主播可以结合自身实际情况，灵活运用这些方法，不断优化和改进推广策略。通过有效的引流推广，提升直播间的流量和关注度，为直播营销事业带来更多机会。

↘ 二、直播互动技巧

直播时主播不能自说自话，引导用户互动十分重要，主播应努力营造热闹的氛围，以感染用户、调动用户的热情，吸引更多的人进入直播间。直播互动技巧如下。

（一）丰富表情动作

为什么小品这么受人欢迎？最简单的原因就是小品不只能听还能看，涉及视听两种感受。直播也一样，失去了表情动作，就等于失去了一半的欣赏性。化妆美容是为了静态视觉享受，表情动作则是动态的艺术。

主播在直播时不妨加上表情动作，而且要比现实中夸张，每个表情动作都要延长几毫秒，让用户看到主播的互动反馈，增强用户的参与感。

比如收到礼物表现出的期盼和惊喜、手比爱心的温馨等。即使是在唱歌，也可以在演唱的过程中增加一些灵动的表情动作。

（二）多说礼貌感谢语

在不耽误直播进程的情况下，尽量多说礼貌感谢语。如收到礼物时，对送礼者表示感谢。

（三）平时多积累"段子"

幽默的好处不只是能将人逗乐，而且能灵活地改变一些尴尬的局面。

日常可以多积累一些"段子"，刚开始可以记录"段子"，放在镜头外，在直播的时候扫几眼帮助回忆，但不要刻意讲"段子"。再搭配一些当前的热门话题，相信直播间就不会枯燥了。

（四）学习一些互动小游戏

作为新手主播，如果想提升互动效果，可以选择玩一些猜数字、真心话大冒险、猜谜等的互动小游戏，以激发用户的好奇心，引出更多话题。

（五）讲单口相声

能讲单口相声是新手主播必须拥有的技能。初做主播时，直播间里的人很少，也没有太多忠实粉丝，这就要求主播会讲单口相声，营造热闹的氛围。

（六）学会扬长避短

大多数人对超出心理预期的事物会产生浓厚的兴趣和好感，用户对新手主播的心理预期并不高，所以新手主播不要自吹自擂，可以通过展示才艺的方式提升用户的期待值。如果主播没有擅长的才艺，那就更不能自夸了，慢慢学习才艺，也是提升期望值的一种手段。不要因为怕冷场而勉强表演才艺，要学会扬长避短，免得让用户失望。

（七）巧用连麦技巧

连麦是直播互动的有效技巧之一，特别是跟大主播连麦，在一定程度上能为直播间带来人气。很多新手主播找不到连麦的对象，这是因为他们总想找比自己强的大主播连麦，其实不妨仔细留意等级差别不太大的主播，真诚交流，慢慢就会拥有数位连麦好友，再依托自身内容，也就更容易做到与大主播连麦了。

（八）用自己的风格互动

不要学别人的风格，模仿终究是模仿，很难超越。发挥自己的特长，形成自己的风格，用自己的风格与用户互动，增强用户黏性。

任务八　直播电商复盘与数据分析

一、直播电商复盘

（一）总结主播状态

主播是直面消费者的第一人，主播直播时的状态、临场发挥情况，会对直播质量和效果产生直接的影响，如果主播状态不佳，则可能出现直播间人数激增时无法承接流量、掌控不好直播间节奏、消费者提出的专业问题无法及时回答、商品介绍缺乏吸引力等问题。基于以上种种问题，总结主播状态时，首先要看主播是否重视本场直播、开播前是否做好了充足准备、是否充分了解商品的卖点信息、是否熟悉直播脚本与话术，以及妆容及穿着是否适宜。其次还应分析直播过程中主播的精神状态是否饱满、注意力是否集中、是否与消费者积极互动等。

（二）总结团队配合情况

副播：分析副播是否存在激情不足、与主播配合不佳、商品细节展示不清晰、问题回复或者解决不及时等问题。

助理：分析助理是否存在推广引流人群不精准、道具准备错误、与主播的互动不及时、声音不够洪亮等问题。

场控：分析场控是否存在商品上下架操作失误、优惠券发放不及时、库存数量修改错误、实时问题出现后没有进行记录等问题。

策划：分析策划是否存在商品要点归纳不足、预估直播数据出现偏差、未对直播突发状况做出有效判断等问题。

（三）分析直播销售数据

销售数据能充分体现直播带货的效果，直播间的销售效果与选品策略、价格策略紧密相关，直播间的高销量商品可以反映消费者的购买意愿，指导下次直播的选品和定价。销售数据也能体现主播的直播带货能力，但是需要综合分析直播间在一段时间内的数据走向。如果直播间在一段时间内的销售数据出现下滑的趋势，就要找出原因，尽快调整策略。直播销售数据如图 7-13 所示。

图 7-13　直播销售数据

（四）汇总直播间消费者评论

直播团队通过汇总直播间消费者的评论，一方面可以了解消费者感兴趣的话题，以便在下次直播时能够"对症下药"。另一方面，在主播讲解商品的环节中，通过分析消费者对各商品的咨询情况，了解哪些商品受欢迎，下次直播重点推荐这些商品，提高消费者的下单转化率。另外，通过分析消费者的反馈信息（如消费者主动要求主播推荐什么商品），了解其感兴趣的商品，为主播的直播选品提供参考。

（五）回顾直播间人气变化

直播团队通过回顾直播间的人气变化，结合直播间进场人数和在线人数等数据，可以分析哪个时间段进入直播间的人数较多、在线人数较多等，进而分析什么话术和直播形式更受消费者欢迎。或者根据直播间消费者流失的数据，分析大量消费者离开直播间的原因。某场直播在线人数如图 7-14 所示。

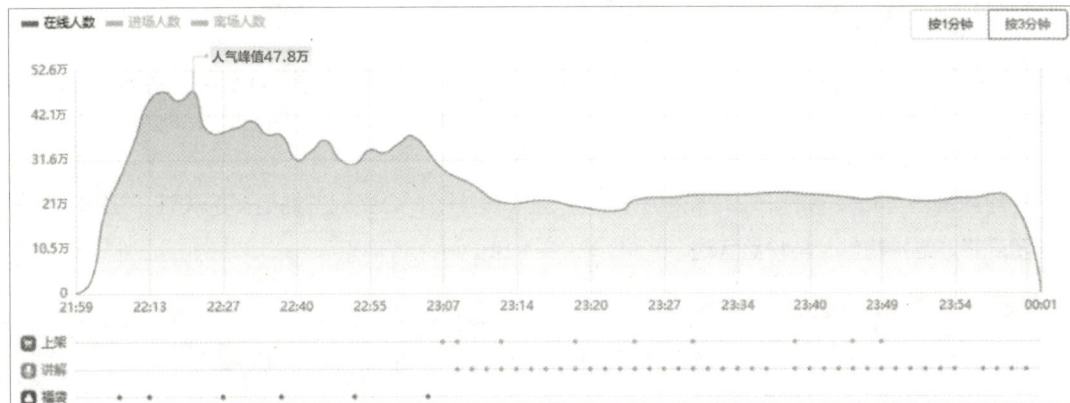

图 7-14　某场直播在线人数

（六）整理话术

直播开场话术如表 7-8 所示。

表7-8　直播开场话术

直播开场话术	大家好，我是一名新主播，希望大家多多支持
	我是主播××，吹拉弹唱样样强，还有一身正能量，感谢大家前来捧场
	大家晚上好！搞笑主播又回来啦，喜欢我的朋友们请动动你们的小手，点击我的头像进行关注，这样就可以随时随地来看我的直播啦！主播每天都在这里等你哦
	欢迎刚进入直播间的小伙伴们，一定不要走哦，错过了这次福利，可能就要等到明年了哦
	非常感谢所有停留在我直播间的粉丝们，我每天的直播时间是××点至××点，风雨不改，没点关注的朋友记得点关注，点了关注的朋友记得每天准时来哦

（七）理解平台规则

平台规则会对直播间的权重产生一定影响，因此直播团队在直播前，应准确理解平台规则，如理解直播平台的流量推荐规则、熟悉直播平台违规内容规定等，以便更好地利用直播平台的推荐机制，获得更多精确的流量。

二、直播数据分析

（一）用户画像数据指标

用户画像数据指标包括性别分布、地域分布、粉丝来源等，分别如图7-15、图7-16、图7-17所示。

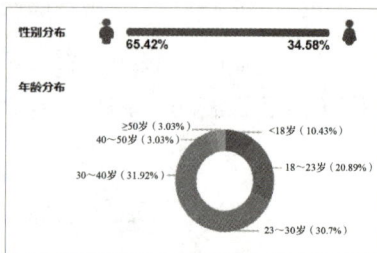

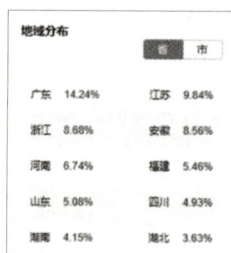

图7-15　性别分布　　　图7-16　地域分布（部分）　　　图7-17　粉丝来源

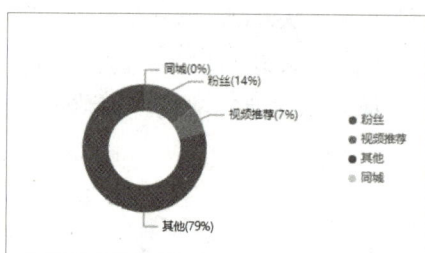

（二）粉丝团数据

粉丝团是粉丝和主播的一个专属组织，用户加入粉丝团，会受到主播更多的关注，主播可通过粉丝团更好地维护粉丝，与粉丝互动。

（三）涨粉数据指标

涨粉数据包括本场直播新增粉丝人数，以及新增粉丝走势图。

（四）互动数据指标

互动数据包括互动情况和弹幕热词。互动情况包括累计点赞数、累计评论数、点赞数和评论数等指标，如图7-18所示。

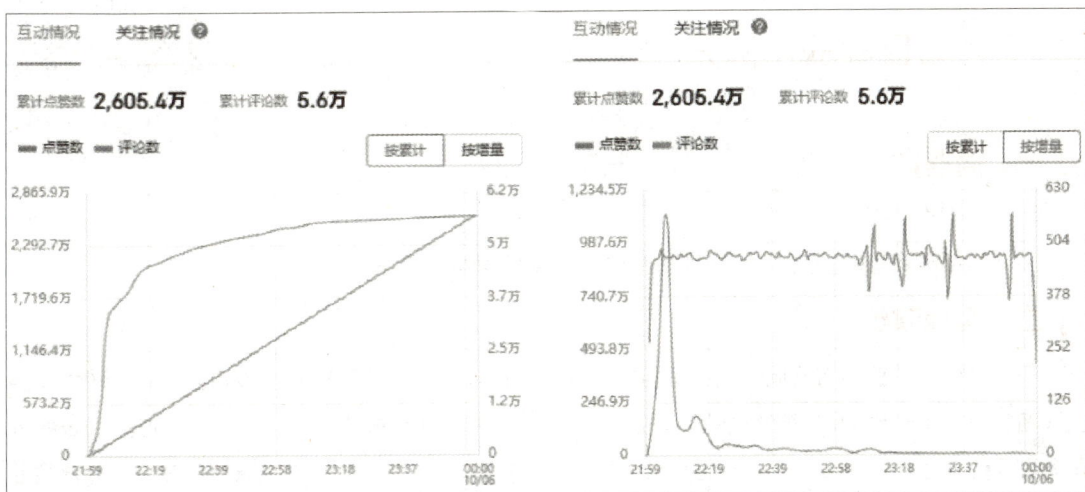

图 7-18　互动情况

直播间的弹幕热词是指通过词云图等形式，突出本场直播中出现频率较高的关键词。

（五）转化数据指标

1. 引导转化数据

引导转化数据包括商品点击转化率和商品购买转化率，如图 7-19 所示。

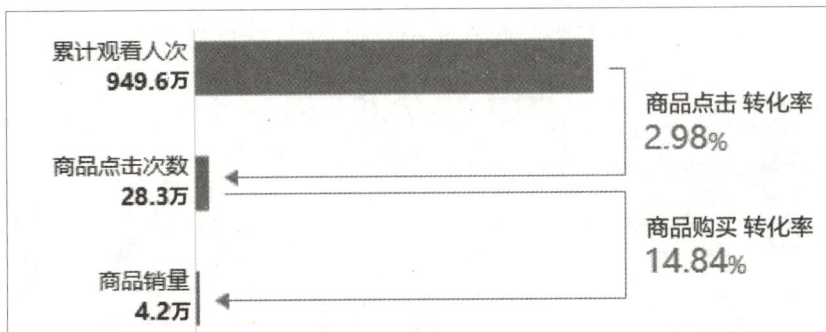

图 7-19　引导转化数据

2. 直播带货数据

直播带货数据包括本场销售额、销量、客单价、上架商品、带货转化率和独立访客（Unique Visitor，UV）价值，如图 7-20 所示。

图 7-20　直播带货数据

项目实战与提升

↘ 一、简答题

（1）选择直播平台的技巧有哪些？

（2）直播电商有哪些岗位，各岗位职责与职业能力要求是怎样的？

↘ 二、实战演练

某知名饮料企业即将开展一场品牌自播活动，以推广夏季新口味饮料。该企业计划在较为安静且隔音性好的负一楼会议室进行直播。为此，企业专门成立了直播小组，并在小组中选择了3名人员分别担任主播、助理和场控。直播时间定于某日20:00—22:00。结合本模块所学知识，为该企业的新品推广编写直播活动脚本。